宁波市社会科学研究基地
浙江省工商管理一流学科
宁波市工商管理重点学科

浙江省小微企业创新指数研究报告（2017）

ZHEJIANGSHENG XIAOWEIQIYE
CHUANGXINZHISHU YANJIUBAOGAO (2017)

李书进　等著

中国财经出版传媒集团
经济科学出版社
Economic Science Press

图书在版编目（CIP）数据

浙江省小微企业创新指数研究报告.2017 / 李书进等著.
—北京：经济科学出版社，2018.10
ISBN 978 - 7 - 5141 - 8909 - 4

Ⅰ.①浙… Ⅱ.①李… Ⅲ.①中小企业 - 企业创新 - 研究报告 - 浙江 - 2017 Ⅳ.①F279.243

中国版本图书馆 CIP 数据核字（2017）第 325402 号

责任编辑：杜　鹏　刘　悦
责任校对：靳玉环
责任印制：邱　天

浙江省小微企业创新指数研究报告（2017）

李书进　等著
经济科学出版社出版、发行　新华书店经销
社址：北京市海淀区阜成路甲 28 号　邮编：100142
总编部电话：010 - 88191217　发行部电话：010 - 88191522
网址：www.esp.com.cn
电子邮件：esp@esp.com.cn
天猫网店：经济科学出版社旗舰店
网址：http://jjkxcbs.tmall.com
北京季蜂印刷有限公司印装
710×1000　16 开　14 印张　240000 字
2018 年 11 月第 1 版　2018 年 11 月第 1 次印刷
ISBN 978 - 7 - 5141 - 8909 - 4　定价：49.00 元
（图书出现印装问题，本社负责调换。电话：010 - 88191510）
（版权所有　侵权必究　打击盗版　举报热线：010 - 88191661
QQ：2242791300　营销中心电话：010 - 88191537
电子邮箱：dbts@esp.com.cn）

领导批示

浙江省省长袁家军批示（编号：20170197）："推动小微企业创新发展是篇大文章，发布小微企业创新指数是有益的探索。"

浙江省常务副省长冯飞批示（编号：20170289）："请省科技厅阅研。高度重视，协同推进。"

浙江省副省长高兴夫批示（编号：20170270）："小微企业创新指数很有价值，要以问题和困难为导向，不断创新举措，不断提升小微企业的创新发展能力。"

课题支持单位

清华大学技术创新研究中心
浙江省经济与信息化委员会
宁波市社会科学院
中国创新创业研究院
中国技术经济学会
中国中小企业研究会
浙江省企业管理学会
浙江省中小企业研究会

成果去向

《浙江省小微企业创新指数研究》（JD18XJ-1）课题成果
宁波市哲学社会科学研究基地－新经济与创新创业研究基地成果
浙江省工商管理一流学科宁波财经学院学科点成果
宁波市工商管理重点学科宁波财经学院学科点成果

《浙江省小微企业创新指数研究报告（2017）》课题组主要成员

组　长：李书进
副组长：虞金洲　邵际树
成　员：李书进　虞金洲　邵际树　张洪君
　　　　黄　涛　谢雨鸣　陆可晶　潘一龙
　　　　宣　晓　时　辰

序

　　浙江省位于长江三角洲南翼，因其良好的创新创业生态，催生了众多的中小微企业，是中国中小微企业最发达的省份之一。

　　中小微企业规模小、机制灵活、信息灵敏，应对市场变化的速度快。浙江省各级政府在不断地营造良性的创新创业生态，提升中小微企业技术创新能力，强化中小企业转型升级的决心与意志，释放中小企业再创业的活力，扶持中小企业的成长与发展等方面发挥了重要作用。因此，研究浙江省小微企业创新指数，对推动浙江省中小微企业创新发展、成长与转型，为政府提供有效的政策工具手段，有着重要的理论和实践意义。

　　宁波财经学院是中国较早的开始研究中小企业的机构，学校把"成为中小企业的首选大学"作为学校的愿景，把"培育具有创新创业精神中小企业中高端技术与管理人才"作为学校的定位目标，把"致力于推动中小企业成长与创新发展"作为学校永恒的追求。

　　近年来，宁波财经学院中小企业研究团队秉承学校的愿景与定位，依托中小企业管理与发展研究所为平台，基于宁波市乃至"长三角"中小企业的发展与研究实践，以创新、开放性的视野，在研究、吸纳与借鉴国内外中小企业理论研究成果与经验的基础上，形成了"中小企业创新创业生态理论与政策研究""商业模式创新与中小企业成长研究""家族企业传承与治理研究"与"创业企业投融资研究"等学科领域；逐步形成了以"中小企业创新创业"为鲜明特色的研究路线，并取得一定的成效，获得了一定的成果。

　　《浙江省小微企业创新指数研究报告（2017）》不仅是宁波财经学院中小企业研究团队的研究成果，还被浙江省促进中小企业发展工作领导小组办公室、浙江省经济与信息化委员会采纳，同时浙江省袁家军省长、冯飞常务副省长、高兴夫副省长等领导给予了肯定性批示，新华网、光明网、中评网、央广网、中国中小企业信息网、浙江发布、东方头条、新浪、搜狐、网易、凤凰等60余家媒体报道或转载，形成了一定社会影响力，成为浙江省各地市推动中小微企业创新发展的"助力器"。

  期望《浙江省小微企业创新指数研究报告（2017）》以此为契机，致力于中国特色的中小微企业理论与实践研究，提供一个中小微企业创新发展的高质量的"政策工具"作为政府的决策参考，以"自信、专注"的校训为力量，专注于推动中国中小企业成长与发展。

王宗军[①]

2018 年 11 月

---

  ① 王宗军，教授、博士生导师、华中科技大学管理学院院长，中国技术经济学会副会长，全国工商管理专业学位研究生教育指导委员会委员，全球中小企业创业联合会-中国创业协会副会长。主持国家社会科学基金重大项目1项、国家科技部重大专项1项、自然科学基金面上项目3项、自然科学基金国际合作项目1项、"863"计划1项、省部级课题10余项、企业委托课题40余项，在国内外重要学术期刊或重要国际会议上发表论文200余篇。

前　言

在"国家创新驱动发展战略"与"大众创新、万众创业"的推动下，中小微企业的创新创业活力不断被激发，小微企业的创新发展已经成为中国经济增长的新动能和发展基础。

2016 年年底，全国实有各类市场主体 8705.4 万户。其中，企业 2596.1 万户，个体工商户 5930 万户，农民专业合作社 179.4 万户，中国市场主体保持旺盛增长势头，2016 年全国新登记市场主体分别同比增长 10.7%、14.8%、6.1%，全年新登记 1651.3 万户，同比增长 11.6%，平均每天新登记 4.51 万户。[①]

中小微企业已经是承载"国家创新驱动发展战略"、实施"大众创业、万众创新"的重要载体，在增加就业、促进增长、科技创新、社会稳定、推动社会前进等方面具有不可替代的作用，对国民经济和社会发展具有战略性意义。

"十二五"期间浙江快速发展，创新驱动的格局初步形成，科技综合实力大幅提升，区域创新能力持续位居全国前列。2005 年 8 月，时任浙江省委书记习近平同志提出了要把浙江省建设为"创新型省份"。2013 年 5 月，浙江省提出了全面实施"创新驱动发展战略"。当前，中国经济发展已进入新常态，经济增速减缓，下行压力加大，企业产能过剩严重，中小企业特别是小微企业订单明显不足，生产经营出现困境，主营业务收入、利润总额等增速放缓。但是，浙江省拥有着丰富的中小微企业资源，产业基础较好，制度不断创新，创新实力强等优势，可以围绕浙江特色"大数据""智能化"找到切入点，不断累积中小微企业创新发展的新动能，形成一批在技术创新、管理创新、商业模式创新、文化创新、组织机构创新等方面取得成效的创新示范性企业或区域，引领浙江省中小微企业及区域经济实现创新发展，创新

[①] 资料来源：中国各类市场主体达 8705.4 万户 [DB/OL]. 中国新闻网，2017-01-18.

驱动发展将成为浙江中小微企业发展的动力源。

在全球新一轮科技产业革命正在兴起的背景下，中国经济社会发展基本面良好，智能化、信息化、城镇化持续推进，内需增长潜力巨大，产业结构不断趋于合理，科技创新能力不断攀升，劳动力素质明显改善，基础设施日益完备高效等积极因素的不断增多与强化，中小微企业发展环境不断优化，良性的创新创业生态逐步形成，特别是国家实施"中国制造2025"、创新发展战略的实施，中小微企业的内生动力和活力将进一步释放。

浙江省小微企业创新指数是用来衡量区域小微企业"创新发展"动态状况的"晴雨表"。为了更好地了解浙江小微企业创新现状和区域创新发展态势，更好地为政府、行业、企业提供决策科学的参考依据，宁波财经学院中小企业管理与发展研究所、浙江省工商管理一流学点、宁波市新经济与创新创业研究基地等研究团队，在清华大学技术创新中心、浙江省经信委及国内创新领域专家的指导下，从2016年开始策划开展小微企业创新监测与指数编制工作，在国内率先进行了浙江省小微企业创新指数理论及实证研究，2017年该项研究工作列入浙江省经信委重大研究项目，2017年10月，国内首部《浙江省小微企业创新指数研究报告（2017）》发布，填补了国内该领域研究的空白。

《浙江省小微企业创新指数研究报告（2017）》成果，被浙江省促进中小企业发展工作领导小组办公室、浙江省经济与信息化委员会采纳；在《2017年浙江好项目·创新创业大赛总决赛暨中小微企业"专精特新"发展推进大会》上向国内外公开发布；研究报告发布后，得到新华网、光明网、中评网、央广网、中国中小企业信息网、浙江发布、东方头条、今日头条、新浪、搜狐、网易、凤凰、《宁波日报》《中国期货报》等重量级媒体60余家的采访报道或转载，引起学界、业界、浙江省各级政府的高度关注，并得到浙江省袁家军省长、冯飞常务副省长、高兴夫副省长的肯定性批示[①]，产生了较大社会影响力。

本书共有八章。第一章，浙江省小微企业创新指数研究。主要内容是小微企业创新指数研究的背景、意义，国内外创新指数研究综述，小微企业创新指数的指标体系构建，小微企业创新指数的评价等内容。第二章，浙江省小微企业研究开发创新指数测评。主要内容是小微企业研究开发创新指数的

---

① 批示编号分别为20170197、20170289、20170270。

内涵，浙江省小微企业研究开发创新指数测评方法，浙江省小微企业研究开发创新指数测评，浙江省小微企业研究开发创新指数结果分析，浙江省小微企业创新能力问题与建议。第三章，浙江省小微企业生产制造创新指数测评。主要内容是小微企业生产制造创新指数的内涵，浙江省小微企业生产制造创新指数的测评方法，浙江省小微企业生产制造创新指数的测评，浙江省小微企业生产制造创新指数分析，浙江省小微企业生产制造创新问题与建议。第四章，浙江省小微企业商业模式创新指数测评。主要内容是小微企业商业模式创新指数的内涵，小微企业商业模式创新指数的测评方法，浙江省小微企业商业模式创新指数的测评，浙江省小微企业商业模式创新指数分析，浙江省小微企业商业模式创新问题与建议。第五章，浙江省小微企业发展环境创新指数测评。主要内容是小微企业发展环境创新指数的内涵，浙江省小微企业发展环境创新指数的测评方法，浙江省小微企业发展环境创新指数的测评，浙江省小微企业发展环境创新指数分析，浙江省小微企业发展环境创新问题与建议。第六章，浙江省小微企业创新综合指数的测评。主要内容是小微企业创新综合指数的内涵，小微企业创新综合指数的测评，浙江省小微企业创新综合指数分析，浙江省小微企业创新能力问题与建议。第七章，浙江省小微企业创新发展现状与机遇。主要内容是浙江省小微企业创新发展现状，浙江省小微企业创新发展的最新趋势，浙江省小微企业创新发展的机遇与挑战。第八章，浙江省小微企业创新典型案例。主要内容是研发创新案例6个，生产制造创新案例5个，商业模式创新案例5个，发展环境创新案例9个。

  本书作为浙江省小微企业创新指数研究的首度报告，具有较大的学术价值和社会应用价值。首先，本书基于团队持续的创新理论研究和监测调查数据的收集，构建了浙江省小微企业创新指数评价指标体系，建立了浙江省小微企业创新指数评价方法，具有科学理论基础和可靠数据支撑。其次，本书密切关注近年来浙江省小微企业创新动态发展的现状及当前存在的主要问题，提出了若干有针对性的对策建议。本书采用定量分析与定性研究相结合，聚焦浙江省小微企业发展面临的创新环境、发展动态及区域中小微企业发展亮点，同时系统地梳理了近5年来国家及浙江省促进中小企业发展的最新政策与法规，特别是聚焦"互联网＋"、中小企业创业创新、"中国制造2025"与中小企业转型升级，企业家精神、工匠精神与中小企业成长，中小企业减负、中小企业融资评价及"一带一路"与中小企业"走出去"等重点、热点问题，结合具体案例展开专题研究，深入分析浙江省中小微企业创新发展的最新状况和态势，具有鲜明的针对性与前瞻性。

本书通过对浙江省小微企业创新指数的最新分析，可以帮助中小企业自身及时了解行业或地区的整体发展态势，明确其在行业或地区中的地位，较为客观地评估区域企业的优势所在与不足之处，从而有利于中小企业在转型升级过程中制定正确的经营方针和发展策略。同时，本书通过区域分析和企业案例研究，也为国家和地方政府调整区域产业结构、促进中小企业健康持续发展提供了决策依据。

本书作为《浙江省小微企业创新指数研究》（JD18XJ-1）课题成果、宁波市哲学社会科学研究基地——新经济与创新创业研究基地成果、浙江省工商管理一流学科宁波财经学院学科点成果、宁波市工商管理重点学科宁波财经学院学科点成果、浙江省经信委重点资助项目成果，是课题组团队开展联合攻关的科研成果结晶。本书由李书进、龚金洲、邵际树负责策划设计，李书进统稿，具体参与的成员有：李书进、龚金洲、邵际树、张洪君、黄涛、谢雨鸣、陆可晶、潘一龙、宣晓、时辰等。

本书在研究和撰写过程中，得到清华大学技术创新研究中心、浙江省促进中小企业发展工作领导小组办公室、浙江省经济与信息化委员、中国创新创业研究院、浙江省工业和信息化研究院、中国技术经济学会、浙江省企业管理研究会、浙江工业大学中国中小企业研究院等有关组织机构和部门及国内创新领域专家的指导与大力支持，在此一并表示诚挚的感谢！尽管如此，本书还是大量引用了国内外最新的创新及创新指数研究成果及新实践总结，在此，表示深切的感谢。

特别要提到的，本书编写过程中，得到了清华大学技术创新中心的支持，许多学术思想得益于以陈劲教授为领导的学术群体。在此，表示感谢。

同时，还要由衷感谢经济科学出版社从本书策划、出版设计到书稿审校、印刷出版等各方面都付出了诸多辛劳，正是因为他们高度敬业的工作，才及时保证了本书的顺利出版。

李书进
2018年11月
于宁波财经学院芦港校区

目　　录

第一章　小微企业创新指数研究 ……………………………………… 1
 第一节　小微企业创新指数的研究背景 …………………………… 1
 第二节　国内外创新指数研究 ……………………………………… 8
 第三节　小微企业创新指数指标体系的构建 …………………… 23
 第四节　小微企业创新指数的评价方法 ………………………… 30

第二章　浙江省小微企业研究开发创新指数测评 ………………… 35
 第一节　小微企业研究开发创新指数的研究背景 ……………… 35
 第二节　小微企业研究开发创新指数的测评方法 ……………… 36
 第三节　浙江省小微企业研究开发创新指数的测评 …………… 38
 第四节　浙江省小微企业研究开发创新指数分析 ……………… 40
 第五节　浙江省小微企业创新能力问题与建议 ………………… 43

第三章　浙江省小微企业生产制造创新指数测评 ………………… 46
 第一节　小微企业生产制造创新指数研究背景 ………………… 46
 第二节　小微企业生产制造创新指数的测评方法 ……………… 50
 第三节　浙江省小微企业生产制造创新指数的测评 …………… 52
 第四节　浙江省小微企业生产制造创新指数分析 ……………… 54
 第五节　浙江省小微企业生产制造创新问题与建议 …………… 59

第四章　浙江省小微企业商业模式创新指数测评 ………………… 66
 第一节　小微企业商业模式创新指数研究背景 ………………… 66
 第二节　小微企业商业模式创新指数的测评方法 ……………… 68
 第三节　浙江省小微企业商业模式创新指数的测评 …………… 71

第四节　浙江省小微企业商业模式创新指数分析…………………… 73
　　第五节　浙江省小微企业商业模式创新问题与建议………………… 78

第五章　浙江省小微企业发展环境创新指数测评 ……………………… 85
　　第一节　小微企业发展环境创新指数研究背景……………………… 85
　　第二节　小微企业发展环境创新指数的测评方法…………………… 87
　　第三节　浙江省小微企业发展环境创新指数的测评………………… 89
　　第四节　浙江省小微企业发展环境创新指数分析…………………… 91
　　第五节　浙江省小微企业发展环境创新问题与建议 ………………… 103

第六章　浙江省小微企业创新综合指数测评 …………………………… 107
　　第一节　浙江省小微企业创新综合指数研究背景 …………………… 107
　　第二节　浙江省小微企业创新综合指数的测评 ……………………… 110
　　第三节　浙江省小微企业创新综合指数分析 ………………………… 123
　　第四节　浙江省小微企业创新能力问题与建议 ……………………… 130

第七章　浙江省小微企业创新发展现状与机遇 ………………………… 137
　　第一节　浙江省小微企业创新发展现状 ……………………………… 137
　　第二节　浙江省小微企业创新发展的最新趋势 ……………………… 140
　　第三节　浙江省小微企业创新发展的机遇与挑战 …………………… 144

第八章　浙江省小微企业创新典型案例 ………………………………… 147
　　第一节　浙江省小微企业研发创新案例 ……………………………… 147
　　第二节　浙江省小微企业生产制造创新案例 ………………………… 155
　　第三节　浙江省小微企业商业模式创新案例 ………………………… 161
　　第四节　浙江省小微企业发展环境创新案例 ………………………… 174

参考文献 …………………………………………………………………… 194
后记 ………………………………………………………………………… 210

第一章 小微企业创新指数研究

国内有关创新指数的研究与国外相比，研究起步较晚，且不够成熟。但国内也出现了较有影响力的创新指数。鉴于国内外创新指数编制方法的不同，故在主题选取及其具体指标设计上也存在着较大差异。[①]

第一节 小微企业创新指数的研究背景

笔者在梳理小微企业创新发展的理论演进、小微企业创新发展的横向比较、小微企业创新发展的现状及最新趋势过程中，发现研究小微企业创新评价有着重要的理论、现实意义。

一、小微企业创新指数研究的背景

据统计，中小企业"提供50%以上的税收，创造60%以上的国内生产总值，完成70%以上的发明专利，提供80%以上的城镇就业岗位，占企业总数的99%以上"。[②] 而中小企业中，小微企业占据多数。中小微企业面对智能化、网络化、绿色化、专业化、品质化和高端化发展的趋势，既迎来了机遇，同时也直面挑战。因此，在转方式、调结构与转型升级的背景下，中小微企业只有通过创新驱动的方式才能实现快速稳健的发展。那么，如何提高中小微企业创新能力，增强中小微企业的竞争能力，将成为中小微企业创新发展

[①] 李芹芹，刘志迎. 国内外创新指数研究进展述评 [J]. 科技进步与对策，2013 (2)：157 - 160.

[②] 资料来源：https：//www.sohu.com/a/200459083_100008389. 小微企业发展情况综述 [DB/OL]. 搜狐财经，2017 - 10 - 26.

的关键。同时，中小微企业的创新发展是中国经济发展战略的重要内容，在中小微企业发展中政府的作用如何发挥，怎样精准施策，已经成为各级政府面临的重大课题。

（一）小微企业发展仍面临较大压力与挑战

1. 小微企业要素成本持续拉高。小微企业依然面临着资本、土地、劳动、企业家等要素成本高的处境，招工难、用工贵、融资难、融资贵，用地难、土地贵的问题仍没有系统性缓解。

2. 小微企业的产业链低端与产能过剩严重并存。传统产业领域中的大多数小微企业处于产业链中低端，存在高耗低效、产能过剩、产品同质化严重等问题，盈利能力依然较弱，转方式、调结构任务十分艰巨。

3. 小微企业技术落后、创新力不足。多数小微企业工艺和设备落后，企业技术创新人才匮乏，创新投入资金不足，诸多因素制约着小微企业的内在发展动能。

4. 小微企业商业模式不够清晰。目前，小微企业普遍处在初创期，其商业模式更多的是产品模式和用户模式，很多小微企业都没有一个清晰的商业模式。在竞争空前激烈的市场环境下，小微企业要想立足与发展，就要开辟一条可持续盈利的发展模式。

5. 公司治理不明晰与管理不规范普遍。小微企业普遍存在管理机制不健全，缺乏规范系统的管理制度与公司治理机制，企业处于临时处理、被动应付的运营状态，缺乏长远发展战略。

（二）小微企业发展也面临着重大机遇

1. 国家重大发展战略的实施与推进，为小微企业提供了无限的商机。"大众创业、万众创新""中国制造2025""互联网+""一带一路"等重大举措的加速实施，新型工业化、城镇化、信息化的不断推进等，都为小微企业发展提供了空间与机遇。小微企业要通过不断创新，主动对接国家发展战略，抓住发展机遇，从国家发展战略中寻找商机。

2. 小微企业营商环境与生态不断优化。国家不断深化行政审批、投资审批、财税、金融等商事制度改革，小微企业的市场环境、政策环境和服务环境更加优化。一批创客空间、孵化平台、中小微企业服务机构等出现，以及社会对人才的重视、创业机会的增加，数据、网络、云计算、智能化等，为中小微企业发展提供了良好的生态环境。

3. 与新技术的深度融合，不断催生新产品、新业态、新市场和新模式。小微企业不断以互联网为核心的新技术与小微企业相融合，与不断增长的个性化、多样化需求相切合，不断催生新产品、新业态、新市场和新模式，为小微企业创新发展提供了空间。

4. 新修订的《中小企业促进法》的颁布，确立了中小微企业发展的法律定位。2017年9月1日，经第十二届全国人民代表大会常务委员会第二十九次会议表决通过，新修订的《中华人民共和国中小企业促进法》正式颁布，强化了促进中小企业发展的法律定位，改善了中小企业经营环境，促进了中小企业健康发展，扩大了城乡就业，发挥中小企业在国民经济和社会发展中的重要作用，提出了财税、融资、创业、创新、市场、服务措施、权益保护等重要支持，对促进中小微企业发展有着重要意义。

（三）浙江省是中小微企业最发达最集中的地区

浙江省是中小微企业大省，不仅量大面广，而且是浙江经济的特色、优势和活力所在，也是现阶段推进浙江全省经济结构转型升级和创新驱动发展的重点及难点所在。

"十二五"期间，浙江省通过全国率先出台实施"个转企、小升规、规改股、股上市"、推广使用"创新券"和"服务券"以及建立健全各类中小微企业公共服务平台网络等一系列政策措施，有力促进了浙江省中小微企业在新技术、新产业、新业态、新模式等方面的创新发展。

进入"十三五"时期以来，为进一步提高中小微企业创业创新能力，浙江省基于《大力推进大众创业万众创新的实施意见》《中国制造2025浙江行动纲要》等，又提出了培育创新型中小微企业、培育隐形冠军、促进中小微企业"专精特新"发展等一系列政策"组合拳"，不断壮大浙江省创新型中小微企业群体，为全省供给侧结构性改革和创新驱动发展提供了重要主体支撑。

小微企业创新指数的研究以浙江为例，一方面浙江是小微企业大省，量多面广，具有较好的代表性与研究价值；另一方面研究力量、资源的获取受限，只能以浙江的研究为基础，理论成熟后在向其他区域推广。

总之，创新既是一个国家的综合实力的表现，也是推动国家或地域经济发展的关键驱动力。由于小微企业在国民经济中的贡献比较大，小微企业创新发展是实现国家综合实力不断提升的关键。因此，构建与开发研究小微企业创新指数，科学评价小微企业的创新状况和发展态势，不仅有助于监测小微企业的创新水平，支持小微企业的创新发展，进一步提高小微企业的创新绩效以期获取强有力的竞争优势，而且还为加快创新成果转化为生产力，加强科技创新和实施创新战略，推动区域创新能力提供重要指导。

二、小微企业创新指数研究的意义

（一）小微企业创新指数研究的理论意义

创新指数研究对小微企业创新研究具有较大的理论参考价值。从以往国内外创新指数的回顾发现，这些指数更多的是关注宏观创新体系，未能及时追踪当下企业特别是小微企业本身的发展变化、创新的新形式和新特征。小微企业创新指数是借鉴国内外已有创新指数的基础上，集中关注小微企业创新的主要特点和主要模式，针对小微企业的创新热点，探索建立能够反映小微企业创新新特征的评价标准与指数体系，力求反映经济新常态下小微企业创新正在发生的新变化，以便更好地研判小微企业的创新现象、创新趋势、创新问题、创新需求，更好地满足理论研究与实践需求，因而具有重要的理论探索意义。

（二）小微企业创新指数研究的现实意义

浙江省小微企业量大面广，小微企业的创新对小微企业的转型升级与可持续发展具有重要作用，对经济发展更具有深刻影响。小微企业创新指数的研究涵盖不同行业的多类小微企业，深入考察科技研发、智能制造、商业模式及创新环境对小微企业创新发展的影响，编制反映区域经济运行和小微企业发展实际的创新指数，分析小微企业创新样本与发展的新动能，可为促进小微企业健康持续发展提供决策参考，具有较强的现实针对性与应用价值。

（三）小微企业创新指数研究的政策意义

小微企业在国民经济中具有重要的作用。小微企业是国民经济发展、社会就业、创新驱动等的重要载体。据统计，中小微企业"提供了50%以上的税收，创造60%以上的国内生产总值，完成70%以上的发明专利，提供80%以上的城镇就业岗位，占企业总数的99%以上"①。小微企业在很大程度上影响着国民经济的繁荣和社会的稳定。

经济新常态下，小微企业创新驱动发展不仅影响中国社会经济优化转型升级，同时也与企业创业成长紧密相连，更与大企业的协同创新、与智能制造、平台经济、商业模式、创新环境等密切相关。本书全面系统地分析现阶段影响小微企业创新要素而编制的创新指数，有助于客观把握小微企业创新发展的最前沿，也有助于建立健全小微企业运行监测体系，加强运行调查研究分析，完善小微企业培育对象数据库建设，开展小微企业政策宣传、法律服务、信息化应用、融资服务、市场拓展、创新创业等促进小微企业发展。

三、小微企业创新指数研究方法

（一）层次分析法（AHP法）

层次分析法（analytical hierarchy process，AHP）是美国运筹学家匹茨堡大学教授萨蒂（T. L. Saaty）于20世纪70年代初，为美国国防部研究"根据各个工业部门对国家福利的贡献大小而进行电力分配"课题时，应用网络系统理论和多目标综合评价方法提出的一种层次权重决策分析方法。这种方法是一种分析多目标、多准则复杂系统的实用性系统分析方法。其主要特征是，合理地将定性与定量的决策结合起来，按照思维、心理的规律，把决策过程层次化、数量化。其方法具有思路清晰、方法简便、适用面广、系统性强、可靠性相对较高的特点。在各类多指标综合评价中，AHP法是应用最广的主观权数构造方法。

层次分析法是把一个复杂问题中的各个指标通过划分相互之间的关系使其分解为若干个有序层次。每一层次中的元素具有大致相等的地位，并且每一层与上一层次和下一层次有着一定的联系，层次之间按隶属关系建立起一个有序的递阶层次模型。

层次结构模型一般包括目标层、准则层和方案层等几个基本层次。在

---

① 资料来源：https://www.sohu.com/a/200459083_100008389. 小微企业发展情况综述［DB/OL］. 搜狐财经，2017-10-26.

递阶层次模型中，首先按照对一定客观事实判断，对每层重要性以定量的形式加以反映，也是通过同一层次每两个元素的比较判断确定其相对重要性，并用定量的方法表示，进而建立判断矩阵；其次利用数学方法计算每个层次的判断矩阵中各指标的相对重要性权数；最后通过在递阶层次结构内各层次相对重要性权数的组合，得到全部指标相对于目标的重要程度权数。

（二）模糊综合评判法

1965年，美国加利福尼亚大学的控制论专家查德（L. A. Zadeh）根据科学技术发展的客观需要，经过多年的潜心研究，发表了一篇题为《模糊集合》（FuzzySets）的重要论文，第一次成功地运用精确的数学方法描述了模糊概念，在精确的经典数学与充满了模糊性的现实世界之间架起了一座桥梁，从而宣告了模糊数学的诞生。从此，模糊现象进入了人类科学研究的领域。模糊综合评判（fuzzy comprehensive evaluation，FCE）是以模糊数学为基础，应用模糊关系合成的原理，将一些边界不清、不易定量的因素定量化，进行综合评价的一种方法。它是模糊数学在自然科学领域和社会科学领域中应用的一个重要方面。

模糊综合评判法的基本原理：首先确定被评判对象的因素（指标）集 $u = (x_1, x_2, \cdots, x_j)$ 和评价集 $V = (v_1, v_2, \cdots, v_n)$。其中，$x_j$ 为各单项指标对 x 的评价等级层次，一般可分为五个等级：V = {优，良，中等，较差，差}。其次确定各个因素的权重及它们的隶属度向量，获得模糊评判矩阵。最后把模糊评判矩阵与因素的权重集进行模糊运算并进行归一化，得到模糊评价综合结果。

（三）TOPSIS 评价法

TOPSIS 评价法（techniquefor order preferenceby similarityto ideal solution，TOPSIS）是由 Hwang 和 Yoon 于 1981 年首次提出的，此后 Laietal 于 1994 年将 TOPSIS 的观念转为应用于规划面之多的目标决策（multiple objective decision making，MODM）问题上。TOPSIS 评价法是有限方案多目标决策分析中常用的一种科学方法。

TOPSIS 评价法的基本原理（逼近于理想解的思路）：在基于归一化后的原始矩阵中，找出有限方案中的最优方案和最劣方案（分别用最优向量和最列向量表示），然后分别计算出评价对象与最优方案和最劣方案间的距离，获得该评价对象与最优方案的相对接近程度，以此作为评价优劣的依据。

（四）主成分分析法

主成分分析法（principal component analysis，PCA）是由卡尔（Karl）和皮尔逊（Pearson）最早于 1901 年提出，当时主要应用于非随机变量。1933 年霍蒂林（Hotelling）将这个概念推广到随机向量。该方法是利用降维的思想把多指标转化为几个综合指标的多元统计分析方法。

主成分分析法的基本原理：主成分分析法是一种数学变换的方法。它把给定的一组相关变量通过线性变换转成另一组不相关的变量，这些新的变量按照方差依次递减的顺序排列。在数学变换中保持变量的总方差不变，使第一变量具有最大的方差，称为第一主成分；第二变量的方差次大，并且和第一变量不相关，称为第二主成分。依次类推，K 个变量就有 K 个主成分。通过主成分分析法，可以根据专业知识和指标所反映的独特含义对提取的主成分因子给予新的命名，从而得到合理的解释性变量。

（五）灰色关联度分析法

1982 年，华中理工大学邓聚龙教授提出了灰色系统的概念，并建立了灰色系统理论。之后，灰色系统理论得到了较深入的研究，并在许多方面获得了广泛的应用。灰色关联度分析（grey relational analysis，GRA）便是灰色系统理论应用的主要方面之一。它是针对少数据且不明确的情况，利用既有数据潜在的信息来白化处理，并进行预测或决策的方法。

灰色关联度分析法的基本原理：灰色关联度分析法认为，若干个统计数列所构成的各条曲线几何形状越接近，即各条曲线越平行，则它们的变化趋势越接近，其关联度就越大。因此，可利用各方案与最优方案之间关联度的大小对评价对象进行比较、排序。该方法先要求各个方案与由最佳指标组成的理想方案的关联系数矩阵，由关联系数矩阵得到关联度，再由万方数据按关联度的大小进行排序、分析，得出结论。

（六）熵权法

熵权法（entropy weighing method）的基本思想是：权重系数是各个指标

在指标总体中的变化程度和对其他指标影响程度的度量，赋权的原始信息应当直接来源于客观环境，可根据各指标所提供信息量的大小来决定相应指标的权重系数，而熵在应用于评价时，可以度量获取数据所提供的有用信息量。熵的获得，意味着信息的丢失。一个系统有序程度越高，则熵就越小，所含的信息量就越大；反之，无序程度越高，则熵就越大，信息量就越小，对样本的综合评价的作用就小，即权重小。信息和熵是互补的，信息就是负熵，因此，可用信息熵的方法确定权重，客观地反映不同指标的重要程度。忠实于客观信息，独立于人的偏好与经验之外是熵权法的一大特性，但这既是优点也是缺点。

用熵权法确定指标权重，评价结果虽然具有较强的数学理论依据，真正做到了符合客观实际，但没有考虑决策人的意向，缺乏针对性。因此，要想获得更好的评价结果，应将熵权法与主观赋权法比如层次分析法结合，使决策者的主观判断与待评对象的固有信息有机结合，实现主客观的统一，才能得到更加科学的结果。此外，由于熵权法要求有一定量的样本单位才能使用，并且熵权与指标值本身大小关系十分密切，因此，只适用于相对评价而不适用于绝对评价，只适用于指标层的构权而不适用于中间层的构权。

第二节　国内外创新指数研究

一、国外创新指数研究

（一）欧盟创新指数（european innovation scoreboard）

20世纪90年代初，欧盟国家开始意识到欧洲企业缺乏竞争力的根本原因在于缺少创新能力。1995年欧盟通过了《创新绿皮书》，1996年欧盟发布了《欧洲创新的第一个行动计划》，1999年欧盟提出了"欧洲创新趋势图"（innovation trend chart）计划，旨在收集并分析创新政策信息。为达到设定的目标，欧盟从2000年开始颁布欧盟创新政策的年度报告，定性分析和展望各成员国的创新政策。

1. 欧盟创新指数的产生。2001年10月，应欧盟里斯本会议的要求，欧盟委员会推出了《欧盟创新指数报告（2001）》。《欧盟创新指数报告

(2001)》从人力资源、知识生产、知识传播与应用以及创新金融、创新产出和创新市场四个方面，运用17个指标对统计资料进行了分析。该报告以美国和日本为标杆，描述了欧盟各成员国的创新绩效和趋势，同时对欧盟国家创新的优势与劣势进行了分析。为了定量分析欧盟15国的创新绩效，《欧盟创新指数报告（2001）》设计了综合创新指数SII（summary inno-vation index）。SII是一个判定创新绩效的相对指标，它等于超过欧盟平均值20%的指标数与低于欧盟平均值20%的指标数之差。根据SII的计算，报告将欧盟15国分为四类：领跑者（moving ahead）、失势者（losing momentum）、追赶者（catching up）和落后者（falling further behind）。

2. 欧盟创新指数的演化。《欧盟创新指数报告（2002）》继承了2001年报告的整个指标体系，但是，由于有些指标的数据没有及时更新。SII是一个判定创新绩效的相对指标，它等于超过欧盟平均值20%的指标数与低于欧盟平均值20%的指标数之差。根据SII的计算，报告将欧盟15国分为四类：领跑者（moving ahead）、失势者（losing momentum）、追赶者（catching up）和落后者（falling further behind）。2002年报告评价范围有所扩大，除了原欧盟15国之外，还增加了申请加入欧盟的13个国家。《欧盟创新指数报告（2008）》研究范围不断拓展，企业相关指标逐渐从制造业过渡到制造业和服务业，再到所有行业；研究内容不断扩展，从综合创新指数逐渐扩展到部门创新指数（sector innovation scoreboard）、全球创新指数（global innovation scoreboard）和区域创新指数（regional innovation scoreboard）。[①]

3. 欧盟创新指数指标体系的设置。《欧盟创新指数报告（2003）》的指标体系在2002年的基础上有较大变化，指标由17个调整为20个，新增加了3个指标，6个指标进一步扩展到服务业和制造业。《欧盟创新指数报告（2005）》是欧盟委员会与联合研究中心（Joint Research Centre）共同协作完成了的修订工作，最终从创新投入与创新产出两个层次确定了五个维度：创新主体、知识生产、企业与创新、创新应用和知识产权，而后又不断地完善形成相对稳定的指标体系。以2010年报告为例，如表1-1所示。

---

① 崔维军. 欧盟创新指数研究进展[J]. 中国科技论坛, 2009（11）：125-128.

表 1-1　　欧盟创新指数报告 2010 指标体系①

一级指标	二级指标	三级指标
创新推动	人力资源	1.1.1　20~29 岁科学与工程相关专业与人文社科相关专业大专以上毕业生比例
		1.1.2　20~34 岁科学与工程相关专业与人文社科相关专业博士毕业生比例
		1.1.3　25~64 岁受高等教育人数比例
		1.1.4　25~64 岁参加教育培训人数比例
		1.1.5　20~24 岁青年教育水平
	金融支持	1.2.1　政府 R&D 支出占 GDP 比例
		1.2.2　风险投资占 GDP 比例
		1.2.3　私人信贷占 GDP 比例
		1.2.4　企业宽带接入率
企业创新行为	企业投资	2.1.1　企业 R&D 支出占 GDP 比例
		2.1.2　IT 消费占 GDP 比例
		2.1.3　非 R&D 创新支出占 GDP 比例
	联系与创业	2.2.1　中小企业从事内部创新比例
		2.2.2　中小企业从事合作创新比例
		2.2.3　中小企业更新比例
		2.2.4　百万人私人与公共部门合作出版科学出版物数量
	生产率	2.3.1　百万人 EPO 专利申请数
		2.3.2　百万人共同体新商标数
		2.3.3　百万人共同体新设计数
		2.3.4　技术收支流占 GDP 比例
创新产出	创新	3.1.1　中小企业从事技术创新比例
		3.1.2　中小企业从事非技术创新比例
		3.1.3a　从事创新企业中有劳动力成本降低所占比例
		3.1.3b　从事创新企业中有原材料成本或能源成本降低所占比例
	经济效果	3.2.1　中高和高技术制造业劳动力比例
		3.2.2　技术密集型服务业劳动力比例
		3.2.3　出口产品中中等技术或高技术产品所占比例
		3.2.4　出口服务中知识密集型服务所占比例
		3.2.5　市场新产品销售额占销售收入比例
		3.2.6　企业新产品销售额占销售收入比例

---

① 崔维军，李廉水. 欧盟创新指数演化分析 [J]. 科学学与科学技术管理，2009 (2)：88-90.

（二）全球创新指数（GII）

1. 全球创新指数演进与内涵。全球创新指数（global innovation index，GII）研究由世界知识产权组织（WIPO）与英士国际商学院（INSEAD）及康奈尔大学从2007年开始联合发布的，旨在评估国家或经济体的创新能力和相关政策表现。即通过评估各经济体为创新提供的支持因素如体制、人力资本与研究、基础设施等来衡量一个国家或经济体的创新能力，为企业领袖和政府决策者提供了解提升一国竞争力可能面临的缺失与改进方向。该报告是目前国际上关于创新对竞争力和增长影响最全面的评估研究之一，它是根据重要国际机构如世界经济论坛、世界银行、联合国教科文组织等的权威数据，对全球多个国家或经济体的创新能力进行研究后编写出来的。

全球创新指数研究的动机：（1）创新在增长战略中处于核心地位；（2）创新的范围更加广泛，不局限于R&D和科技论文，还包括商业模式创新和社会创新；（3）创新令创新者和新生代企业家备受鼓舞。GII通过使用促进创新、增加作为创新活动成果的产出等多个指标因素，衡量各个经济体如何从创新中受益。①

2. GII的指标体系。GII采用5个投入指标和2个产出指标共84个变量对141个国家或经济体的创新现状进行了衡量。②（1）创新投入指标。创新投入指数体现的是五大创新活动的国家经济要素，分别是：第一，体制，包括政治环境、管理环境和商业环境等；第二，人力资本和研究，包括基础教育、高等教育和研发等；第三，基础设施，包括信息通信技术、一般性基础设备和生态可持续性等；第四，市场成熟度，包括信贷、投资和贸易竞争力等；第五，商业成熟度，包括知识型员工、创新协作和知识吸收等。（2）创新产出指标。创新产出指数体现的是创新成果的实质证据，共有两个指标，分别是：第一，知识与技术产出，包括知识创新、知识影响和知识扩散等；第二，创造性产出，包括创造性无形资产、创意产品和服务以及在线创造等。每一个指数可划分成若干个子变量，每一个子变量由单独的指标构成。

---

①② 桂黄宝. 基于GII的全球主要经济体创新能力国际比较及启示［J］. 科学学与科学技术管理，2014（2）.

(三) 世界知识竞争力指数 (WKCI)

1. WKCI 的创立及评价范围。《世界知识竞争力指数（the world knowledge competitiveness index，WKCI）报告》，是由英国著名智库罗伯特·哈金斯协会（robert huggins associates）编制的。[①]

首度公布的《世界知识竞争力指数 2002》在全球范围遴选了 90 个"世界知识经济领先地区"（主要是中心城市或以城市为中心的地区）进行排序。WKCI 是 1996 年经济合作与发展组织（OECD）首次提出"以知识为基础的经济"（知识经济）概念后，对其内涵与表征深入研究的产物。其主要特色是聚焦于"城市"或以城市为中心的"区域"层次，即"知识经济领先地区"。

世界知识竞争力指数以全球主要都市（圈）作为指数测度的主要对象，该指数通过对 33 个亚太领先地区的衡量，并且以知识资本转化为地域经济实力的方式研究知识竞争能力。

2. WKCI 评价指标的内涵。全球知识竞争力指数是反映经济体竞争力的指数。1996 年经济合作与发展组织（OECD）首次提出"以知识为基础的经济"（知识经济）概念后，对其内涵与表征深入研究的产物。其主要特色是聚焦于"城市"或以城市为中心的"区域"层次，即知识经济领先地区。

3. WKCI 评价指标体系。WKCI 评价指标体系，由人力资本、知识资本、金融资本、知识支持、经济产出等有关指数组成。（1）人力资源要素。有 7 个指标，其中 2 个为经济活力系数和每千名居民中经理人员数量，其他 5 个指标采用在信息技术和电脑制造业、生物技术与化学行业、自动化与机械工程行业、仪器与电力机械行业以及高技术服务业中的就业人数。（2）金融资本要素。有 1 个指标，即人均私人股本投资。（3）知识资本要素。有 3 个指标，即政府、企业对 R&D 的人均投入，以及每百万居民的专利注册数。（4）地区经济产出。有 3 个指标，即劳动生产率、平均月收益、失业率。（5）知识可持续发展能力。有 5 个指标，包括对初、中、高等教育的公共支出，以及公众拥有的安全服务器、因特网主机数和宽带接入情况。

[①] 刘东，邹祖烨. 世界知识竞争力评价及其对创新型国家建设的启示 [J]. 科技进步与对策，2007（10）：127 – 130.

(四) 硅谷指数（silicon valley index）

1. 硅谷指数的含义。硅谷指数（silicon valley index）由硅谷联合投资（joint venture silicon valley）编制，"可以对一定时期或某个时间硅谷地区经济与社会发展情况进行定量分析"[①]，是"可测量，可实现，并以结果为导向"的反映区域发展的综合评价报告。硅谷指数于 1995 年首次发布，之后在每年年初进行发布，为企业"领导和决策提供分析基础"[②]，是研究硅谷地区发展情况的重要资料，已经成为硅谷风投走向、企业发展与新兴产业培育的重要风向标。指标显示，丰富的人力资源、迅速增加的风险资本、创新的工作方式与精神、高薪资的收入水平、舒适的生活环境等，这些因素共同作用为硅谷成为美国乃至全世界高技术产业发展"引领者"提供了强大的智力基础与持久的动力。

2. 硅谷指数评价体系。硅谷指数是综合反映一定时期内硅谷区域发展水平的综合评价报告，包括人口、经济、社会、环境、治理 5 个一级评价指标，10 余个二级评价指标及 50 余个三级指标。[③] 一级评价指标，主要包括人口（people）、经济（economy）、社会（society）、环境（place）、治理（governance）五个部分；二级评价指标，包括人口结构、就业、创新、卫生健康、生态环境、交通等 10 余个指标；三级评价指标，二级评价指标下又细分为 50 余个三级指标。

需要注意的是，硅谷指数的评价指标体系具有较大的灵活性，除一级指标相对固定外，每年的二级及三级评价指标并不完全一致。以《硅谷指数 2015》为例，如表 1-2 所示。

表 1-2　　　　　　　　　《硅谷指数 2015》指标体系

一级指标	二级指标	三级指标
人口	人才流动与人才多样性	人口变化、净移民数、出生率、年龄分布、受教育程度、授予理工科学位数、外国人口出生比例、非英语人口比例
经济	就业	职位增长、年平均就业数、硅谷经济活动主要区域的就业增长率、硅谷公共部门就业率、每月失业率、就业总数层级分布、劳动人口失业率（按种族）

---

①② Index of Silicon Valley 2015 [R]. California: Joint Venture, 2015: 3-4.
③ 乔婧. 硅谷指数评价指标体系研究 [J]. 管理观察, 2015（23）.

续表

一级指标	二级指标	三级指标
经济	收入	人均收入、人均收入分布（按种族）、中等家庭收入、平均工资、中位平均工资职业分布、中位平均工资层及分布、贫困与自给自足比率、收入分配范围、中位收入分步（按受教育程度）、中位收入性别分布（按性别）、免费/低价校餐比率
	创新与创业	雇员附加值、专利注册占有率、专利注册技术领域分布、风险资本投资额、风险资本投资产业分布、风险资本投资公司排名、清洁技术领域风险投资额、清洁技术领域风险投资环节分布、清洁技术领域风险投资总数、天使投资额、首次公开募股数、天使投资阶段分布、跨国公司首次公开募股国别分布、并购与收购数、非雇主企业数行业分布、无雇员企业的相对增长数
	商用空间	商业空间供给变化、商用空间空置率、商用空间租金、商用空间增长的部门分布
社会	经济腾飞基础	达到加州大学/加州州立大学入学要求毕业生比例、高中生毕业率（按种族）、高中生毕业率与辍学率、数学与理科成绩
	早期教育	幼儿园入园率
	艺术与文化	文化参与度、消费支出、非营利艺术组织、文化艺术机构
	健康水平	健康保险覆盖率、学生超重与肥胖比率
	安全状况	暴力犯罪、严重犯罪、警察数
生活区域	环境	水资源、电力产量、人均耗电量、太阳能电站数
	交通	人均机动车行驶里程与汽油价格、通勤方式、地区间通勤模式
	土地使用	住宅密度、临近公共交通的房屋、非住宅用地开发
	住房	房屋买卖趋势、房屋建筑类型、房租支付能力、保障性住房建设、住房成本超出家庭收入35%的比例、住房费用负担能力、与父母共同居住的年轻人比例
政府治理	城市财政	财政收入
	公民参与	党派归属、投票参与程度

二、国内创新指数的研究

（一）杭州创新指数

1. 杭州创新指数的含义。"杭州创新指数"是反映杭州在创新方面变化程度的一个相对数①。因此,杭州创新指数是反映杭州市自主创新的现状、能力与水平的一个区域性创新指数。

杭州创新指数是杭州市为贯彻党的十七大提出建设"创新型国家"发展战略及浙江省关于"实施自主创新战略"的重大决策,进一步提升杭州市自主创新能力,不断营造杭州市的创新环境,把杭州建设成为创新型的城市。因此,杭州市在科学论证、广泛调研的基础上建立一套科学的城市创新评价指标体系,于2008年7月首度发布"2008杭州创新指数",于2017年11月发布"2017杭州创新指数"。杭州创新指数是由杭州市科技局、市科技信息研究院在市统计局协作下完成的。

2. 杭州创新指数指标体系。杭州创新指数指标体系设计是以提升杭州市自主创新能力、建设创新型城市为出发点,以中央、浙江省关于实施自主创新重大战略为依据,在借鉴了国内外已有的创新指数研究成果,以杭州市的创新现状为基础,建立了一套杭州市创新评价指标体系:一级指标包括创新基础、创新环境和创新绩效3个;二级指标包括科教投入、人才资源、经济社会环境、创业环境、创新载体、成果产出和经济社会发展7个;三级指标共23个,如表1-3所示。

表1-3 《杭州创新指数2008》指标体系[②]

一级指标	二级指标	三级指标
创新基础	科教投入	全社会R&D占GDP的比重、地方财政科技拨款(万元)、企业技术开发费占销售收入的比重、人均财政性教育经费支出(元)
	人才资源	每万人专业技术人员数(人)、每万人高校在校生数(人)、企业科技活动人员数(万人)
创新环境	经济社会环境	人均GDP(元)、信息化水平(户/百人)、城市空气综合污染指数
	创业环境	国家级、省级科技企业孵化器数(家)、政府创业投资资金总额(万元)
	创新载体	省级以上高新技术企业数(家)、国家级、省部级重点实验室和工程研究中心数(家)

---

①② 楼健人. 杭州创新指数——城市科技创新的风向标 [J]. 现代城市, 2009 (2).

续表

一级指标	二级指标	三级指标
创新绩效	成果产出	高新技术产业产值占工业总产值的比重、高技术产品出口占出口总额的比重、工业新产品产值率
	经济社会发展	文化创意产业增加值占服务业增加值比重、万元GDP综合能耗（吨标煤/万元）

（二）中国城市创新指数

1. 中国城市创新指数的含义。中国城市创新指数由广东省社会科学院编制，该指数是对中国经济百强城市的创新能力进行评测的指数[①]。于2016年2月29日发布首个指数研究报告（但最终得到了60个城市的有效数据），通过发布《中国城市研究开发创新指数》，对中国城市自主创新能力的内涵、结构与构成要素及其相关内容进行了理论研究，对中国城市自主创新能力的影响因素进行了分析和提炼，在此基础上构建了中国城市技术创新能力综合评价指标体系的模型，侧重于创新基础、品牌创新以及高新技术产业化能力等方面的评价。

2. 中国城市创新指数指标体系。该指数结合三链融合的理念[②]，找出衡量城市创新的三个关键维度——发展基础、科技研发和产业化，并筛选出8个核心指标，从创新角度反映了中国城市群的空间格局和发展潜力，也通过创新指数得分差异刻画出不同城市的创新特征差异。

（三）中关村指数

1. 中关村指数的含义。"中关村指数"是反映中关村科技园区及北京市高新技术产业的发展变动趋势，描述中关村科技园区及北京市高新技术产业的发展现状，为中国科技园区的发展提供新评价的综合性指数[③]。

北京中关村管委会于2004年开始中关村指数研究和评价，最初为15个

[①] 《中国城市创新指数》报告（2016），由广东省社会科学院编制，该指数是对中国经济百强城市的创新能力进行评测的指数。

[②] 袁继新，王小勇，林志坚，叶璟. 产业链、创新链、资金链"三链融合"的实证研究——以浙江智慧健康产业为例 [J]. 科技管理研究，2016（14）.

[③] 王兆华，于江. "中关村指数"评价体系及其对中国科技园区发展的启示 [J]. 科学学与科学技术管理，2007（2）.

指标。2005年1月和8月，北京市统计局、中关村管委会两次向外界发布了总体评价北京高新技术产业发展水平的"中关村指数"，标志着中国地区高新技术产业发展水平有了可供参考的评价体系。[①] 2008年，结合前期经验和中关村现实发展需求，北京中关村管委会颁布了新的中关村指数。经过逐年微调，2012年"中关村指数2012"首次正式发布。"中关村指数2012"由北京市社会科学院、中关村创新发展研究院、北京方迪经济发展研究院共同完成。

2. 中关村指数指标体系。"中关村指数"借鉴"硅谷指数"的研究方法，结合中关村实际，设计了一套全面反映中关村创新发展情况的指标体系，指标体系包括创新创业企业、产业发展、创新能力、创新创业环境、国际化、中关村300强和上市公司100强等6个一级指标，涵盖20个二级指标以及122个三级指标。[②]

"中关村指数"（2017）形成了"创新创业环境、创新能力、产业发展、企业成长、辐射带动、国际化"6个分项指数14个二级指标、38个三级指标为核心框架体系[③]，如表1-4所示。

表1-4　　　　　　　　中关村指数体系

一级指标（6）	二级指标（14）	三级指标（38）
创新创业环境	人才资源科技金融，创新创业服务	9个
创新能力	创新投入创新产出创新协作	7个
产业发展	产业规模产业效益	7个
企业成长	活力型企业领军型企业	4个
辐射带动	技术辐射产业辐射	3个
国际化	资源引入国际拓展	8个

（四）张江创新指数

1. 张江创新指数的含义。2015年，一个反映张江高科技园区创新能力的

[①] 王兆华，于江．"中关村指数"评价体系及其对中国科技园区发展的启示 [J]．科学学与科学技术管理，2007（2）．

[②] 杨文利．"中关村指数2012"首次正式发布 [N]．中国高新技术产业导报，2012.09．

[③] 石庆波，周明，李国东．中关村贵阳科技园创新指数设计——基于硅谷指数和中关村指数的分析 [J]．价值工程，2017（15）．

指数——"张江园区创新指数",是《上海市科教兴市统计指标体系》研究工作的需要,及时准确地反映了张江在创新方面进步的需要。"张江园区创新指数"是为定量反映张江园区自主创新的综合情况而编制的一个指数。"张江指数"指标的设计,主要考虑从创新环境、创新主体、创新人才、创新投入、创新成果和创新水平六个方面共22个指标来综合反映张江园区的创新能力和水平,为科学评价园区自主创新能力提供依据,为园区未来的可持续发展指明方向。经测算,2005年"张江指数"为118.5,比2004年有较大增长。[①] 目前,张江指数称为"张江创新指数"。张江创新指数类似于美国的"硅谷指数"。张江创新指数在某种程度上也相当于"上证180指数"。

2. 张江创新指数指标体系[②]。张江创新指数指标体系在进行具体的指标选择时,既借鉴国内外已有评价指标的研究成果,又要符合指标选择原则,其中最主要的有两个方面:一是所选指标需比较准确地呈现张江创新发展状态;二是考虑指标形式的互补性、均衡性,尽量均衡考虑总量型、质量型、增速型等各类指标,以便更加全方位地反映张江创新发展情况。

经过专家小组的多轮讨论,并充分听取张江示范区相关人员的意见,建立起张江创新指数系统的多层次评价指标体系。最终形成包括5个一级指标、12个二级指标、63个三级指标的张江创新指数指标体系,如表1-5所示。

表1-5　　　　　　　　张江指数创新指标体系

一级指标	二级指标	创新经济体系要素
创业与创新表现	创新创业投入	创新创业人才投入、创新创业经费投入、创新创业载体建设
	创新创业成效	源头性的科研创新、颠覆性的技术成果、知识产权建设成果,创新的直接经济效益、高质量的创业成效
经济与产业结构	企业成长	创新型企业数量、企业国际创新合作、企业经济体量和效益
	产业发展	产业结构调整、高新技术产业发展、产业创造价值的能力、产业集群建设成效
市场与商业环境	金融发展	新型金融业态发展、社会资本的有效运用、信用体系建设
	商业环境	商用空间和配套环境、高新产品流通环境、商业法律环境建设

---

① 上海增设"张江园区创新指数"量化城市创新能力 [DB/OL]. 中华人民共和国中央人民政府门户网站, www.gov.cn, http://www.gov.cn/gzdt/2006-04/08/content_248890.htm.

② 张莹,刘会武,郑巧英. 国家高新区"三次创业"主题文章之五 基于ISM的张江创新指数指标体系研究 [J]. 中国高新区, 2015 (5).

续表

级指标	二级指标	创新经济体系统要素
城市与社会发展	生态建设	环境建设与节能降耗
	社会发展	收入和住房保障、公共医疗和教育
	基础设施建设	基础设施建设城市交通的便捷性、CT 基础设施建设
	园区治理	园区发展手段的强化、园区的改革与创新
文化与人口结构	文化建设	社会文明建设、园区品牌建设
	人口结构	国际人口比例、创新型人口比例

一是创业与创新表现。从创新创业投入、创新创业成效两个方面，选取了 R&D 活动人员密度顶尖创新创业团队数、R&D 经费投入强度、创业企业获得风险投资额、新增发明专利数、连续创业的企业家数、新创办科技型企业增长率等相关的 16 个三级指标。

二是经济与产业结构。从企业成长、产业发展两个方面，选取了科技小巨人企业、营业收入超 30 亿元的高新技术企业、企业在海外设立研发机构上市企业利润、高技术产业收入比重、服务业比重、人均增加值、优势产业全国首位度、重点产业创新聚集度等相关的 14 个三级指标。

三是市场与商业环境。从金融发展方面，选取了新兴金融机构聚集度或保险机构可用资本、申请信用评估企业占比国有控股资产性公司可利用资金、商用空间总面积、商用房屋租金、跨国公司区域总部数、基于互联网的商品交易额、商业违法违规事件等相关的 14 个三级指标。

四是城市与社会发展。从生态建设、社会发展、基础设施建设、园区治理四个方面，选取了综合能耗、工业污水处理率、绿地覆盖率、人均年收入、收入房价比、医疗服务机构数、通勤时间、人均数据量、无线网络普及率、园区改革和制度创新等相关的 12 个三级指标。

五是文化与人口结构。从文化建设和人口结构两个方面，选取了人均参与社会公益活动时间、在职教育经费支出、全球品牌影响力、吸纳高校应届毕业生、国际性人才占比、高学历人才占比等相关的 7 个三级指标。

（五）中国企业创新发展指数

1. 中国企业创新发展指数的含义。借鉴 IMD 国际竞争力评价的理论和方法，结合中国企业发展的实际情况，研究和构建了全面评价中国企业创新发展的综合指标体系——中国企业创新发展指数。同时，利用该指数对中国各省市和工业行业的企业创新发展情况进行了动态监测和科学评价，通过定量化的数据处理，得出中国各省市和工业行业企业创新发展优劣状况的排序。魏江认为，深入剖析了战略导向、网络特征和产品创新绩效之间的关系，以此评价企业创新发展能力。[①]

2. 企业创新发展指数指标体系。在对企业创新发展组成要素进行系统分析的基础上，经过初选以及专家评议，选择从创新基础、创新能力、创新活动、创新绩效等4个方面描述企业创新发展水平，并最终构建了一个包含4个组成要素、12个子要素、58个评价指标的企业创新发展指数评价指标体系[②]，具体如表1-6所示。

表1-6　　　　中国企业创新发展评价指数指标体系

总体目标	组成要素	子要素	评价指标	指标编号	指标类型
企业创新发展指数	创新基础	经济表现	企业人均主营业务收入	1.1.1	相对指标
			企业人均利润总额	1.1.2	相对指标
			3年主营业务收入平均值	1.1.3	绝对指标
			3年利润总额平均值	1.1.4	绝对指标
			利润总额占主营业务收入比例	1.1.5	相对指标
		基础设施	生产经营用机器设备原价	1.2.1	绝对指标
			微电子控制设备费用	1.2.2	绝对指标
			企业人均生产经营用机器设备原价	1.2.3	相对指标
			微电子设备费用占机器设备原价比例	1.2.4	相对指标
		R&D经费	3年R&D经费平均值	1.3.1	绝对指标
			R&D人员平均R&D经费	1.3.2	相对指标
			R&D经费占主营业务收入比例	1.3.3	相对指标
			3年R&D经费平均增长率	1.3.4	相对指标
			企业人均科技活动经费	1.3.5	相对指标
			吸收政府资金占企业科技活动经费比例	1.3.6	相对指标

---

① 魏江,张妍,龚丽敏. 基于战略导向的企业产品创新绩效研究——研发网络的视角 [J]. 科学学研究, 2014 (10).

② 庞景安,于洁,曹燕. 中国企业创新发展指数的研究与应用 [J]. 科技管理研究, 2011 (9).

续表

总体目标	组成要素	子要素	评价指标	指标编号	指标类型
企业创新发展指数	创新能力	R&D 人力	R&D 人员占从业人员比例	2.1.1	相对指标
			3 年 R&D 人员全时当量平均值	2.1.2	绝对指标
			科学家和工程师占科技活动人员比例	2.1.3	相对指标
			企业每千人拥有高中级技术职称人数	2.1.4	相对指标
			企业每千人拥有博士和硕士人数	2.1.5	相对指标
		科研条件	企业平均设立科技机构数	2.2.1	相对指标
			设立科技机构企业占本行业/省市企业总数比例	2.2.2	相对指标
			企业平均科技机构经费支出	2.2.3	相对指标
			科研基建支出占科技活动内部支出比例	2.2.4	相对指标
			科技机构人均科技机构仪器设备原价	2.2.5	相对指标
		技术获取	技术引进支出占主营业务收入比例	2.3.1	相对指标
			企业对国外技术的依存度	2.3.2	相对指标
			购买国内技术经费支出占主营业务收入比例	2.3.3	相对指标
			3 年购买国内技术经费平均值	2.3.4	绝对指标
			购买国内技术经费与技术引进支出比值	2.3.5	相对指标
	创新活动	技术研发	有 R&D 活动企业占本行业/省市企业总数比例	3.1.1	相对指标
			技术改造经费支出占主营业务收入比例	3.1.2	相对指标
			3 年技术改造经费平均值	3.1.3	绝对指标
			消化吸收支出占主营业务收入比例	3.1.4	相对指标
			消化吸收支出与技术引进支出比值	3.1.5	相对指标
		项目研究	企业平均拥有 R&D 项目数	3.2.1	相对指标
			企业平均拥有新产品开发项目数	3.2.2	相对指标
			企业 R&D 项目数占企业科研项目数比例	3.2.3	相对指标
			项目人员平均科研项目经费	3.2.4	相对指标
			3 年科研项目经费平均增长率	3.2.5	相对指标
		科研合作	科技活动外部支出占科技活动总额比例	3.3.1	相对指标
			对科研院所和高校科技支出	3.3.2	绝对指标

续表

总体目标	组成要素	子要素	评价指标	指标编号	指标类型
企业创新发展指数	创新活动	科研合作	对其他企业科技支出	3.3.3	绝对指标
			对科研院所和高校科技支出与对其他企业科技支出比例	3.3.4	相对指标
	创新绩效	知识产权	每千人申请专利数量	4.1.1	相对指标
			每千人拥有发明专利数量	4.1.2	相对指标
			发明专利申请量占全部专利申请量比例	4.1.3	相对指标
			每百万元 R&D 经费产生发明专利数量	4.1.4	相对指标
			3年发明专利申请量平均增长率	4.1.5	相对指标
		产品开发	有新产品销售企业占本行业/省市企业总数比例	4.2.1	相对指标
			单位新产品开发经费获得新产品产值	4.2.2	相对指标
			新产品销售收入占主营业务收入比例	4.2.3	相对指标
			新产品出口额占新产品销售收入比例	4.2.4	相对指标
			企业人均新产品销售收入	4.2.5	相对指标
		技术进步	享受各级政府技术开发减免税	4.3.1	绝对指标
			国家认定创新型企业占全部企业的比例	4.3.2	相对指标
			全员劳动生产率	4.3.3	相对指标
			3年工业增加值平均值	4.3.4	相对指标

三、国内外创新指数研究评述[①]

随着企业创新行为的变化，相关创新理论同时在不断发展，国内外的创新评估模型也在不断演化。与国外相比，我国在创新指数方面的研究起步较晚且相对滞后，但通过积极学习和借鉴相关的国际经验，目前国内逐渐出现一些较有影响力的创新指数。由于国内外各创新指数编制的目的和原理不尽相同，因此，在指标设计上也会存在一定的差异，所强调的主题也会有所不同。

---

① 李芹芹，刘志迎. 国内外创新指数研究进展述评 [J]. 科技进步与对策, 2013 (2).

在国外创新指数中，欧盟创新指数、国家创新能力指数和全球知识竞争力指数既可以对各测评对象进行横向比较，又可以与自身的各年度指数进行纵向比较；在国内创新指数中，有的既可以对各测评对象进行横向比较，又可以与自身各年度指数进行纵向比较。但中关村指数、张江创新指数和杭州创新指数只可以与自身各年度指数进行纵向比较。

研究者从不同视角出发，既有对国家层面的创新能力评价，又有对区域层面的创新能力评价，对创新理解的角度不同，各创新指数的构成也不尽相同。国内外现有关于创新指数的研究成果，为构建具有中国特色的创新指数提供了诸多启示。

第三节 小微企业创新指数指标体系的构建

一、小微企业创新指数评价的对象

小微企业创新指数评价的对象，是根据统计上大中小微型企业划分办法（2017）界定的小微企业作为标准的，如表1-7所示。

表1-7　　　　统计上大中小微型企业划分标准[①]

行业名称	指标名称	计量单位	大型	中型	小型	微型
农、林、牧、渔业	营业收入（Y）	万元	Y≥20000	500≤Y<20000	50≤Y<500	Y<50
工业	从业人员（X）	人	X≥1000	300≤X<1000	20≤X<300	X<20
	营业收入（Y）	万元	Y≥40000	2000≤Y<40000	300≤Y<2000	Y<300
建筑业	营业收入（Y）	万元	Y≥80000	6000≤Y<80000	300≤Y<6000	Y<300
	资产总额（Z）	万元	Z≥80000	5000≤Z<80000	300≤Z<5000	Z<300
批发业	从业人员（X）	人	X≥200	20≤X<200	5≤X<20	X<5
	营业收入（Y）	万元	Y≥40000	5000≤Y<40000	1000≤Y<5000	Y<1000

[①] 资料来源：http://www.stats.gov.cn/tjgz/tzgb/201801/t20180103_1569254.html，国家统计局关于印发《统计上大中小微型企业划分办法（2017）》的通知［DB/OL］. 国家统计局网站，2018-01.

续表

行业名称	指标名称	计量单位	大型	中型	小型	微型
零售业	从业人员（X）	人	X≥300	50≤X<300	10≤X<50	X<10
	营业收入（Y）	万元	Y≥20000	500≤Y<20000	100≤Y<500	Y<100
交通运输业	从业人员（X）	人	X≥1000	300≤X<1000	20≤X<300	X<20
	营业收入（Y）	万元	Y≥30000	3000≤Y<30000	200≤Y<3000	Y<200
仓储业	从业人员（X）	人	X≥200	100≤X<200	20≤X<100	X<20
	营业收入（Y）	万元	Y≥30000	1000≤Y<30000	100≤Y<1000	Y<100
邮政业	从业人员（X）	人	X≥1000	300≤X<1000	20≤X<300	X<20
	营业收入（Y）	万元	Y≥30000	2000≤Y<30000	100≤Y<2000	Y<100
住宿业	从业人员（X）	人	X≥300	100≤X<300	10≤X<100	X<10
	营业收入（Y）	万元	Y≥10000	2000≤Y<10000	100≤Y<2000	Y<100
餐饮业	从业人员（X）	人	X≥300	100≤X<300	10≤X<100	X<10
	营业收入（Y）	万元	Y≥10000	2000≤Y<10000	100≤Y<2000	Y<100
信息传输业	从业人员（X）	人	X≥2000	100≤X<2000	10≤X<100	X<10
	营业收入（Y）	万元	Y≥100000	1000≤Y<100000	100≤Y<1000	Y<100
软件和信息技术服务业	从业人员（X）	人	X≥300	100≤X<300	10≤X<100	X<10
	营业收入（Y）	万元	Y≥10000	1000≤Y<10000	50≤Y<1000	Y<50
房地产开发经营	营业收入（Y）	万元	Y≥200000	1000≤Y<200000	100≤Y<1000	Y<100
	资产总额（Z）	万元	Z≥10000	5000≤Z<10000	2000≤Z<5000	Z<2000
物业管理	从业人员（X）	人	X≥1000	300≤X<1000	100≤X<300	X<100
	营业收入（Y）	万元	Y≥5000	1000≤Y<5000	500≤Y<1000	Y<500
租赁和商务服务业	从业人员（X）	人	X≥300	100≤X<300	10≤X<100	X<10
	资产总额（Z）	万元	Z≥120000	8000≤Z<120000	100≤Z<8000	Z<100
其他未列明行业	从业人员（X）	人	X≥300	100≤X<300	10≤X<100	X<10

具体在确定评价对象时，主要考虑两个方面的因素。一方面，由于小微企业作为评价的对象涵盖范围较广，因此，尽量选择代表性广泛和普遍

的样本；另一方面，在满足评价指标具有广泛代表性的前提下，还充分考虑了指标反映评价对象的显著性特征、关注特定行业或特定类型企业的具体运行情况。

二、小微企业创新指数的分项指数

在小微企业创新指数的评价中，遵循客观、科学、可量等原则，从创新能力、生产制造创新、商业模式创新和创新环境四个维度，构建了"研究开发创新指数""生产制造创新指数""商业模式创新指数""发展环境创新指数"四个小微企业创新分类指数进行评价，如表1-8和图1-1所示。

表1-8　　　　　小微企业创新指数分类指数

小微企业创新指数	分类指数1：研究开发创新指数
	分类指数2：生产制造创新指数
	分类指数3：商业模式创新指数
	分类指数4：发展环境创新指数

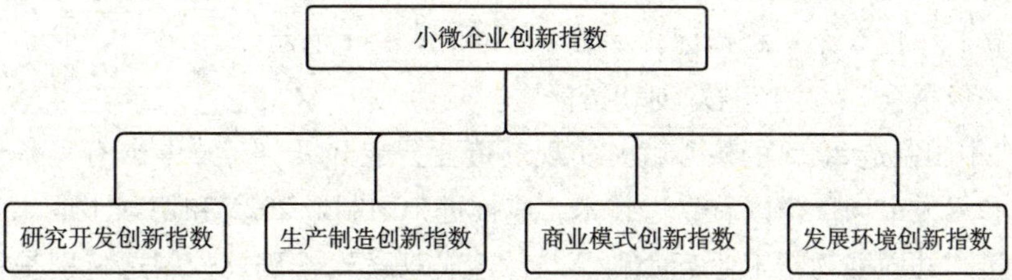

图1-1　小微企业创新指数架构

三、小微企业创新指数的指标体系的构建

小微企业创新重点研究技术创新，创新能力的大小主要体现在研究开发的能力。所以小微企业是否长足发展主要取决于其自主创新能力（包括先进制造、智能制造和其他技术创新能力）。小微企业创新指数指标体系的构建，

按照"研究开发创新指数""生产制造创新指数""商业模式创新指数""发展环境创新指数"4个分项指数作为4个一级指标。

一级指标1：研究开发创新指标。

企业的创新水平高低、创新成果的多少，关键取决于小微企业的技术研究开发能力的大小。所以把"研究开发创新"作为"小微企业创新指数"的一级指标。

陈劲认为，熊彼特把"生产要素的新组合"引入生产体系，是"投入"观点；从管理学视角来看，技术创新是"从一种新思想的产生到研究、试制、生产制造再到首次商业化"的过程，强调了过程与结果。技术创新是一种市场化的行为，技术研究部门要与发展、制造和销售部门有机整合，与用户、供应商、甚至竞争对手合作。[①]

从陈劲教授的上述观点可以看出，技术创新既是生产要素的组合，是投入，又是一种市场化的行为，是首次商业化的过程，表现为商业价值，是产出。因此，把"创新研发投入"和"创新研发产出"作为一级指标"研究开发创新"下的2个二级指标。

而创新研发投入和创新研发支出决定了创新研发的"黑箱"。前者主要包括"研发经费投入""研发人员人数""科技活动支出"，后者则主要涵盖"新产品产值""新增专利授权数"等。"研发经费投入""研发人员数""科技活动支出""新产品产值""新增专利授权数"构成了一级指标"研究开发创新"下的5个三级指标，如表1-8和图1-1所示。

一级指标2：生产制造创新指标。

"中国制造2025的核心就是实现制造业智能升级"[②]。"中国有完备工业体系和巨大市场，德国有先进技术，应推进中国制造2025和德国工业4.0战略对接，共同推动新工业革命和业态，达成双赢"。[③] 因此，制造特别是智能制造属于"技术创新"的范畴。

陈劲教授认为，技术创新是"从一种新思想的产生、研究、试制、生产制造到首次商业化"的过程，强调了过程与结果[④]。也就是一项创新包括"新思想的产生、研究、试制、生产制造到首次商业化"的过程，制

[①④] 陈劲. 永续发展——企业技术创新透析 [M]. 北京：科学出版社，2001.
[②] 李克强. 考察大连重工起重集团有限公司 [DB/OL]. http://www.gov.cn/，中国政府网，2016.05.16.
[③] 李克强. 会见德国总理默克尔 [DB/OL]. http://www.gov.cn/，中国政府网，2015.10.29.

造是创新成果的实现,也就是不断地产业化、商业化的过程,这就离不开生产制造。因此,生产制造是"创新"的产业化、商业化过程,是创新的结果。所以把"生产制造创新"作为小微企业创新指数的一个一级指标。

生产制造也要有投入与产出,创新形成的新技术的商业化、产业化同样需要投入,投入必然会带来产出。因此,把"生产制造投入"与"生产制造产出"作为一级指标"生产制造创新"下的2个二级指标。

生产制造的投入主要有设备投入和人员的投入,同时生产制造也不断地实现自动化、智能化。因此,把"智能制造设备投入""智能制造人员投入"作为二级指标"生产制造投入"的2个三级指标。

生产制造的产出表现为制造产出价值与商业化后利润,因此,把"智能制造价值产出""智能制造利润产出"作为二级指标"生产制造投入"的2个三级指标。所以把"智能制造设备投入""智能制造人员投入""智能制造价值产出""智能制造利润产出"作为一级指标"生产制造创新"的4个三级指标,如表1-8和图1-1所示。

一级指标3:商业模式创新指标。

熊彼特(Schumpeter)[①]认为,创新是指开发一种新的产品、实施一种新的制造流程、开辟一种新的市场、寻找新的采购商途径以及组建一个前所未有的运营结构。熊彼特所指的创新实质上是企业经营模式的创新,也就是商业模式的创新。陈劲认为,创新的商业化,也体现了商业模式的创新。不仅如此,新常态背景下,商业模式创新尤为重要,是小微企业飞跃式发展的"核心要素"。另外,技术创新的成果能否有效实现商业化,关键是企业的营商模式。所以把"商业模式创新"作为小微企业创新指数的一级指标。

商业模式创新,主要刻画企业价值的创造、传递和捕获的全过程。其中财务驱动的因素主要包括反映成本效率的资金成本和人力资本;体现创新收益的创新业务收入和创新投入收益率;揭示资产结构变化的资产周转率和现金比率。所以把"成本结构变化""收入结构变化变化""资产结构变化变化"作为一级指标"商业模式创新"下的3个二级指标,把"资金成本""人力成本""创新业务收入""投资收益利润率""资产负债率""速动比

---

① Schumpeter, J. A 著,王永胜译. 经济发展理论 [M]. 上海:立信会计出版社, 2017.

率"6个指标作为一级指标"商业模式创新"的6个三级指标,如表1-8和图1-1所示。

一级指标4:发展环境创新指标。

任何创新都离不开环境,创新环境是企业进行转型升级实现创新的试验场。一个有利于创新的环境会催生创新的发生与实现,各种创新会层出不穷;反之,一个不利于创新的环境会压制创新的发生与实现,即使有所创新但也会"胎死腹中"。创新环境对小微企业能否创新、创新能否实现、创新成果能否商业化的关键。事实也证明,哪个地区小微企业创新的环境优越,那个地区小微企业发展就比较繁荣。创新环境既包括现有创新的环境如何,也包括对现有创新环境的不断优化,也可以称为"环境创新"。所以把"发展环境创新"作为小微企业创新指数的一级指标。

衡量"发展环境创新"的指标主要包括企业创新环境(包括技术市场、产学研合作平台和企业创新文化氛围)和区域创新环境(经济人口中大专以上学历、人均GDP、创新服务平台和创新扶持政策)。所以把"企业创新环境"与"区域创新环境"2个指标作为一级指标"发展环境创新"下的2个二级指标。

把"技术市场""产学研合作平台""企业创新文化氛围""大专以上人口""人均GDP""创新服务平台"和"创新扶持政策"7个指标作为一级指标"发展环境创新"的7个三级指标,如表1-8和图1-1所示。

经过创新理论回顾与分析,国内外创新指数的研究,在企业创新理论指导下,吸收了国内外创新指数编制理论、方法与经验,经过专家的论证,在征求主管小微企业部门意见的基础上,确立了小微企业创新指数指标体系,包括"研究开发创新""生产制造创新""商业模式创新"和"发展环境创新"4个一级指标;"创新研发投入""创新研发产出""生产制造投入""生产制造产出""成本结构变化""收入结构变化变化""资产结构变化变化""企业创新环境""区域创新环境"9个二级指标;"研发经费投入""研发人员数""科技活动支出""新产品产值""新增专利授权数""智能制造设备投入""智能制造人员投入""智能制造价值产出""智能制造利润产出""资金成本""人力成本""创新业务收入""投资收益利润率""资产负债率""速动比率""技术市场""产学研合作平台""企业创新文化氛围""大专以上人口""人均GDP""创新服务平台"

"创新扶持政策"22个三级指标,如表1-9和图1-2所示。

表1-9 小微企业创新指标评价指标体系

一级指标	二级指标	三级指标
小微企业创新指数		
研究开发创新	创新研发投入	企业研发人员数
		研发经费投入
		科技活动支出
	创新研发产出	新产品产值
		新增专利授权数
生产制造创新	生产制造投入	智能制造设备投入
		智能制造人员投入
	生产制造产出	智能制造价值产出
		智能制造利润产出
商业模式创新	成本结构变化	资金成本
		人力成本
	收入结构变化变化	创新业务收入
		投资收益利润率
	资产结构变化变化	资产负债率
		速动比率
发展环境创新	企业创新环境	技术市场
		产学研合作平台
		企业创新文化氛围
	区域创新环境	大专以上人口
		人均GDP
		创新服务平台
		创新扶持政策

```
                                    ┌─ 创新研发投入 ─┬─ 企业研发人员数
                                    │              ├─ 研发经费投入
                    ┌─ 研究开发创新 ─┤              └─ 科技活动支出
                    │               └─ 创新研发产出 ─┬─ 新产品产值
                    │                               └─ 新增专利授权数
                    │
                    │               ┌─ 生产制造投入 ─┬─ 智能制造设备投入
                    │               │              └─ 智能制造人员投入
                    ├─ 生产制造创新 ─┤
                    │               └─ 生产制造产出 ─┬─ 智能制造价值产出
                    │                               └─ 智能制造利润产出
小微企业创新指数 ─┤
                    │               ┌─ 成本结构变化 ─┬─ 资金成本
                    │               │              └─ 人力成本
                    ├─ 商业模式创新 ─┼─ 收入结构变化 ─┬─ 创新业务收益
                    │               │              └─ 投资利润率
                    │               └─ 资产结构变化 ─┬─ 资产负债率
                    │                               └─ 速动比率
                    │
                    │               ┌─ 企业创新环境 ─┬─ 技术市场
                    │               │              ├─ 产学研合作平台
                    └─ 发展环境创新 ─┤              └─ 企业创新文化氛围
                                    │               ┌─ 大专以上人口
                                    └─ 区域创新环境 ─┼─ 人均GDP
                                                    ├─ 创新服务平台
                                                    └─ 创新扶持政策
```

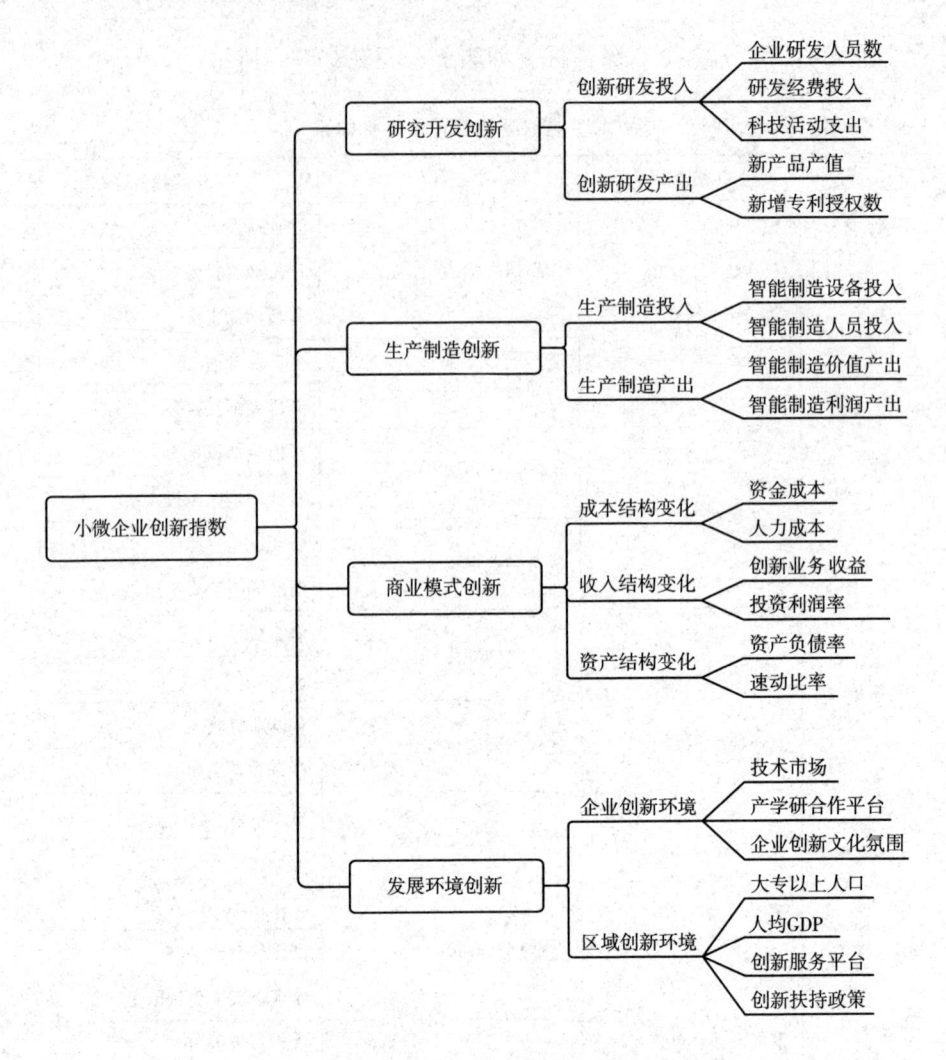

图 1-2 小微企业创新指数评价总体框架体系

第四节 小微企业创新指数的评价方法

小微企业创新指数的评价，采用合成指数的评价方法对小微企业的创新状况进行综合测评。先对"研究开发创新指数""生产制造创新指数""商业模式创新指数""发展环境创新指数"4个分类指数进行测评，然后基于指数权重法对四个分类指数进行合成，计算得到小微企业创新综合指数。

一、研究开发创新指标的权重确定与计算

测度创新投入和创新产出是测度创新能力的有效方法。基于层次分析法和课题组专家意见,把研究开发创新指数的基数定为1,创新投入与创新产出是并重的两个方面,权重各占0.5;关于创新研发投入,主要表现为人、财、物的投入,将企业研发人员数、研发经费投入和科技活动支出的权重分别定为0.2、0.15和0.15;关于创新研发产出,主要表现为有形产品产出和无形专利产出,将新产品产值和新增专利授权数的权重分别定为0.25和0.25,如表1-10所示。

表1-10　　　　　　　　研究开发创新指标的权重

二级指标	权重	三级指标	权重
创新研发投入	0.5	企业研发人员数	0.20
		研发经费投入	0.15
		科技活动支出	0.15
创新研发产出	0.5	新产品产值	0.25
		新增专利授权数	0.25

二、生产制造创新指标的权重确定与计算

主要依据先进制造业相关理论中主要的影响因素,并与现行统计数据进行匹配来设计指标。一级指标是综合目标类指标,主要反映生产制造创新的宏观发展状况,选取了生产制造创新投入与生产制造创新产出2个二级指标,根据层次分析法和专家咨询法确定生产制造创新投入与生产制造创新产出两个指标的权重各占0.5。三级指标的权重分别是:智能制造设备投入0.3、智能制造人员投入0.2、智能制造价值产出0.2、智能制造利润产出0.3个指标,如表1-11所示。

表1-11　　　　　　　　生产制造创新指标的权重

二级指标	权重	三级指标	权重
生产制造投入	0.5	智能制造设施投入	0.3
		智能制造人员投入	0.2
生产制造产出	0.5	智能制造利润产出	0.3
		智能制造价值产出	0.2

三、商业模式创新指标的权重确定与计算

主要根据商业模式创新的内涵和数据的可得性，将关键影响因素与企业统计、财务监测数据相结合，形成了成本结构变化、资产结构变化、收入结构变化三大模块对企业的商业模式创新成果进行衡量。每个模块中各自包含了2个指标，共形成6个评价指标，分别为资金成本、人力成本、创新业务收入、投资收益利润率、资产负债率、速动比率。三大模块根据多组专家意见确定0.4、0.4、0.2的指标权重，各个模块分值在模块内指标间平均分布，如表1-12所示。

表1-12　　　　　　　　商业模式创新指标的权重

二级指标	权重	三级指标	权重
成本结构变化	0.4	资金成本	0.2
		人力成本	0.2
收入结构变化	0.4	创新业务收益	0.2
		投资收益利润率	0.2
资产结构变化	0.2	资产负债率	0.1
		速动比率	0.1

四、发展环境创新指标的权重确定与计算

将创新环境指标体系按三级设立。一级指标是综合目标类指标，主要反映创新环境的宏观发展状况，选取了企业创新环境、区域创新环境这两大模块对浙江省小微企业创新环境进行衡量；二级指标是具体的量化指标，分别反映对应目标层的具体情况，共设有7个二级指标，其中，企业创新环境包含了四大指标，区域创新环境包括了三大指标。再根据层次分析法和专家咨询法确定了各指标的权重，如表1-13所示。

表 1-13　　　　　　　　　发展环境创新指数权重

二级指标	权重	三级指标	权重
企业创新环境	0.5	技术市场	0.125
		产学研合作平台	0.125
		创新人才培养	0.125
		企业创新文化氛围	0.125
区域创新环境	0.5	创新服务平台	0.20
		创新扶持政策	0.20
		人均 GDP	0.10

五、小微企业创新综合指数的计算

通过专家咨询并运用层次分析法，确定研究开发创新指数、生产制造创新指数、商业模式创新指数及发展环境创新指数的权重分别为 0.20、0.15、0.35、0.30。然后根据以下小微企业创新指数评价模型合成计算出综合创新指数。

$$K = W \times B = \sum_{i=1}^{n}(W_i \times B_i) \quad (i = 1, 2, \cdots, n)$$

其中，K 为综合指标评价值；W 为该层次的指标权重；W_i 和 B_i 分别为层次 i 项指标的权重和隶属度；B 为该层次的指标得分值。运用上述指标体系和评价模型，代入获得的统计数据后，进行运算并量化分析，即可得到浙江省小微企业创新指数结果，该创新指数越高，则表明该企业创新能力越强，如表 1-14 所示。

表 1-14　　　　　　小微企业创新综合指数一级指标权重

研究开发创新指数 0.20		生产制造创新指数 0.15		商业模式创新指数 0.35			发展环境创新指数 0.30	
创新研发投入	创新研发产出	生产制造投入	生产制造产出	成本结构变化	收入结构变化	资产结构变化	企业创新环境	区域创新环境

六、小微企业创新指数研究的创新点

1. 定量研究与定性研究相结合。在方法选取上，通过定量和定性的结合，起到相互依存和补充的目的。（1）定量研究方面，主要采用主成分分析法、德尔菲法等，通过实证检验与专家意见的相互结合，使得构建的创新指数在指标选取、维度划分、权重设定方面更为科学。（2）定性研究方面，研究组地毯式搜索了在国内外期刊上发表的与创新指数研究具有高度相关性的文献共183篇并进行归纳和总结，提出创新能力、制造创新、模式创新和创新环境等四个维度，在此基础上构建了小微企业创新指数。

2. 聚焦"企业创新"发展研究。以往研究更多的是基于宏观层面，研究国家或大范围的区域例如东西部地区的创新情况，本书聚焦于区域企业创新发展的最新动态。该指数主要以企业的创新为研究内容，"研究开发创新""生产制造创新""商业模式创新"3个一级指标充分体现了聚焦"企业创新发展"这一核心，即使"发展环境创新"不是企业内部创新指标，但仍然是反映企业的创新环境，是企业创新的外生变量。

3. 反映生产过程的创新研究。该指数用"生产制造创新"作为一级指标，通过制造创新的投入与产出，反映能体现生产过程创新的智能制造创新。从而体现企业智能制造推动企业不断转型升级、不断实现生产过程的智能化，促进企业向"中国制造2025"迈进。这一点，不仅体现了该指数的创新点，同时也为政府推进"中国制造2025"提供决策依据。

4. 把商业模式创新作为重要研究内容。企业成功与否，不仅取决于技术创新、管理创新、制度创新、文化创新等，在产能严重过剩、供给侧改革、企业要素成本不断攀升的背景下，更取决于企业是否有一个优秀的商业模式。优秀的小微企业，不断通过商业模式创新，释放市场活力，实现飞跃式发展。因此，商业模式创新是小微企业发展有效路径。这一创新点为企业创新发展提出了有效的路径。

第二章 浙江省小微企业研究开发创新指数测评

第一节 小微企业研究开发创新指数的研究背景

一、小微企业研究开发创新指数的研究背景

从"科学技术是第一生产力""科教兴国"到"创新驱动发展战略",再到"创新是引领发展的第一动力",中国走出了一条创新强国科技强国的创新发展路径。

2006年,习近平同志在浙江省自主创新大会上就提出了建设"创新型省份",到2020年,浙江的研究与开发(R&D)投入占GDP比要达到2.5%。2013年5月15日,浙江省十三届三次全会作出了《中共浙江省委关于全面实施创新驱动发展战略加快建设创新型省份的决定》,决定将创新驱动作为浙江省发展的主要战略,将创新发展置于浙江省发展全局的核心地位。

二、小微企业研究开发创新指数的研究意义

研究小微企业开发创新指数测评,主要是考察企业创新能力的情况。企业创新能力是企业可持续发展的基石。企业研发创新活动是企业不断生成、成长与发展的原动力。

综合考虑反映企业创新能力的基本评价指标与小微企业创新能力的相关指标,通过小微企业开发创新指数测评与研究,为判断区域小微企业的创新

能力提供标准,从而发现区域小微企业在创新研发方面存在的不足、问题,为政府提供区域企业创新政策提供决策依据。

浙江省是小微企业大省,以浙江省统计年鉴数据、小微企业财务数据及统计调查数据为基础,对浙江省11个地市的小微企业创新能力进行研究,形成11个地市的"小微企业研究开发创新指数",为省政府特别是各个地市政府分管部门提供了"量化"的参考依据。

三、小微企业研究开发创新指数的内涵

小微企业研究开发创新指数是研究区域小微企业技术创新和产品开发能力的指数,主要通过创新研发投入与创新产出两个方面来体现。创新研发投入反映小微企业在研发上投入强度的指标,主要有企业研发人员数、研发经费投入、科技活动支出。创新研发产出是反映小微企业创新研发成果的指标,主要有新产品产值、新增专利授权数量。

第二节 小微企业研究开发创新指数的测评方法

一、小微企业研究开发创新指数指标的选取

根据前文阐述的指标选取原则,结合小微企业的实际情况和创新特征,以及指标的代表性和统计的可行性,总结和提炼出两个方面的指标来反映小微企业的创新能力情况,如表2-1所示。

表2-1　　　　　　　研究开发创新指数评价指标

一级指标	二级指标	指标含义
创新研发投入	企业研发人员数	反映研发人力资源的投入强度
	研发经费投入	反映企业研究与开发活动的投入经费情况
	科技活动支出	反映企业全部科技活动的投入情况
创新研发产出	新产品产值	反映研发创新的有形产出价值
	新增专利授权数	反映实际认定的无形产出与创新水平

1. 创新研发投入。创新研发投入主要反映小微企业在科技研发上的投入强度的指标。包括：(1) 企业研发人员数，反映小微企业研发过程中人力资源的投入强度；(2) 研发经费投入，反映小微企业在研究与开发活动的过程中投入情况与强度；(3) 科技活动支出，反映小微企业科技研发相关教育培训、成果拓展、科技服务等全部科技活动的投入情况与强度。

2. 创新研发产出。创新研发产出是反映小微企业创新研发产出（成果）的指标。包括：(1) 新产品产值，反映研发创新的有形产出价值；(2) 新增专利授权数量，反映实际认定的无形产出与创新水平。

二、小微企业研究开发创新指数指标权重的确定

评价指标的权重旨在反映各评价指标在指标体系中的重要程度以及创新能力的基本构成。测度投入、产出是测度效率的典型方法，效率也是能力的重要体现。如果把研究开发创新指数的基数定为1，创新投入与创新产出是并重的两个方面，权重各占0.5。

关于创新研发投入，主要表现为人、财、物的投入，故将企业研发人员数、研发经费投入和科技活动支出的权重分别定为0.2、0.15和0.15。

关于创新能力产出，主要表现为有形产品产出和无形专利产出，故将新产品产值和新增专利授权数的权重分别定为0.25和0.25，如表2-2所示。

表2-2　　　　　　研究开发创新指数评价指标的权重

一级指标	权重	二级指标	权重
创新研发投入	0.5	企业研发人员数	0.20
		研发经费投入	0.15
		科技活动支出	0.15
创新研发产出	0.5	新产品产值	0.25
		新增专利授权数	0.25

第三节　浙江省小微企业研究开发创新指数的测评

一、小微企业研究开发创新指数数据的收集

首先将创新能力各指标标准化、统一量纲后的数值与其相对应的权重相乘；其次将获得的乘数相加作为反映创新能力的相关系数；最后为体现创新能力对区域创新效果的整体影响，用创新能力系数乘以相应地区的工业增加值与第三产业总产值，得到相应年份和地区的创新指数值及排名，进而得到2017年浙江省各市研究开发创新指数。本书的数据全部来自浙江省及各市的统计年鉴、小微企业财务数据及统计调查数据。在指标信息齐全和不含异常数据两个原则的基本指导思想下，进行数据收集活动。调节变量工业增加值和第三产业总产值主要来源于浙江省统计年鉴，研发经费投入、科技活动支出和新产品产值主要来自（浙江省小微企业培育监测平台）调查数据，新增专利授权数据主要来自浙江省知识产权局。

二、小微企业研究开发创新指数数据的整理

本书对来源不同的数据进行预处理，以满足数据之间换算与合成的要求。

1. 企业研发人员数和研发经费投入来自问卷调查数据，备选答案是分组选择题，故将不同的分组答案进行编码，用汇总后的平均值作为2015~2016年浙江省各市的相应得分。

2. 科技活动支出和新产品产值来自小微企业财务数据，将数据按照一定的组距分为5段，对应给予5级得分，以达到保护企业隐私和去量纲的目的，并在此基础上分别加总、取平均值，得到浙江省各市的相关得分。

3. 新增专利授权数来自浙江省知识产权局公布的数据，将浙江省各市的新增专利授权数与相应的浙江省新增专利授权数相除，把得到的各市新增专利授权数与浙江省新增专利授权数的占比结果，作为去量纲后的各市新增专利授权数得分，以供进一步计算所用。

4. 工业增加值与第三产业总产值来自浙江省统计年鉴，将浙江省各市当年相应值的比重，以备下一步计算应用。

三、小微企业研究开发创新指数的测评

第一步，在数据经过预处理后，得到标准化、统一量纲后的数值，根据创新能力得分权重分配办法，形成以下创新能力得分计算公式：

创新能力得分 = 企业研发人员数 × 0.20 + 研发经费投入 × 0.15 +
　　　　　　　科技活动支出 × 0.15 + 新产品产值 × 0.25 +
　　　　　　　新增专利授权数 × 0.25

第二步，由于浙江省的绝大多数企业为小微企业，而研究开发创新指数旨在反映浙江省小微企业，特别是中小制造业企业创新能力的实际经济效果，又因为工业增加值与第三产业总产值可以从总体上体现该地区创新生产活动的最终成果。进而，得到相应的研究开发创新指数计算公式：

研究开发创新指数 = 创新能力得分 × 创新生产的最终成果

第三步，将浙江省各市的相关数据代入公式计算，得出2017年浙江省各市的研究开发创新指数及排名结果。

通过上述数据、权重与计算过程，得到计算结果，通过计算结果，可以分析对比2017年浙江省11个地市小微企业研究开发创新指数及排名变化，如表2-3和图2-1所示。

表2-3　　2017年浙江省11市小微企业研究开发创新指数及排名

地区	研究开发创新指数	排名
杭州市	90.74	1
宁波市	85.99	2
绍兴市	68.67	3
嘉兴市	65.24	4
湖州市	63.88	5
金华市	63.78	6
台州市	61.93	7
温州市	60.38	8
丽水市	51.30	9
舟山市	49.93	10
衢州市	49.70	11

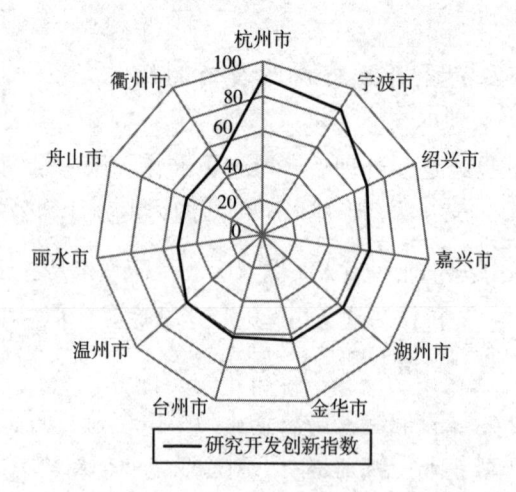

图 2-1 2017 年浙江省小微企业研究开发创新指数雷达

第四节 浙江省小微企业研究开发创新指数分析

一、小微企业研究开发创新指数趋势分析

根据上述数据与计算公式得到浙江省 11 个地市的小微企业研究开发创新指数,将其按照不同年份绘制成图 2-2,可以看出其总体趋势与基本走势。

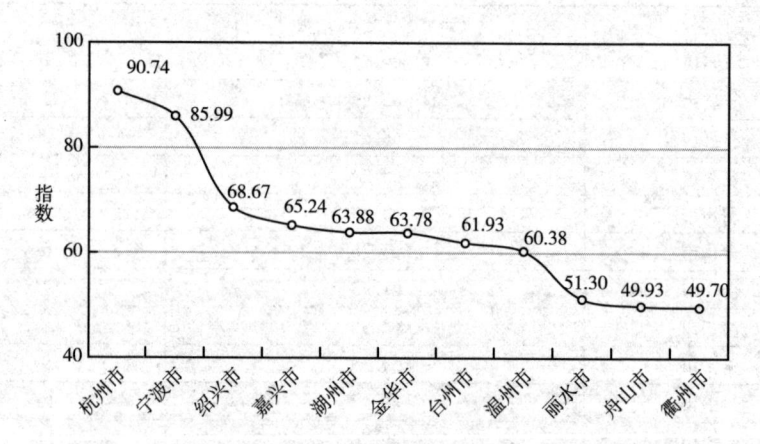

图 2-2 浙江省 11 市小微企业研究开发创新指数变化趋势

1. 创新能力发展总体稳定、基本向好。浙江省 11 市小微企业创新能力的总体趋势发展稳定，多数地区的小微企业创新研发投入有所提升，基本面向好。浙江省全面实施创新驱动发展战略，着力补齐科技创新短板，集聚创新资源，激活创新要素，转化创新成果，建设科技强省。从 2012 年开始，公共预算支出中科技支出年均增长 12.8%，4 年累计科技支出 920 亿元。2016 年，R&D 人员总量为 37.7 万人，稳居全国第 3 位，发明专利授权量居全国前五。

2. 重点城市领跑、其他城市不断进步。各地市创新能力是创新要素投入与创新经济效果综合作用的结果。杭州作为浙江省省会城市、宁波作为首批国家智能制造试点城市，两个副省级城市的经济基础较好、工业和服务业增加值较高、创新研发较快，作为创新研发产出与创新能力重要指标的专利授权量，多数地市虽有所增长，但杭州和宁波的专利授权量远远多于其他地市，2016 年杭州企业的有效专利授权量为 25042 项，宁波企业的有效专利授权量为 14928 项，并且，杭州的增长速度很快，比 2015 年增加了 6%。其他地市企业的有效专利授权量都在 10000 项以下，所以创新能力、创新投入与创新实效也存不同程度的不平衡特征。

3. 创新能力对经济增长的贡献稳步提高。通过调查分析，浙江省创新能力与经济增加效果总体存在正向关系。据浙江统计信息网数据，浙江全省科技进步贡献率逐年提高，2016 年达到 58.6%。以新产业、新业态、新模式为特征的经济增加值占 GDP 的 22.9%，对 GDP 增长的贡献率为 38.6%。创新设计、共享经济、网络约车、在线医疗、远程教育、网上银证保等新型服务模式对居民生活带来便利，进一步拓展了消费领域，也体现出当下创新的时代特征。

二、小微企业研究开发创新指数的特征

（一）创新能力水平的梯队层次较为明显

浙江创新能力水平的层次分类较为明显，基于研究开发创新指数的计算结果，可以将浙江省 11 市的创新能力分成三个层次的梯队。杭州市和宁波市的创新能力水平较为接近，共同构成第一层次；绍兴市、嘉兴市、湖州市、金华市、台州市、温州市的创新能力较为接近，共同构成第二层次；丽水市、舟山市、衢州市的创新能力相对接近，共同构成第三层次，如图 2-3 所示。

同时，根据研究开发创新指数的计算结果，创新能力最高的地市是最低地市的近2倍（见图2-4）。

图2-3 浙江省小微企业研究开发创新指数示意

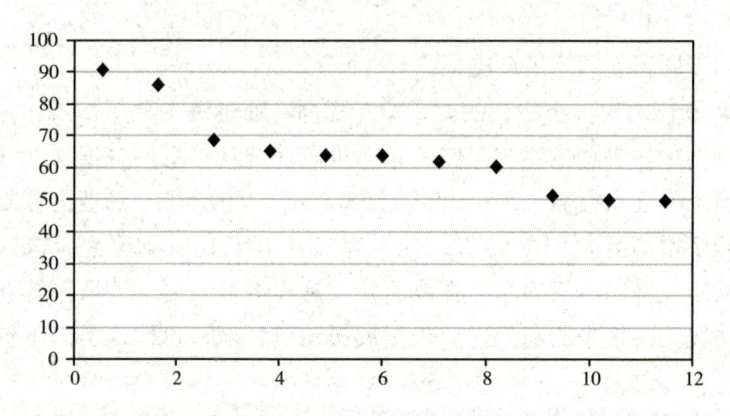

图2-4 2017年浙江省11市小微企业研究开发创新指数散点

（二）创新能力水平的区域分布特征突出

按照浙江省11市创新能力水平的梯队层次，可以发现从第一层次到第三层次的区域变化特征，即从中心向周边的对称式发展。第一层次的杭州市和宁波市基本上位于浙江省中部同等纬度，两个城市的中心化特色比较明显，第二层次的6市基本上位于浙江省的中间地带，第三层次的3市位于浙江省的最外围，总体上呈现对称分布的特征，如图2-5所示。

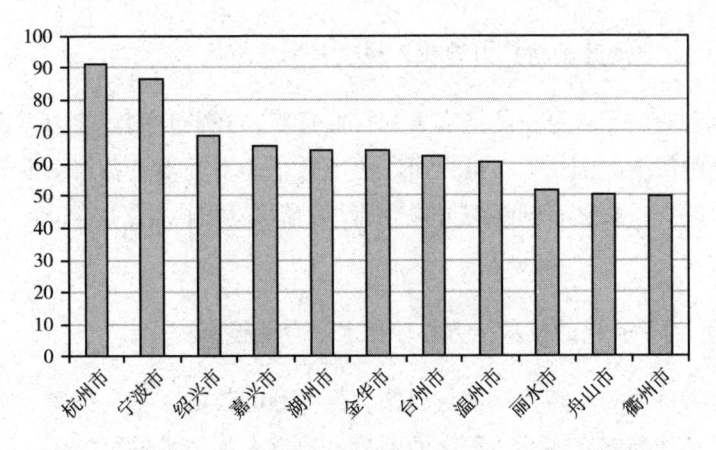

图 2-5 2017 年浙江省小微企业研究开发创新指数柱状图

（三）各地市间创新研发要素发展不平稳

杭州、宁波研发人员投入和新产品产值增幅相对放缓，绍兴、嘉兴、湖州的研发人员和研发投入小幅增加，科技活动经费支出和新产品产能有待提高等，有些地市的创新能力提速较快，但经济规模与企业规模相对较小，创新能力效果短期内没有显现出来。总体而言，各地市都在加大创新研发人员和研发费用的投入，创新研发要素的结构性调整正在进行中，创新研发的后续效果会逐渐显现。

第五节 浙江省小微企业创新能力问题与建议

一、小企业创新能力的问题

（一）区域创新能力的不平衡性难以破局

现有的经济与产业基础对创新能力的影响比较深刻，浙江省的块状经济效果仍然有所体现，各地市的工业与服务业发展水平不平衡，杭州与宁波的经济基础与产业优势明显，其创新研发投入能力与产出对创新整体能力的影响比较突出，其他地市的小微企业虽然也在增加创新研发投入，但差距难以在短期内与杭州、宁波形成平衡。

（二）企业提升创新能力的投入规模差别比较大

小微企业由于自身的经济实力和行业特点，在提升创新能力方面的投入规模的绝对额度差别较大，量大面广的小微企业多数不具备很好的经济实力和抗风险能力，虽然有创新能力提升需求，但是凭自身实力难以独立完成某些创新活动。

（三）创新成果的技术能力与转化水平有待提高

浙江省目前的专利数量增长较快，但专利的技术含量、创新水平、可转化的现实基础等都存在不同程度的不足，导致专利技术的可模仿、可追赶性比较高，同时，一部分具备一定技术水平的专利转化能力不足、转化率较低，给企业带来的经济效益以及对经济发展的推动作用有待进一步提高。

二、小微企业创新发展的对策及建议

（一）发挥第一梯队的示范作用

发挥第一梯队中杭州与宁波的双核心作用，带动周边区域城市群落的创新能力提升，将城市群众的创新能力整合、融入自身的发展规划中，注重打造区域优势。

（二）发挥第二梯队的承上启下作用

第二梯队城市数量较多、分布较广，主要位于浙江省的中部重要地区，是第一梯队与第三梯队的过渡地带，具有承上启下的作用。要提高第二梯队城市的创新水平，积极消化吸收第一梯队杭州与宁波的创新溢出效应，同时，加强第二梯队城市对第三梯队城市的区域带动作用。

（三）发挥梯队内部的协同作用

各梯队地市具有相对接近的创新水平与互补可能，做好三个梯队内部各地市的协同创新。做好杭州与宁波的创新融合，发挥各自的产业优势与区位优势，形成"两翼互补、比翼双飞"的创新示范格局。同时，发挥第二梯队与第三梯队的内部创新要素共享与协同创新。

三、小微企业研究开发创新指数研究展望

当下正是一个创新创业大发展的时代，新行业、新产品、新模式层出不穷和不断迭代，小微企业应当积极进取、主动创新，抓住跨越发展的可能时机。同时，不同层面的创新特点与创新能力都在发生变化，创新规模研究与创新能力评价的相关研究和统计工作要与时俱进，更好地体现新形势下的创新特色，满足创新工作实践的需求。

第三章 浙江省小微企业生产制造创新指数测评

第一节 小微企业生产制造创新指数研究背景

一、小微企业生产制造创新指数的研究背景

小微企业生产制造创新是指基于大数据、云计算、人工智能等技术，贯穿于生产过程的各环节，实现小微企业生产制造的自动化、数字化、智能化，企业管理的标准化、信息化，不断推进小微企业从传统制造模式向智能制造模式的转变过程。

（一）新一轮科技革命的兴起与"中国制造2025"战略的出台

习近平总书记指出"新一轮科技和产业革命形成势头，数字经济、共享经济加速发展，新产业、新模式、新业态层出不穷，新的增长动能不断积聚"①。随着新一轮科技革命的兴起，在全球范围内美国推出了以"工业互联网"和"新一代机器人"为特征的战略布局；德国为增强制造业的竞争力提出了"工业4.0"计划；日本、韩国等制造强国也提出相应的智能制造战略措施。

2015年，党的十八届五中全会通过的《中共中央关于制定国民经济和社会发展第十三个五年规划的建议》提出了加快建设制造强国，实施"中国制

---

① 习近平. 抓住世界经济转型机遇，谋求亚太更大发展 [R]. 亚太经合组织工商领导人峰会，2017–11–10.

造2025"。坚持"创新驱动、质量为先、绿色发展、结构优化、人才为本"的基本方针，坚持"市场主导、政府引导，立足当前、着眼长远，整体推进、重点突破，自主发展、开放合作"的基本原则，通过"三步走"实现制造强国的战略目标。第一步，到2025年，深入推进工业云应用试点示范工作，基本建立智能制造支撑体系，推动重点产业初步实现智能转型，迈入制造强国行列；第二步，到2035年，中国制造业整体达到世界制造强国阵营中等水平；第三步，到中华人民共和国成立100年时，综合实力进入世界制造强国前列。2017年，中共十九大报告再次明确指出，加快建设制造强国，加快发展先进制造业。

在此背景下，国家相继提出并实施了"中国制造2025"和"互联网+"行动计划，强调以互联网为基础，以服务业与制造业对接为杠杆，创新驱动，紧紧抓住这一轮科技革命与产业变革的机遇。

（二）大数据、云计算与智能制造的深度融合

智能制造是贯穿整个生产制造过程，实现整个制造业价值链智能化创新，融合信息技术、先进制造技术、自动化技术和人工智能技术，把技术信息化与工业化有机结合过程。

当前中国正处于制造业升级的关键时期，产业发展面临绝佳机遇。智能制造热潮持续升温，人工智能、工业互联网、大数据、云计算等技术的发展为制造业转型升级提供了新机遇。

在创新驱动下，生产制造方式正发生巨大的变化，发展智能制造和先进制造正是生产制造创新的前进方向。

根据《中华人民共和国2017年国民经济和社会发展统计公报》，2017年全年国内生产总值为827122亿元，比2016年增长6.9%。其中，第一产业增加值为65468亿元；第二产业增加值为334623亿元；第三产业增加值为427032亿元。第一产业增加值占国内生产总值的比重为7.9%，第二产业增加值比重为40.5%，第三产业增加值比重为51.6%[①]。从占GDP的比重来看，第二产业也就是制造业占GDP的40.5%；第一产业占7.9%，虽然不属于制造业的范畴，但第一产业的生产也是不断地工业化、信息化，从某种意

---

① 国家统计局. 中华人民共和国2017年国民经济和社会发展统计公报［DB/OL］. 国家统计局，http：//www.stats.gov.cn/tjsj/zxfb/201802/t20180228_1585631.html. 2018 – 02 – 28.

义上也应该算作制造业；第三产业属于服务业的范畴，但是服务业当中也存在制造业的元素，即使服务业本身也不断地智能化。因此，智能制造相关产业粗略判断约占 GDP 的 70%。

（三）小微企业是制造业的主体

小微企业是中国国民经济重要的组成部分，小微企业占企业总数的 99% 以上。浙江省是小微企业的大省，小微企业数量众多，对浙江省的经济发展和产业转型有着重要的影响。

在转型升级进程中，小微企业的信息化改造相对来说是较为基础和关键的一步。小微企业信息获取能力的增强，能够帮助企业更快地了解市场需求变化，迅速作出调整，生产运营效率及管理水平也会得到提高，企业的决策也会更具有科学性。企业生产制造创新的基础首要是对信息化的水平进行提升，信息化程度的高低对企业技术创新活动的影响也日益凸显，信息化可以提升企业的整体竞争力，将是决定小微企业能否在这轮科技革命中生存和发展的关键。

二、小微企业生产制造创新指数的研究意义

（一）制造创新是创新驱动战略不可或缺的重要组成部分

全球正在兴起以"信息技术、智能制造、新能源和新材料"为代表的新一轮创新浪潮而形成的产业革命，制造创新是新一轮产业革命的核心，各个国家制造创新战略的实施，直接影响全球制造业乃至国家竞争的格局。制造创新更是影响中国制造业转型升级的根本性要素。

随着新一代大数据、云计算、物联网、互联网新技术的突破，智能制造的概念进一步向系统化、集成化纵深发展，催生了精准制造方式等不断出现。

（二）为政府推动"智能制造"提供决策依据

智能制造已经被认为是新一轮工业革命的核心与动力，国外主要发达工业国家都已出台相应政策，对智能制造积极谋篇布局，从而应对本轮制造业"革命浪潮"。如美国推出了以"工业互联网"和"新一代机器人"为特征的战略布局，而德国提出了增强制造业的竞争力的"工业4.0"计划等。中国于 2015 年提出了加快建设制造强国的"中国制造 2025"计划，各国已经

在智能制造领域积累了一定的经验。

虽然国外经验可供借鉴，但我国智能制造要有中国国情和特色。鉴于此，我们试图通过"小微企业生产制造创新指数"研究，针对"中国制造2025"推进过程中遇到的问题，为政府架构政策保障体系，如宏观战略性政策、部门管理性政策、企业操作层政策等提供决策依据。

（三）倒逼地方政府加速推进"中国制造2025"

信息技术将是小微企业在优胜劣汰的竞争中获胜的关键。推动小微企业的信息化建设，是生产制造创新的重要元素。企业在产品开发、生产流程、经营管理等方面充分利用信息技术、大数据、云计算，不断提升企业信息化水平，生产制造不断智能化，也为小微企业带来了颠覆性的商业运作模式改变与创新。小微企业所占比重大，对经济发展贡献有着更为重要的作用。

因此，通过对小微企业生产制造创新指数进行研究，对区域企业生产制造创新进行排名，对当地主管部门、地方政府提出了竞争性挑战，倒逼地方政府、企业加速推进"中国制造2025"。对小微企业生产制造的创新发展进行研究，有着特别重要的现实和实践意义。

（四）实现小微企业的智能制造"红利"

在逐渐失去"资源红利"和"人口红利"的情况下，中国制造提高生产制造效率，已经成为企业发展的"效率红利"。

智能制造创新可以大幅提高小微企业的劳动生产率、降低劳动在制造成本的比重。发达工业国家的先行经验表明，通过发展工业机器人、高端数控机床、柔性制造系统等现代装备制造业控制新的产业制高点，通过运用现代制造技术和制造系统装备传统产业来提高传统产业的生产效率，能够对制造业重塑和实体经济腾飞提供充分的可能性。

但是，智能制造作为一种旨在从根本上改革生产方式的工业革命，前期相关机器设备以及技术学习的成本较高；智能制造是通过网络式、智能化、系统性形成的生产制造新模式，具有颠覆性改变，企业学习消化面临人、财、物多方面的成本压力。因此，虽然国家积极推进，但是企业投资智能化的积极性并不高。

因此，我们通过小微企业"生产制造创新指数"的研究，按照区域排出顺序，找出先进案例，为政府、区域小微企业树立标杆。

三、小微企业生产制造创新指数的内涵

小微企业生产制造创新指数是研究区域小微企业生产制造创新能力的指数。生产制造创新指标体系按两级设立。一级指标是综合目标类指标，主要反映生产制造创新的宏观发展状况，选取了生产制造投入与生产制造产出2个一级指标；二级指标是具体的量化指标，分别反映对应目标层的具体情况，其中"生产制造投入"下设置"智能制造设施投入""智能制造人员投入"2个二级指标；"生产制造产出"下设置"智能制造利润产出""智能制造价值产出"2个二级指标；共有4个二级指标。

第二节 小微企业生产制造创新指数的测评方法

一、小微企业生产制造创新指数的选取

在指标选取上，一是依据生产制造创新相关理论主要因素，并且和现行统计数据进行匹配来设计指数；二是通过查阅关于生产制造创新评价的文献以及借鉴国际上有影响的创新能力评价方案，结合小微企业创新发展现状及特点进行分析。同时，充分考虑评价指标体系的科学性和结构的合理性以及数据的可获取性，尽可能地选择有完整统计数据支撑的指标。

最终将生产制造创新指标体系按两级设立。一级指标是综合目标类指标，主要反映生产制造创新的宏观发展状况，选取了生产制造投入与生产制造产出2个一级指标；二级指标是具体的量化指标，分别反映对应目标层的具体情况，设了4个二级指标，如表3-1所示。

表3-1　　　　　　生产制造创新指数评价体系

一级指标	二级指标
生产制造投入	智能制造设施投入
	智能制造人员投入
生产制造产出	智能制造利润产出
	智能制造价值产出

二、小微企业生产制造创新指数指标

（一）小微企业生产制造投入指标

根据"中国制造2025"的战略部署，目前中国智能制造的水平仍处于发展阶段，对生产制造的投入是衡量一个地区或行业制造创新的最重要指标，它直接影响创新活动的效果，决定了生产制造创新活动能否顺利展开。生产制造创新对大多处于初创期和成长前期的小微企业，主要体现在信息化基础设施及人员的投入上。

信息化基础设施由硬件、软件构成，是企业信息化的物质基础。其中，硬件包括计算机设备、网络和通信设备、生产自动化和办公自动设备等；软件包括各种专业化的软件工具和信息系统。

人员投入方面，企业的信息化建设不仅需要精通信息技术的专业人才，而且需要掌握信息化软件基本操作的非技术类人才。企业员工要建立一种信息意识，主动积累和存储有用信息，学习相关的操作技能。

企业生产制造的创新投入，在一定程度上反映了企业在生产制造上的潜力，对创新能力的提高有着深远的战略意义。因此，我们将生产制造创新投入作为评价小微企业生产制造创新能力的一级指标。选取智能制造设施投入及人员投入2个二级指标来具体衡量生产制造创新的投入。

（二）小微企业生产制造产出指标

生产制造产出是指企业在进行信息化改造投入后，在实际生产过程中所带来的产出和回报有多少。企业信息化的产出包含多方面内容，例如，能够使企业有效地控制成本预算，提高生产效率，提升企业产品在市场上的竞争力及占有率，增加收益等可量化的指标，也包含在业务流程上的改进，管理和制度上的创新，治理结构和机制的改善，企业知名度的提高等不可量化回报。

生产制造产出能力是保证创新活动与最终目标一致的关键性因素，充分体现了制造创新活动的成效。该指标主要针对信息化所产生的利益及其转化的生产力所带来的价值成果，所以把生产制造信息化产出作为评价生产制造创新能力的指标之一是很有必要的，它能够更加全面地反映制造创新的情况。报告将生产制造产出划分为2个二级指标，包括生产制造信息化利润产出和智能制造价值产出两大方面。

需要注意的是,企业生产制造信息化的投入和生产制造信息化的产出效益并不是完全对应的。一个企业信息化投入比较高,并不意味着它的信息化效益一定也比较高;相反,一个企业的信息化投入比较低,并不意味着它的信息化效益一定不好。因为企业信息化水平主要测量的是一个企业信息化投入的客观状况,但是,投入和产出之间存在一个转换环节,而这个环节是由企业内外部多种因素共同决定的。

三、小微企业生产制造创新指数指标权重的确定

评价指标的权重旨在明确各评价指标在综合评价中所占的地位或作用的大小。在本书权重确定过程中,首先通过对相关文献资料的收集整理,对各指标作出预判;其次咨询相关领域的专家和学者;最后结合专家学者的意见,对各指标的重要性进行评估。生产制造投入与生产制造产出是并重的两个方面,权重各占0.5。生产制造投入主要体现在生产制造活动中对信息化设备、信息化软件、人才储备等方面的投入情况,故将智能制造设施投入和人员投入的权重分别定为0.3和0.2;生产制造的产出主要体现在信息化所产生的利益及其转化的生产力所带来的价值成果,即生产成本的降低、生产效率的提高、企业知名度和社会影响的提高等方面,故将生产制造信息化的利润产出和智能制造价值产出权重分别定为0.3和0.2,如表3-2所示。

表3-2　　　　　　　生产制造创新指数评价体系

一级指标	权重	二级指标	权重
生产制造投入	0.5	智能制造设施投入	0.3
		智能制造人员投入	0.2
生产制造产出	0.5	智能制造利润产出	0.3
		智能制造价值产出	0.2

第三节　浙江省小微企业生产制造创新指数的测评

一、浙江省小微企业生产制造创新指数数据的收集

本书采用的数据是基于浙江省11个市小微企业的问卷调查数据及浙江省

各市的统计年鉴数据。在指标信息齐全和不含异常数据两个原则的基本指导思想下,对数据进行收集整理。

二、浙江省小微企业生产制造创新指数数据的整理

关于小微企业数据的预处理,主要从数据的合理性和可利用性两个方面来考虑。一方面,对小微企业收集数据中明显不符合规律的数据进行修正或者剔除;另一方面,考虑数据量纲的差异性较大,为了便于后续研究的分析与比较,对数据进行了无量纲化处理,以满足数据之间换算与合成的要求。

生产制造创新投入和生产制造创新产出的相关数据来自调查问卷,相关问题设置为选择题,将调查问卷的问题答案进行五级分制编码,用汇总后的平均值与答案赋分相乘,得出每个答案选项分值,再将汇总后的平均值作为问卷各个问题的标准化数据。

三、浙江省小微企业生产制造创新指数的测评

由于生产制造创新指数评价指标较少,因此,关于生产制造创新指数的计算,首先将各指标标准化后的数值与其相对应的权重相乘;其次将获得的乘数相加作为反映生产制造创新的数值;最后为体现生产制造创新对区域创新效果的整体影响,特别是小微企业生产制造创新上的实际经济效果,用生产制造创新数值乘以浙江省各市工业增加值与第三产业总产值,即可相应地体现该地市生产制造创新活动的最终成果,即各地市的生产制造创新指数值及排名。根据以上办法,得出浙江省各地市的生产制造创新指数得分。浙江小微企业生产制造创新指数计算和省内区域排名,根据上述算法及指标权重,如表3-3和图3-1所示。

表3-3　　浙江省11个市小微企业生产制造创新指数及排名

地区	指数	排名
宁波市	94.22	1
杭州市	86.91	2
绍兴市	80.63	3
嘉兴市	71.12	4
温州市	62.63	5
金华市	61.95	6

续表

地区	指数	排名
湖州市	60.83	7
台州市	58.35	8
丽水市	48.34	9
舟山市	47.95	10
衢州市	46.55	11
全省平均	65.41	

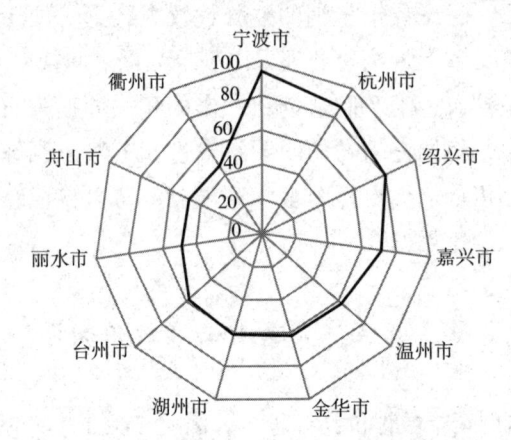

图3-1 浙江省11个市小微企业生产制造创新指数及排名雷达

第四节 浙江省小微企业生产制造创新指数分析

一、小微企业生产制造创新指数的趋势分析

从宏观层面上看,"互联网+"、工业互联网、制造业和互联网融合创新成为新的发展趋势,"互联网+制造"的商业模式创新使得新兴业态层出不穷,制造业互联网化的转型升级正在形成,给小微企业带来了无限机遇,与互联网更广、更深、更快地融合就能给企业带来新的发展生机;另外,在中德合作"工业4.0"的引领下,智能制造迎来发展黄金期,加速信息化建设、机器人、自动化生产线在工业领域的应用推广。浙江省掀起了生产制造创新、智能制造应用推广的热潮。根据上述分析及数据计算方法得出了浙江省11个地市小微企业生产制造创新指数,如图3-2、图3-3所示,可以进一步看

出其总体趋势与基本走势。

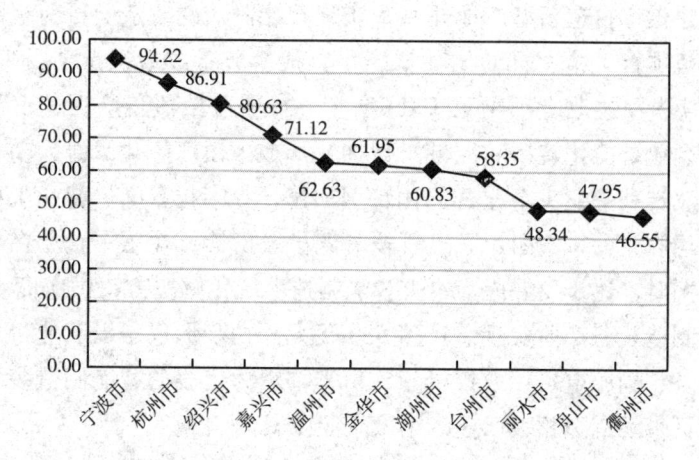

图 3-2 浙江省 11 个市小微企业生产制造创新指数变化趋势

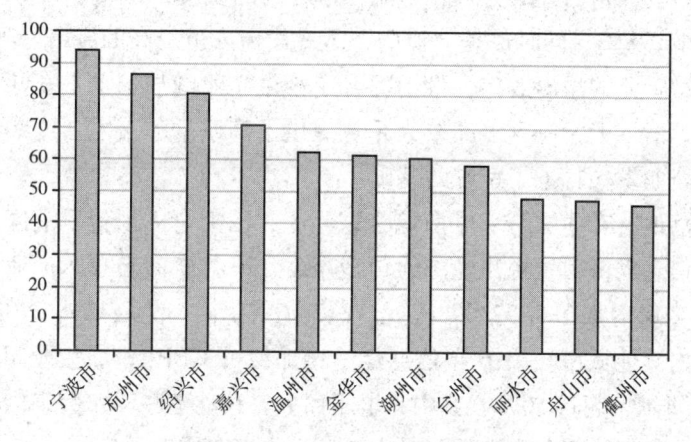

图 3-3 浙江省 11 个市小微企业生产制造创新指数柱状

（一）宁波、杭州领先优势明显

宁波市作为首批"中国制造 2025"试点示范城市，研究制定了推动制造创新发展的战略规划、实施方案和产业政策，2016 年 5 月，宁波又成功入选"国家第二批小微企业创业创新基地城市示范"，为宁波小微企业的健康发展营造了良好的政策环境。此外，为解决小微企业融资难的问题，2017 年 6 月，宁波银行推出了"线上税务贷"业务，专门为小微企业量身打造，助推宁波小微企业的发展。2017 年也是宁波建设"中国制造 2025"试点示范城市实质性启动年，在今后3年，宁波市财政局每年安排33亿元专项资金支持试点城市建设，打造新型产业体系，实现智能制造的改造。目前组织有国家级试点示范项目7个、自动化（智能化）成套装备改造试点项目13个、推动"机器换人"技改专项项目1200余个，行业区域覆盖广泛，示范作用明显。龙头企业智能化转型和区域集聚加快形成。镇海炼化、海天塑机、上海大众、宁波吉利等龙头企业智能化转型加速，数字化车间、智能工厂初步呈现。宁波均胜、舜宇集团、弘迅科技、慈星股份等行业领军企业在加快智能化转型的同时，逐步发展成为本土智能制造系统化解决方案供应商。2016年全市智能制造装备产业实现总产值580亿元。初步形成了以工业机器人、成套智能设备、伺服电机、数控机床、精密轴承为代表的智能制造装备产业体系，同时又带动周边相关产业的小微企业发展。

杭州市作为浙江省会城市，人才和资源集聚，拥有着独特的资源优势。数据显示，杭州市已经成为人才净流入率最高的城市，2016年一季度人才净流入率达11.78%，同时也是"海归"人才净流入量最高的城市。阿里巴巴、网易等大型企业的溢出效应，带动提升了小微企业的技术水平、知识水平和管理水平。浙江大学等众多高校为企业提供了高质量的人才。这些都为杭州市的小微企业发展打下了良好的基础。

先后落地的有中国跨境电商综合试验区、国家自主创新示范区。以创新为核心的信息经济引领杭州经济的转型升级。2016年高新技术产业、战略性新兴产业实现增加值1372.92亿元、812.07亿元，增长12.5%和11.6%，均高于省内其他城市。2016年信息经济增加值占GDP比重达到24.3%，对GDP增长贡献率超过50%。其中，电子商务、移动互联网、数字内容、软件与信息服务、云计算与大数据等五大产业更是高速增长。

（二）大湾区形态初步形成

绍兴、嘉兴、温州、金华、湖州和台州地理位置临近宁波、杭州，又同处于环杭州湾大湾区，经济发展迅猛，区域经济带动作用显著。环杭州湾大湾区内，产业布局完善、对外贸易发达、创新氛围浓厚，综合实力在全国较强。

绍兴市在大力发展信息经济、先进装备、生命健康等战略性新兴产业的同时，全面提升高端纺织、绿色化工材料、金属制造等传统优势产业，为小微企业的发展指明了方向。嘉兴市出台《建设具有长三角影响力的科技企业孵化之城三年行动方案》，力图经过三年努力，打造具有嘉兴特色的以"政、产、学、研、金、介、用"七位一体为核心的孵化模式。这为嘉兴的小微企业，特别是科技型小微企业提供了重大利好。温州市小微企业主要以纺织服装服饰业、皮革制品业、塑料制品业，化学原料和化学制品业为主，集群优势特征明显、规模庞大、市场网络发达，龙头企业带动性较强。金华市拥有全球最大的小商品市场——义乌，实施"前店后厂，贸工联动"的发展模式，使中小微制造企业蓬勃发展，并且逐步形成以了义乌为中心的小商品产业集群。"义新欧""义甬舟""金满俄"等国际物流运输大通道的开通，又拓展了国际货代业务。湖州市产业特色明显，南浔实木地板、安吉椅业、长兴蓄电池等规模总量不断扩张，产业集聚化趋势明显，同时有专业的市场作为依托，为小微企业的发展打下良好基础。台州市产业聚集程度高，已形成汽摩及配件、缝制设备、医药化工、家用电器、塑料磨具等主导行业，各产业集群间关联性较强，形成互相支持、互相促进的局面。2016年台州正式加入中德城市联盟，探索"中国制造2025"与"德国工业4.0"有机对接，通过联盟平台向德方发布台州引资项目，推动产业深度合作。

（三）丽水、舟山及衢州生产制造创新发展相对缓慢

排名靠后的丽水、舟山及衢州三市工业经济总量大体相当。丽水市面对转型升级的压力，缙云、遂昌等重点区域经济增长乏力，新旧动能转换不畅问题比较突出，依赖传统产业的局面尚未改观，产业结构总体偏低，多年来形成的代加工为主的生产方式，以阀门、不锈钢、钢铁为主的黑色金属冶压行业和金属制品业长期占据着前工业总量前两位，但是产品缺乏创新性、技术含量较低，同质化问题以及快速模仿现象严重，长期拖累企业创新能力的提升。

舟山市小微企业主要集中在水产品加工业、船舶制造业和化学制品制造业，易受外部环境影响。近年来，水产品国际贸易逐步市场化，航运业持续低迷，原材料价格大幅上涨等因素影响，企业盈利状况不容乐观。小微企业受到资金、人才和技术的制约，存在产品附加值低、生产不规范、依然对传统劳动密集型的生产方式依赖较大的问题。

衢州市规模以上工业增加值总量小于丽水和舟山，增速低于丽水和舟山。钢铁、水泥、造纸和通用设备制造等传统产业所占比重较高，对资源有较大的依赖性，且能耗较高，行业结构相对单薄，小微企业发展空间不足，新产

业、新动能发展虽然较快,但体量总体较小,排名垫底。

二、小微企业生产制造创新指数特征分析

根据数据呈现的特点,可以发现浙江省生产制造创新优势与劣势并存,亮点与问题同在,具体如下。

(一)生产制造创新指数差距明显

各市间小微企业生产制造创新指数差异非常巨大。排名第一的宁波市生产制造创新指数最高,为94.22,而最低的衢州市只有46.55,两者间相差2倍以上。

(二)各市小微企业生产制造创新发展呈阶梯式分布

如图3-4显示,浙江省各市小微企业生产制造创新指数大体上可以划分为四个层次。第一层次包括宁波、杭州两市;第二层次为绍兴和嘉兴市;第三层次包括温州、金华、湖州、台州四市;第四层次则包括丽水、舟山及衢州市。

图3-4 浙江省11个市小微企业生产制造创新指数示意

(三)小微企业生产制造创新活跃地区分布集中

从小微企业生产制造创新指数值来看(见图3-5),宁波市(94.22)、

杭州市（86.91）优势最为明显，然后为绍兴市（80.63）、嘉兴市（71.12）。从地理位置上看，四市同处于环杭州湾地区，区域经济的带动作用十分显著。而其他城市小微企业生产制造创新指数值均未超过浙江省平均值（65.41）。

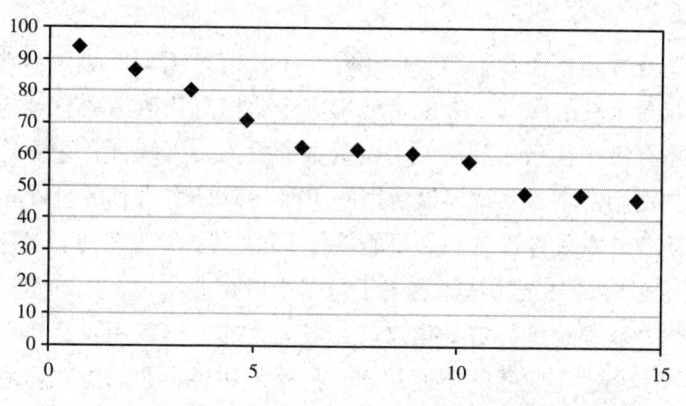

图 3-5　浙江省 11 个市小微企业生产制造创新指数散点

总体来看，浙江省各市间小微企业生产制造创新指数差异非常大，小微企业发展极不平衡，小微企业发展地区集聚现象非常明显。从小微企业生产制造创新指数值上来看，经济发达的杭州和宁波排在前列，而区域经济相对滞后的丽水、舟山和衢州则排名靠后。排名靠前的宁波、杭州、绍兴和嘉兴四市占据了浙江省小微企业生产制造创新中的主要部分。这也进一步说明以环杭州湾为主体的地区是浙江省小微企业生产制造创新方面最具活力的地方。

第五节　浙江省小微企业生产制造创新问题与建议

一、小微企业生产制造创新主要问题

（一）硬件设施不完备

从目前的情况来看，虽然许多企业在信息化改造进程中都投入了大量的时间、精力、人力，但由于企业原有的基础设施建设存在差异，有些企业装备设置有 CAD、CAM、财务管理系统、人力资源管理系统等专业设备，而有

些企业仅有一些基础的办公软件，还远远达不到信息化的要求。而且那些装配有专业设备的企业也不一定能够充分利用设备的每一项功能，可能仅小范围内应用一些基础性的功能，那些高级功能则处于闲置状态。

（二）资金支持不足

小微企业普遍存在着生产规模相对较小，信息化、自动化基础薄弱的特点，这些自身条件的限制，会极大地影响企业信息化改造的资金投入。而信息化的转型升级往往意味着需要大量资金的投入，据统计，企业信息化系统每年的维护费用占整个系统建设费用的10%~20%。即使一些小微企业在前期有能力购置基本硬件设备与必要的软件系统，但IT设备更新频率快，硬件2~3年就会过时，甚至淘汰。这对于众多小微企业来讲，的确是一笔不小的支出，虽然企业很想进行信息化改革，但庞大的支出费用及高比例的失败风险，会使许多小微企业就此望而却步。另外，如果企业尚处在盈利状况，升级改造的意愿决心不强。此外，企业如果经营状况不好，要求投入大量资金进行信息化的升级，企业更是心存顾虑、不敢作为。

（三）人才不足

小微企业在转型升级过程中越来越多地陷入"设备易得、人才难求"的尴尬位置。大多数小微企业的技术人才多是集中在生产制作工艺领域，信息化管理方面的专业技术人才通常是较少的。商务部调查结果显示，80.9%的小微企业只配有5名以下技术人员，技术力量较为薄弱，可以熟练使用计算机的员工只占总数的38.1%，1/2员工停留在一般应用计算机的水平。

调研结果也反映了小微企业在信息化设备及技术研发人才上的明显不足。人才的缺乏不仅体现在高端领军人才和技术团队的缺乏，而且对于信息化系统和智能化装备的操作、维护、保养的技工人员也明显存在不足，企业原有的技工水平无法满足信息化提升及企业转型升级的需求。

这种发展现状的主要原因大多是因为企业雇用高科技技术人员的成本相对较高，大多数小微企业难以承受如此之大的成本支出。而且，目前大多数小微企业的技术相关人员，受其学历及技术水平限制，对企业的信息化转型也是较为难以承担的。

（四）受传统经营管理观念的长期影响

小微企业多数起步于家庭手工业或家族企业，经营方式主要以传统经营方式为主，企业进行信息化转型的动力不够强。企业信息化建设与企业引进先进的管理理念和转型升级改造紧密结合起来，才能实现企业整体素质的提高和核心竞争力的增强。调查中发现，很多小微企业信息化游离与企业运营之外，仅仅是一种记录、传播与存储的工具，有些企业领导者认为目前企业员工已经在使用计算机工作，并且也建有企业对外网站，已经基本实现了企业的信息化。这些传统的观念目前都在极大地影响着小微企业向着现代信息化企业的转型。同时，小微企业资源禀赋差异也制约信息化建设水平，很多企业领导者受制于自身条件限制，只注重生产规模的扩大，不重视用信息化建设的改造，难以实现生产制造的创新发展。

（五）融资困难

小微企业的融资难度远高于大型企业，银行与资本市场都不愿意承担风险放款及投资小微企业。根据调查资料显示，在年收入小于5亿元人民币的企业中，用于信息化升级的资金，银行贷款和资本市场融资各占11%，整体上，小微企业的银行贷款比例低于大中型企业。绝大多数的小微企业只能依靠自有资金进行信息化改造，而信息化改造是一项系统工程，纯靠小微企业自身的资本投入几乎难以为继。所以这也在很大程度上阻碍或放缓了企业的转型升级之路。

二、小微企业生产制造创新对策及建议

（一）以基础改造为主逐步提升

在信息化建设的过程中，许多企业不顾及自身实际情况和外部环境因素，盲目引进机器设备、工作流程，盲目安装信息化软件以及效仿其他企业的信息化策略，投入了大量的人力、财力、物力，但结果却是设备闲置、管理成本增加，极大地浪费了资源，产出和效益不高。

目前大多数小微企业处于发展阶段，企业规模和资金相对来讲较为不足。智能化的升级改造是建立在对制造装备（生产线）及生产流程信息化、自动化改造的基础上实现的，是一个相当长的过程。小微企业的基础改造应以自

身的发展战略为指导，结合企业的发展现状、发展目标、经营状况、产品性质等相关因素，根据自身的需求选择最适合自己的技术设备和系统类型。以能够满足企业核心业务的需求为目标，重点关注软件功能的实用性、操作的简单性，选择性价比高的软件。若企业产品的同质性较强、技术含量不高，且企业发展的重点放在扩大销售上，则可以重点实施营销管理系统。

当企业业务发展到一定阶段后，再逐步根据企业需要对自身目前的系统进行相对应的扩展。这样，既可以极大降低项目的投入成本，又可以减少项目存在的潜在风险。从基础的信息化软件开始，逐步完成制造装备（生产线）和生产流程的信息化技术改造，实现转型升级。

（二）加大投资力度

信息化建设是一项需要进行长期投资并不断更新完善的项目，小微企业受自身实力及资金的限制，在信息化建设上的投入力度往往不够，导致信息化水平的持续低下。企业应根据自身的实际情况制定规划，将信息化建设提升到企业的发展战略上，保证信息化建设的费用。小微企业还可以寻求政策上的支持，如国家政策性拨款、财政补贴、申请税率降低或税收减免、贴息贷款、信贷担保、优惠贷款等。通过多种渠道全方位地筹措资金，保证信息化建设拥有足够的资金供给。否则，一旦后续资金不足，就会导致信息化建设无法继续进行，只能保持在现阶段水平，很难再有提高。

（三）加强人才的引进和培育

小微企业的生产制造创新以信息化的建设改造为基础，信息技术发展更新速度快，企业信息化的建设改造就更需要企业自身拥有专业技术人才和多层次、多领域的复合人才才能实现。这对于本来就人才基础薄弱、缺少高技术应用的众多小微企业来说，更加举步维艰。小微企业由于发展前景、管理理念、工作环境、薪酬福利等多方面因素限制，人才缺失情况更加严重，普遍存在着人才招聘难和人才流失严重的问题。小微企业应和地方政府一起努力，通过人才引进和本地培育相结合，走出人才不足的困境。

首先，完善人才的引进机制。地方政府要构造一个人才引进的宽松环境，进一步推动实施户籍、住房、医疗、子女教育等方面的人才服务政策。同时，对于小微企业所急需引进的技能人才，政府也应当适当放宽人才认定标准，使之能够享受优惠政策，增加小微企业的人才吸引力，为企业转型升级创新发展储备力量。

企业也应采用主动和有效措施"筑巢引凤",把人才的引进作为企业的战略工作,不能为使用人才而引进人才,应该为了企业发展而引进人才,将人才发展与企业发展整合在一起。同时,完善激励机制。激励机制在人力资源管理当中是吸引人才和留住人才的有效措施之一,小微企业可以根据员工的实际需求,灵活调整激励措施手段,专人专用,针对不同员工的所需,采取相应的激励手段,吸引和留住所需要的人才。例如,对企业急需专家人才,可采取弹性的工作制度,在工作时间上给予一定的自由灵活度,或者布置下达有挑战和高回报的任务目标,充分调动企业员工的积极性、主动性,完成任务目标的同时实现自我价值;企业可协助员工对其职业生涯进行规划,使员工明确自己的发展目标,提高员工的技能水平和职业素养;企业可以根据绩效考评的结果,对工作表现好的员工予以各种形式的表扬和奖励,包括职务晋升、奖金、股票期权、带薪休假、出国旅游、培训深造等。

其次,完善人才培育制度。小微企业要想拥有高素质的人才,除了在招聘时选择学历层次较高、知识面较广、应用和转化能力较强、实践经验较为丰富的人员之外,非常重要的一种方法是通过培训来提升企业员工素质,不断帮助他们更新和补充知识,以跟上时代的步伐,满足企业信息化转型升级的客观需要。

小微企业既可以安排企业技术部门的相关专业人员或信息化经验丰富的骨干员工进行员工内部培训,也可以充分利用教育机构、政府组织、职业培训机构、著名软件企业、自组织团体等社会资源聘请外部的相关专家,通过集中授课、专家讲座、远程教育、现场指导、到先进企业参观考察等各种形式,对企业员工进行信息化的培训。

在确定了培训的形式之后,还应根据员工所在部门和职责,为员工设计培训的内容。让懂业务的人再掌握些管理知识,让懂管理的人再增加些信息素质,成为名副其实的复合型人才。从具体培训内容来看,对于管理层的培训,可包括信息化战略的制定、信息化人才管理、关键业务的信息化流程、信息化软件的基本操作等。对于主要技术人员的培训,以专业知识发展现状为主,如最新的信息技术、技术目前的应用领域及拓展方向、信息技术与其他专业技术相结合的课程等。对于市场、销售、行政等职能部门的员工,侧重点是信息系统的基础知识和信息化软件的具体操作,具体培训内容视行业性质、业务流程和工作需要而定。

加强高校与企业间的校企合作也是切之可行的一种方法。鼓励支持高等院校为小微企业的管理人员和技术人员进行培训和讲座，提升小微企业员工的管理水平与技能水平。企业为学生建立实习基地，既可缓解高校毕业生就业压力，又可加速培养出一批制造业创新发展所急需的科研人才、高技能人才和管理人才。

（四）制定信息战略，提升重视力度

小微企业的信息化建设不是一蹴而就的，而是一个不断完善、不断发展的长期建设过程。目前，许多小微企业的信息化建设存在思路不清、方向不明的问题，严重影响了企业的升级改造发展。信息化建设有着初始投资大、建设周期长、成效显露慢的特点，作为企业的管理者应该科学认识信息化对企业发展的作用，提高重视力度。

为此，必须对小微企业的信息化建设进行统一和长期的规划，切忌有通过短期的、集中的、突击性的建设就能实现的想法。小微企业应当结合自身的发展战略和实际需求，制定出一套既能满足企业现阶段工作需要又能满足中长期发展需要的规划，以达到可持续性建设的要求。信息化只有在高层领导的重视下，通过企业各层级间沟通协作形成企业独特的信息战略，并且与企业所处生命周期阶段的企业战略相融合才能获得更好的成效。将信息化融入企业的长远发展规划中，提升小微企业的持续成长力，拓展企业的成长空间。企业应通过提高信息流动及利用效率提升外部空间，变革企业的管理模式降低交易成本扩展内部空间。信息技术的应用，首先要符合企业的发展规划，管理者应该明确企业的发展方向，以便确定适用的信息化范围及途径；其次应从宏观层面把控实施改造进程，以提升信息化改造的效率；最后要对信息化的改造成果进行跟踪与评价，实时调整战略。

（五）加强政府资金扶持及融资服务

浙江省小微企业的转型升级仍处于初级的投入阶段，信息化、自动化等基础装备的改造仍需持续加大投入。政府应建立基础设施建设基金、创建产业发展引导基金、天使投资基金，对小微企业基础设施升级改造和发展提供必要的资金支撑，提升融资服务能力、完善小微企业金融服务体系、规范贷款定价、取消各种不合理收费、推进小微企业直接融资以及落实支持小微企业融资的优惠政策和奖励措施。

（六）完善优化服务体系

完善优化政策服务，推动产业、财政、金融、税收等优惠政策前置。强化政府数据信息公开服务，推动实现各级政府和各个部门间的横向互通、纵向一体的信息共享共用，深入推进"最多跑一次"改革。鼓励创新服务机构建立信息中介服务平台，为小微企业提供趋势发布、需求分析、成果查询、专利预警等所需信息的中介服务。

三、小微企业生产制造创新指数研究展望

本书对浙江省小微企业生产制造创新的发展状况进行了较为全面、客观的分析评价，但在很多方面也受到一些不可控因素的影响，以及人力、财力、物力等客观条件的限制，这为今后的研究开展留下了空间。数据收集与相关资料获取上，基于本书研究经验，尽可能全面地获取了浙江省各市小微企业的数据及资料；权重确定上，受研究计划时间周期限制，主要采用了相关专家意见的主观判断方法。今后随着研究数据及相关资料的不断完善补充，将会采用更为客观的方法对权重进行确定分析，并根据发展情况，不断完善评价指标，将影响小微企业生产制造创新的众多因素尽可能地纳入评价指标体系中。

第四章 浙江省小微企业商业模式创新指数测评

第一节 小微企业商业模式创新指数研究背景

一、小微企业商业模式创新指数研究背景

1. 小微企业产能严重过剩。产能过剩是生产能力超出产出产品的社会需要能力。产能是指生产产品的能力，产能过剩不是产品过剩。供给能力的增长明显快于需求能力的增长。这种情况下，单纯靠技术创新、管理创新反而会形成新的产能，那就要靠商业模式创新实现结构性变革。

2. 供给侧结构性改革背景。需求侧改革有投资、消费和出口，供给侧有劳动力、土地、资本、技术和创新等要素。供给侧结构性改革是用增量改革促存量调整，用产业结构促进资源整合，实现资源优化配置。

3. 创新驱动战略的不断推进。创新驱动战略是中国经济步入新常态后的重大发展战略。在互联网和信息技术的驱动下，传统的线性商业模式创新开始向综合、多元、系统的以商业模式创新为主的表现形式转变。商业模式创新很好地体现了熊彼特创新理论的思想精髓，是技术创新和应用创新双螺旋结构共同演进的产物。

综上所述，在新时代背景下，商业模式创新已是企业成长与发展中的关键要素和必要条件。

二、小微企业商业模式创新指数研究意义

成文等（2016）认为，"商业模式是企业存在的一种形态，任何企业都有自

己的商业模式。商业模式理论是描述和分析企业生存形态的组织管理理论，是实现管理创新的基础理论和重要工具，为企业的创立和创新提供了技术路线。"[1]

1. 商业模式创新，促使企业快速切入高利润区。任何一个企业的价值链，都存在不同的价值链环节，价值的不同成本收益率有着较大的差异，商业模式创新是要帮助企业切入高利润的环节中去。

2. 商业模式的力量助推企业突破"天花板"，形成跳跃式成长。互联网迅速改变了企业的营商环境和经济规则，互联网使过去不能或不可想象新商业实践成为可能，一大批新型企业应运而生。如阿里巴巴、腾讯、摩拜单车等，在几年或十几年的时间里获得了巨大发展，并成功上市，商业模式的力量产生了强有力的示范效应。

3. 推动政府对商业模式创新的重视。美国是商业模式创新实践与保护最超前的国家。美国把"商业模式"归入"商业方法（business method）专利类（Class 705）"。1998 年 State Street Bank & Trust Company 对 Signature Financial Group 一案判决后，美国政府对商业模式创新通过授予专利方式等给予积极保护[2]。

在美国，商业模式被广泛地申请专利，也有越来越多的外国公司在美国为它们的商业方法创新申请了专利。

因此，对商业模式创新进行系统、深入的剖析，具有重要的理论意义和现实意义，是企业成长与发展的关键要素和必要条件。

三、小微企业商业模式创新指数的内涵

小微企业商业模式创新指数是研究区域小微企业商业模式设计与创新开发能力的指数。主要通过成本结构变化、收入结构变化与资产结构变化三个方面来体现。成本结构变化是反映小微企业的商业模式设计与创新、实施过程中企业成本的变化程度的指标，主要有资金成本、人力成本。收入结构变化是反映小微企业商业模式创新研发、实施形成的成果指标，主要有创新业务收益、投资收益利润率。资产结构变化是反映小微企业商业模式创新研发、实施过程中企业资产变化情况的指标，主要有资产负债率、速动比率。

---

[1] 成文，王迎军，高嘉勇等. 商业模式理论演化述评 [J]. 管理学报，2014，11 (3).
[2] 冯发贵. 中国商业方法专利化的可行性——以美国为例的分析 [J]. 社会科学研究，2006 (3).

第二节 小微企业商业模式创新指数的测评方法

一、小微企业商业模式创新指数的评价方法

（一）商业模式的价值创造

商业模式是企业创造价值的方式，商业模式创新是商业模式要素的重新组合。明确商业模式的内涵、组成要素及各组成要素间的结构关系，是进行商业模式创新测评的理论依据。

商业模式创新的核心是价值发现、价值创造与价值传递。由于市场环境的变化，企业现有商业模式局部或整体不能适应实现客户价值最大化的要求。(1) 弥补改造现有的商业模式。为弥补顾客价值创造方面的不足改造现有商业模式，提升企业为顾客创造价值的能力。(2) 重构一种全新的商业模式。发现市场上未被满足的新需求，为满足顾客的这种新需求而重构的一种全新的商业模式。商业模式创新的过程是企业市场重新定位的过程，是价值发现、价值创造与价值传递的过程，企业最终实现盈利的目的。

当一个企业的资源没有发生变化，仅仅是价值创造的方式发生了变化，那么就是发生了商业模式创新。评价一个企业的商业模式创新是否成功，关键要看是否有效提升了顾客价值，如图 4-1 所示。

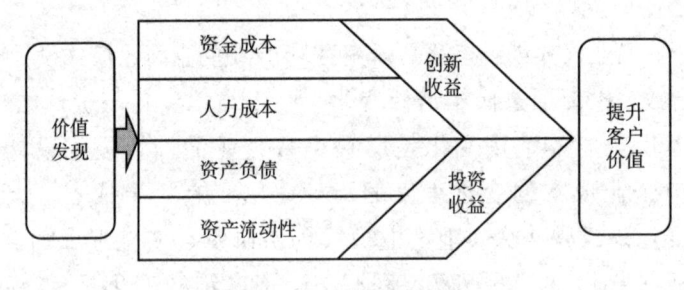

图 4-1 企业价值创造

（二）商业模式的财务视角研究

李端生、王东升 (2016) 认为，从财务视角研究商业模式，不仅有助于拓展和完善财务管理理论，而且对商业模式的创新具有重要意义。从财务视

角应从盈利驱动、资源配置和价值创造三个维度展开,而三个维度的研究则可以具体化为收入驱动、利润驱动、资产配置、资本配置、虚实资源匹配、成长驱动、回报驱动和成长回报双轮驱动八种模式。能够科学解释商业模式与企业财务之间的内在关系。①

朱兆珍等(2018)认为,商业模式与财务管理不仅在概念界定上相互渗透,而且两者终极目标协同一致。基于财务管理视角构建商业模式评价指标体系,商业模式评价指指标可分解为盈利指标、偿债指标、发展指标和营运指标;净资产收益率、流动资产净利润率、净利润现金净含量、总资产净利润率等盈利能力指标;流动比率、速动比率、现金比率、现金流动负债比、资产负债率等偿债能力指标;营业收入增长率、管理费用增长率、现金净流量增长率等发展能力指标和应收账款周转率、存货周转率等营运能力指标。②

二、小微企业商业模式创新指数指标的选取

商业模式创新的成效需要从顾客价值有效提升方面进行评价,但是,在商业实践中,一个看起来不错的商业模式有可能并不能产生经济利益。有学者用容器结构形容商业模式,客户价值、企业内部管理、经济利益、外部合作共同构成了企业价值总和,一个稳固的商业模式需要从各个方面进行提升,才能创造有效的价值。因此,评价一个商业模式的成效,需要从以上各个方面进行测量。而有些方面的数据是很难测量的,例如,客户价值和企业内部管理成效。

为了能够客观评价商业模式的成效,基于数据的可得性和方案的可行性,从企业的投入成本、产出效益、资产状况三个方面对商业模式创新进行测评,以企业统计、监测数据(主要为财务数据)为基础,形成了成本结构变化、资产结构变化、收入结构变化三大模块,对企业的商业模式创新成果进行衡量。投入成本是指企业在构建价值的过程中,对关键资源的投入程度,包含了商业模式九要素模型中关键业务、核心业务和重要伙伴的衡量;收入结构变化从客户价值的角度,分析企业收益的来源和结构,包含了客户关系、分

---

① 李端生,王东升. 基于财务视角的商业模式研究[J]. 会计研究,2016(6).
② 朱兆珍,毛宪钧,张家婷. 商业模式评价指标体系及指数构建——基于财务管理视角[J]. 东南大学学报(哲学社会科学版),2018,20(2).

销渠道、目标客户的衡量；资产结构变化主要反映商业模式创新对企业健康程度的影响。

根据测评内容的需要，每个模块中包含了两个二级指标，分别为资金成本、人力成本、创新业务收入、投资收益利润率、资产负债率、速动比率，如表4-1所示。

表4-1　　　　　　浙江省小微企业商业模式创新指标

一级指标	二级指标	指标含义
成本结构变化	资金成本	反映企业资金成本的指标
	人力成本	反映企业人力资本成本的指标
收入结构变化	创新业务收益	反映企业创新业务收益的指标
	投资收益利润率	反映企业投资收益的指标
资产结构变化	资产负债率	反映企业资产负债情况的指标
	速动比率	反映企业资产流动性的指标

三、小微企业商业模式创新指数指标权重的确定

评价指标的权重旨在反映各评价指标的指标体系中的重要程度以及商业模式创新的基本构成。本书根据效率测度的原则，重点从投入和产出两个方面对商业模式创新效率进行衡量，因此，将成本结构变化和收入结构变化两个一级指标的权重设为0.4和0.4；资产结构变化可以反映企业是否摆脱重资产发展的模式，因此，设为0.2的权重。各个二级指标的权重在内部平均分布，如表4-2所示。

表4-2　　　　浙江省小微企业商业模式创新评价指标的权重

一级指标	权重	二级指标	权重
成本结构变化	0.4	资金成本	0.2
		人力成本	0.2
收入结构变化	0.4	创新业务收益	0.2
		投资收益利润率	0.2
资产结构变化	0.2	资产负债率	0.1
		速动比率	0.1

第三节　浙江省小微企业商业模式创新指数的测评

一、小微企业商业模式创新指数数据的收集

商业模式创新的成功与否可以从多种角度进行衡量，为了对浙江省的小微企业商业模式创新状况进行全面、客观的了解，我们采用统计数据和企业监测数据，收集了39532家浙江小微企业的数据，根据关键财务数据对商业模式创新实施效果进行客观分析，着重从商业模式创新的成果对企业的影响进行客观评估。

二、小微企业商业模式创新指数数据的整理

根据浙江省统计局监测结果对数据进行了处理和分析。首先将各个地区的数据进行分类汇总和预处理，删除了一部分不规范的数据，对各个原始数据进行了地区平均；其次从原始数据中抽取了相应指标的数据作为计算来源，根据指标的财务含义，进行指标计算；再次对各个指标做无量纲化处理，形成标准化得分；最后根据专家意见形成各个指标的占比以及数据和指标备计算。

本书还采用了浙江省各地区的工业增加值和第三产业总产值作为调节量，将各地区值进行标准化后备计算。

三、小微企业商业模式创新指数的测评

首先，在数据经过预处理后，得到标准化、统一量纲后的数值，结合前文确定的商业模式创新指数权重分配办法，形成以下创新研发得分计算公式：

各地区商业模式创新得分 = 资金成本得分 ×20% + 人力成本得分 ×20% + 创新业务收入得分 ×20% + 投资收益利润率得分 × 20% + 资产负债率得分 ×10% + 速动比率得分 ×10%

其次，由于浙江省的绝大多数企业为小微企业，而商业模式创新指数旨在反映浙江省小微企业特别是中小制造业企业商业模式创新的实际经济效果，

又因为工业增加值和第三产业总产值可以从总体上体现该地区创新活动的最终成果，形成以下理论公式：

商业模式创新指数 = 商业模式创新得分 × 创新生产的最终成果

最后，将浙江省各市地相关数据代入公式，得出2017年浙江省各市的研究开发创新指数及排名结果。

2017年浙江省11个市小微企业商业模式创新指数及排名变化，如表4-3、图4-2所示。

表4-3　2017年浙江省11个市小微企业商业模式创新指数及排名

地区	商业模式创新指数	排名
杭州市	93.66	1
宁波市	87.87	2
温州市	74.04	3
嘉兴市	69.05	4
衢州市	66.43	5
湖州市	64.71	6
金华市	64.29	7
绍兴市	62.66	8
舟山市	55.07	9
台州市	54.42	10
丽水市	53.30	11

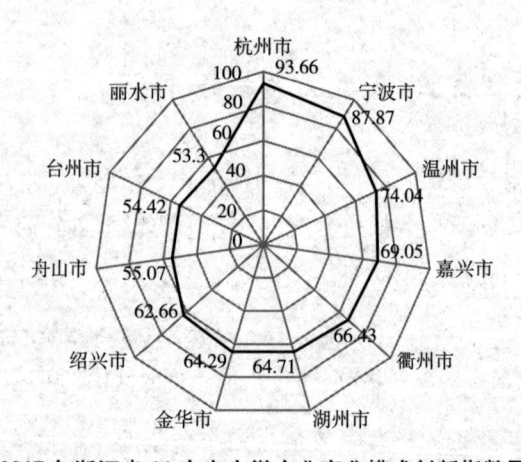

图4-2　2017年浙江省11个市小微企业商业模式创新指数及排名雷达

第四节 浙江省小微企业商业模式创新指数分析

一、小微企业商业模式创新指数及趋势分析

根据上述数据与计算公式得到浙江省 11 个市的小微企业商业模式创新指数，将其按照不同年份绘制成图 4-3，可以看出其总体趋势与基本走势。

图中数据（从左到右）：杭州市 93.66、宁波市 87.87、温州市 74.04、嘉兴市 69.05、衢州市 66.43、湖州市 64.71、金华市 64.29、绍兴市 62.66、舟山市 55.07、台州市 54.42、丽水市 53.3。

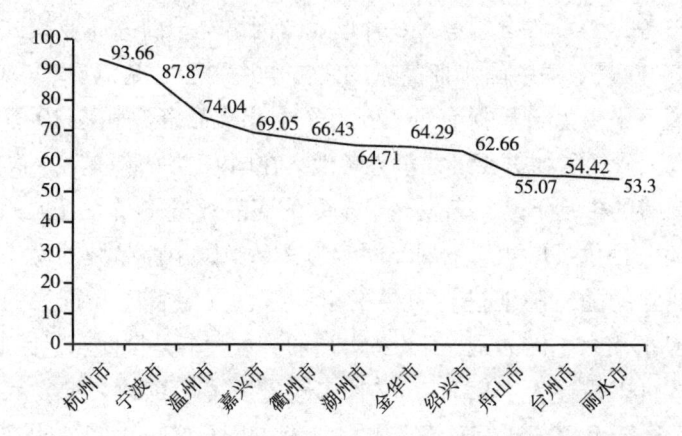

图 4-3　2017 年浙江 11 个市小微企业商业模式创新指数趋势

由图 4-3 中可以看到，杭州、宁波相对于其他地区，在模式创新上还是具有一定的优势，紧随其后的是创新活力非常活跃的温州，作为"领头羊"带领嘉兴、湖州、金华、绍兴组成的第二梯队，各个地区发展态势差距较小，舟山、台州、丽水在模式创新方面发展较为落后。

创新的模式催生出浙江众多的经济增长点，这些新增长点，既包括了传统的专业市场、产业集群向"特色小镇"、孵化平台的转变，又涵盖了基于互联网和信息空间的各类虚拟平台。

1. 浙江小微企业在商业模式上的创新主要体现在以淘宝、天猫、支付宝、蚂蚁金服等为代表的阿里系产品平台，和以"义乌购"为代表的跨境电商平台，打破了传统的贸易和金融领域的固有格局，促使一批小微企业快速转变商业模式，成功转型。

杭州地区形成了以阿里巴巴为代表的综合交易电子商务商业模式，从金融、技术、物流、信息资源等为企业打造一个完整的交易空间。阿里巴巴构

建了一个多元综合的电子商务平台，包含了阿里巴巴1688和阿里巴巴国际交易平台、天猫商城、淘宝网、蚂蚁金服、阿里云、菜鸟网络等，类型涵盖了B2B、B2C、C2C、第三方支付平台、产业平台等多种商业模式，经过近二十年的积累，阿里巴巴形成了综合生态型的网络服务平台，可分为横向一体化平台和纵向一体化平台。阿里巴巴在完善横向贸易平台的基础上，进一步形成产业纵向的运营平台，通过该平台，企业可以找到合作伙伴，也可以找到消费者，形成了供、产、销一体的综合网络，并与消费者、供应商、相关利益体结成了无数个"自组织"的生态系统。

温州义乌的"义乌购"是另一种形式的网络电子商务商业模式创新的代表。"义乌购"是义乌中国小商品城的官方电商平台，是以O2O模式为主的跨境电子商务平台。义乌拥有近170万个中小商品资源和近10万家实体商户，每天有大量的货物需要运往世界各地，在国家"一带一路"和"海上丝绸之路"政策的带动下，义乌发往中东欧的商品数量剧增。巨大的海外市场给"义乌购"提供了广阔的发展空间，为义乌中国小商品城的卖家和世界各地的客户建立的随时随地进行贸易的空间，也方便了商业行为的管理。与B2B和B2C的模式不同的是，"义乌购"的买方大多是批发商，因此，"义乌购"的模式可以描述为"B2R"，这种模式省去了传统的大批发商和终端批发商之间层层转手的环节，形成了实体批发市场与客户之间的直接沟通，是O2O模式的创新。

2. 曹操专车、左中右、挂号网、喵街等一批创新应用的诞生，意味着"互联网+"模式正在改变着人们的交通出行、医疗健康和生活消费模式，同样对浙江省传统的小微企业模式创新提供了良好的桥梁。曹操专车是全国首个采用新能源汽车的网约车平台，全部车辆来自吉利集团自行研发生产的新能源汽车，汽车司机是曹操专车招聘的专职司机，通过统一的App平台向用户提供服务。这也是浙江制造业服务化转型中的一种商业模式创新。与之相似的是杭州左中右微公交，采用分时租赁的模式，为人们的出行提供了一种新的选择，被称为升级版的公共自行车。

3. 以大数据、人工智能为基础的新零售模式的提出，对企业的生产、流通、销售进行改造和重塑，形成了线上服务、线下体验的零售新模式。

浙江省也是新零售模式的发源地和集中发展地。新零售有别于传统的零售模式，新零售企业以互联网为依托，运用大数据、人工智能等先进技术手段，对商品的生产、流通与销售过程进行升级改造，重塑业态结构和生态圈。

通过线上服务、线下体验，结合现代物流技术，将三者深度融合，形成零售新价值。新零售模式的典型代表是"盒马鲜生"。

"盒马鲜生"将线下超市、快递外卖和线上 App 结合起来，提出了门店周围 3 千米半径半小时到达的零售新概念，极大地提升了物流效率和用户体验度。

新零售商业模式的发展推动了电子商务模式的升级，其发生发展离不开新一代信息技术的成熟和应用，采用一整套数字驱动技术，迎合了消费者消费升级的需求，新一代信息技术与商品销售和购物环节的完美结合形成了电商新业态，也改变了传统电商格局。浙江省作为全国电子商务业态最全面的省份之一，拥有全世界最大的电商平台，在新一轮科技革命和产业变革的带动下，逐渐在商业模式创新中从电子商务带动向技术支撑和创新引领转变。

4. 在"一带一路"倡议和"长江经济带"发展战略的推动下，浙江小微企业积极开拓海外市场，特别是亚、非、拉等广大新兴经济体，形成了商业模式创新中靓丽的一笔。

近年来，中国对"一带一路"沿线国家的出口呈现较为明显的上升趋势，作为出口贸易大省，2017 年以来，浙江省对"一带一路"沿线国家进出口额达到 2380.7 亿元，同比增长 19%。为了深入对接"一带一路"倡议，浙江省加快基础设施建设，积极打通"一带一路"大通道，助推更多优势产品走出去。海上形成了宁波舟山港一体化、港口经济圈和舟山群岛新区建设，对接 21 世纪海上丝绸之路；在陆上通过开通中欧班列，打通直达欧洲腹地的物流通道。通过贸易互联和交通互联形成了新的外贸商业模式创新。

二、小微企业商业模式创新指数特征分析

根据浙江小微企业商业模式创新的实际情况和指数数据呈现的特点，可以发现浙江省模式创新优势与劣势并存，亮点与问题同在，创新指数三个层次如图 4-4 所示。

浙江各地的商业模式创新呈现优势特征明显、成效结果显著的特点。具体来说主要有以杭州为代表的电商领头、技术支撑的模式；以宁波为代表的港口主打、港城相融模式；以温州为代表的贸易领先、物流畅通模式等。

图 4-4　2017 年浙江省小微企业模式创新指数示意图

（一）杭州模式

作为浙江省的省会城市，杭州以"大众创业、万众创新"跃升全国创业"第四极"。作为全国电商行业的"领头羊"，杭州 2017 年的创新成绩单同样醒目，1~10 月，杭州实现高新技术产业增加者 1250 亿元，增长率 13.1%，新产品产值 4136 亿元，增长 16.4%，申请专利 21029 件，授权 7996 件。杭州未来科技城形成了以阿里巴巴、浙江大学为核心的人工智能小镇：之江实验室，汇聚了 200 多个顶尖科学家、行业领军人才领衔的创新团队，成为"互联网＋"全球产业技术创新基地。阿里巴巴成立了全球研究院"达摩院"，将在全球范围内筛选 180 个重点项目作为重点培育对象。2017 年"双十一"各大小企业、店家以互联网为依托，通过运用大数据、人工智能等先进技术对商品的生产、流通与销售过程进行升级改造，对线上服务、线下体验以及现代物流进行深度融合，获得了又一个丰收之年。杭州连续 3 年取得了信息经济十二大核心产业增加值增速达到 25% 以上，产业结构不断优化，装备制造业、高新技术产业、战略新兴产业投资分别达到了 11%、10.1% 和 9.8%，杭州的商业模式创新逐渐从电商领头向技术创新为支撑的"高、精、尖"模式转型。

（二）宁波模式

宁波拥有国际深水良港——宁波港，在近 30 年的经济发展过程中，依靠港口的辐射作用，宁波的国际物流和对外贸易产业保持了长期的快速发展。为探索航运物流产业的发展新模式，宁波成立了国际货运物流调解中心和国际航运物流产业集聚区。宁波国际货运物流调解中心集合了宁波海事法院、宁波口岸协会、宁波国际货运代理协会、宁波国际联运协会、宁波市港航物流及无船承运人协会、鄞州区物贸联合会等多家组织，进一步规范了海上物流产业、为形成宁波国际航运集聚区奠定了基础。宁波国际航运集聚区还集合了浙江大学宁波理工学院、宁波（中国）供应链创新学院、宁波大学海运学院等多家高校科研院所，经过几年的运作，国际航运物流产业集聚区为宁波培养了大量航运人才，形成了21.7万平方米商业楼宇，产城融合度达到83%。

（三）温州模式

温州从传统商贸模式向多元化商业模式创新发展，在人工智能、虚拟现实、共享经济、网红电商等多方面进行了有益的探索。温州推出了自己的工业机器人、无人机、智能教室、无人售货机、智能生活设施等，通过高新技术创业创新，积极接轨新兴产业、改造提升传统产业。同时，温州积极开发、保护、创新传统文化和传统手工艺品，形成了富有地方特色的创新产品。温州的创新模式具有新产业、新技术、新业态融合创新的典型特征，具有较强的可复制性，也是浙江众多地市共有的特征。

（四）绍兴模式

绍兴是浙江省中小轻工业制造企业的集中地，有着"一根特种纤维领跑全球化纤行业，一台精密风机驰骋国内外核电领域，一项医药新技术寻获产业蓝海"的说法。绍兴的商业模式创新着眼于技术研发，2016年，全市3000多家企业取得了总额超过22亿元的财政科技补助，从成果转化、科技人才、科技金融多个方面支持企业创新转型。2016年，绍兴全社会研发投入经费113亿元，R&D经费占GDP比重2.4%。五年来，绍兴市财政科技支出年均增长约15%，企业研发投入也同比增长。2016年全市专利申请量增长57.4%，位居全省第一。

（五）嘉兴模式

嘉兴地处江、浙、沪城市群中心位置，区位优势突出；高速公路纵横交错，物流便利，嘉兴北与杭州、上海联动，南部通过杭州湾跨海大桥与宁波相连，逐步形成了优势集成的同城发展模式。众多小微企业在轻纺、丝绸等产业形成了传统的集群效应。近年来，嘉兴的小微企业积极参与"互联网+"，同时，嘉兴的人工成本、厂房租金等与周边大中城市相比也有非常明显的优势，因此也吸引了很多周边的中小电商企业。

（六）衢州模式

衢州是浙江省的生态后花园，"绿水青山"是衢州的最大的资源。近年来，衢州在"生态+农业""生态+工业""生态+旅游""生态+城市"建设上全面布局，以生态建设倒逼经济转型，开拓了创新型模式。衢州绿色产业集聚区形成了电子化学品产业、新材料产业、光伏产业、生物医药产业等一批产业集群，形成了高起点企业为核心、平台化企业为桥梁、全配套的产业新模式，为小微企业转型升级提供了良好环境。

浙江各地的商业模式创新在近几年快速变化，成果斐然，但是，通过浙江小微企业商业模式创新指数的分析，我们也可以看到，浙江在商业模式创新方面还存在着很多不足。

第五节 浙江省小微企业商业模式创新问题与建议

一、小微企业商业模式创新存在问题

根据数据统计分析的结果，结合实际情况，浙江省小微企业商业模式创新存在以下六个方面的问题。

（一）资金成本高，且逐年增加

资金是创新的保障，资金的获得成本高低对商业模式创新的成功与否有重要的决定作用。因此，我们采用资金成本作为衡量企业成本结构变化的指标之一。在此次调查中，小微企业的资金成本普遍在15%~30%，且呈现逐年上升的趋势。2014年绝大部分地区的资金成本在20%以下，只有丽水的资金成本为20.89%，到2016年，情况已经大为改变，除舟山外，其余地区的资金成本都超过了20%，20%~30%的地区有5个，30%~40%的地区有4个，温州达到了40.01%。

（二）人力成本逐年下降

商业模式的创新主要依靠人力资本来完成，人力资本工作效率是衡量商业模式创新效率的重要指标。人力资本是创新的执行者也是创新的产出者，在企业创新战略中起着核心作用。人力资本的无形性、可持续性与商业模式创新的特点契合，因此，人力资本的效率提升在商业模式创新中占据重要地位。在本次调查中，各地区人力成本变动极大，从2014年的平均23.38%到2015年的平均17.49%，再到2016年的6.04%，呈逐年下降的趋势，且下降幅度超过74%。人工成本提高迅速而产出相对平稳，造成人力资本的使用效率下降。

（三）创新业务比例低，但呈上升趋势

商业模式的选择、调整和再造过程中势必产生创新型业务，本次调查力图对浙江省小微企业的创新业务开展情况进行客观调研，但是填报数据并不理想，因此，采用其他业务进行代替。在管理能力和经营能力都较为薄弱的小微企业中，主营业务是支撑企业生存的基石，在此现实下，如企业有相对独立的其他业务可视为对其商业模式的一种创新尝试。

2014~2016年，受调查的浙江各地区小微企业的创新业务收益逐年增加，从2014年的存在高额亏损到2016年占营业收益的1%~6%，进步非常明显。

（四）投资业务收益占比较小

业务模式的轻型化是商业模式创新的一个重要形式，投资业务是企业轻资产经营的一种表现，投资业务利润占企业收益的比例能够衡量企业对市场和技术的敏感程度。从此次基于财务监测数据来看，浙江小微企业中进行投资业务的比例较小。应注意到2015年个别地区出现不寻常的高涨，在2016年时回归正常。因此，以2016年统计数据为依据，各个地区投资收益都没有超过利润总额的10%。

（五）负债率保持稳定微调下降

资产负债率是衡量企业负债水平的综合指标，能够反映企业的经营活动能力，因此，我们选取该指标作为资产结构变化的指标之一。浙江省各地区小微企业的资产负债率在监测的3年内基本处于50%~60%的位置，保持稳

定中有微调，2014年有7个地区在60%以上，2015年为5个，2016年只有两个地区，分别为金华和舟山。

（六）速动比率普遍低于正常水平

一般小微企业的速动比率在1∶1是比较合适的比例，不排除部分商贸企业应收账款较少，造成其速动比率远低于1。但是，在此次调查中，参与调查的企业基本都是中小制造企业，速动比率低于1，则应当对其短期偿债能力作进一步分析。

二、小微企业商业模式创新存在问题的原因

以上问题的出现说明浙江小微企业在商业模式创新的认识上还存在深层次的问题，主要表现在以下四个方面。

（一）片面理解创新，缺少商业模式思维

许多小微企业经营者并没有对创新进行深入的思考，片面地将创新理解为技术创新一种，缺乏商业模式创新的观念，因而认为自身创新能力弱，放弃创新思想，抱残守旧。有些企业将电子商务理解为商业模式创新的唯一途径，试图单纯依靠销售模式的转变提升企业价值，而忽视了对客户价值和企业持续盈利能力的建设。

（二）资源整合能力差，系统性创新能力弱

浙江大部分小微企业从模仿、来料加工、代理等方式开始创业，技术能力和人才基础较差，只能通过人力资本的节约参与竞争。在科技飞速发展的情况下，低素质的人才满足不了企业创新的需求；人才结构的不合理造成企业对新兴技术的理解不深入，无法将之运用于商业模式的改革。在整合创新资源、进行从技术到管理的系统性创新方面，浙江小微企业还存在较大的问题。

（三）市场定位不准确，盲目模仿大企业

商业模式创新的关键是企业对客户群体有准确的定位，企业对价值主张有明确的定义。但是，大部分小微企业并没有科学分析市场，跟风思想严重，盲目复制大企业的盈利模式，出现了很多"山寨"产品。对企业的客户价值

提升并无帮助。

（四）过分追求轻资产，失去制造能力

许多小微企业进行商业模式的创新存在"一窝风"现象，过分追求轻资产、高利润，逐渐放弃主业，失去制造能力。还有一部分企业过多关注虚拟平台上的合作，忽略研发创新和现实网络，也不利于小微企业创新氛围和创新能力的营造。

三、商业模式创新的路径

（一）价值链优化整合

针对依附于大企业发展的配套型小微企业，目标市场、价值创造和价值传递基本形成定位，商业模式创新的重点是围绕大企业需求完善、提升自身价值创造和价值获取的能力。通过价值链优化整合，将资源集中到价值创造的关键环节，集中资源进行优势环节的创新，提高资源的使用效率。2016年6月，工业和信息化部发布的《促进小微企业发展规划（2016－2020）》指出，鼓励专业化发展，引导和支持小微企业针对专门的客户群体或市场，拥有专项技术或生产工艺，使其产品和服务在产业链某个环节处于优势地位，利用自身特色和比较优势，为大企业和大项目以及产业链提供零部件、元器件、配套产品和配套服务。

（二）内部管理提质增效

通过提质增效完善商业模式是另一种配套企业的创新途径。通过加强管理、控制成本、节能降耗来提高单位产品的产值和盈利水平；积极采用新技术、新工艺来提高产品质量、减少成本支出，不断开发新产品、开拓新市场，从本质上提升企业的核心竞争力、建立长效的创新机制，是长期有效地提高企业价值创新和价值获取能力的有效途径。

（三）企业生态位提升

对于体制机制较为灵活的小微企业，应从价值网络生态位调整的角度设计自身的商业模式创新路径，与系统性的外部环境保持一致变化，形成动态调整的商业模式创新。主要方式是，对现有产品的潜力进行挖掘，开发潜在顾客和顾客的潜在需求，提出新的价值主张，满足客户差异化的需求，从而成为市场的领跑者；深入挖掘产品的附加值，开发产品的服务功能，通过"产品+服务"的方式系统性地提升客户体验价值。

（四）顾客价值中心转移

价值网络节点向顾客中心转移，形成以顾客价值为核心的价值体系，充分发挥顾客的价值创造作用，将顾客价值体验转变为价值创造。主要通过"互联网+"的方式，利用新一代信息技术和大数据技术，构建顾客充分参与的价值网络，提高企业产品和服务的效率。开展网络众包、网络众创、个性化定制、服务型制造等商业模式创新；借助移动互联网、新媒体传播等方式创新营销模式，利用大数据开展精准营销。

四、小微企业商业模式创新建议与对策

商业模式创新是展现企业综合实力的复杂创新系统，需要多要素协同创新，也是小微企业保持高速成长的有效途径，目前，浙江省小微企业商业模式创新还存在诸多问题，尤其在资金、人才、业务模式等方面严重制约了商业模式价值中介作用的实现。

（一）整合资源、有效提升客户价值

商业模式创新是小微企业提升核心竞争力的重要途径，企业应从全局出发，找到独特定位，建立广泛的联系，形成节点密集、联系频繁、合作多样的有机价值网络，多维度、立体地提升客户价值和可持续盈利能力。挖掘优势，找准细分市场，投入有限资源集中到目标市场，争取局部市场优势；转变观念，完善客户服务，充分实现客户价值。商业模式的创新要求企业对其价值提供方式进行重塑，为谁提供、提供什么、如何提供等都发生改变，因此，旧有的劳动力资源有可能不能适应新的模式需求，要求企业不断调整人才结构，补充具有互联网思维和现代信息技术的人才，适应技术和市场的不断变化。

（二）加强技术储备，深化制造业模式转型

充分整合技术创新资源，发挥信息技术、大数据、智能制造在商业模式

创新中的作用，以科技创新引领模式创新，通过新技术在新场景的应用，提升技术的价值产出，提高企业的创新效率、扩大价值创造的辐射面，形成新顾客、新需求、新市场的有机结合。中小微制造型企业的商业模式创新与其他类型企业存在诸多不同，行业协会和地方相关部门应从技术的前瞻性出发，帮助企业建立技术储备，加大基础研发投入，通过构建技术联盟和产业公共研发平台促进产业共同技术的发展。

（三）建设平台型企业，促进小微企业创新

信息技术的发展已经促使平台型商业模式成为模式创新的主体，集合众多小微企业和广大消费者的平台型企业也是价值创造的新载体。在双边市场机制的作用下，小微企业在平台型商业模式中成为主要产品和服务的供应商，完善平台型企业的管理机制，促进创新主体之间的沟通和交流，是充分发挥小微企业价值的有效保证。因此，推动平台型企业的机制设计是实现创新资源共享的关键。

（四）加强监管，促进商业模式健康发展

通过网络数据的深度挖掘，形成有效监督和指导。政府应加强立法监督，健全网络平台企业的监管制度，使其真正发挥促进小微企业商业模式成功转型的关键力量。

企业和政府对商业模式创新应引起足够的重视，企业家要有强烈的导向意识，以坚定的信念推进商业模式创新；也要求政府创造切实有效、高效廉洁的环境，促进企业的商业模式创新，采取一系列有效措施，提高企业创新能力、改善企业创新环境，为企业持续增值提供坚实保障。

加强对版权和专利的保护力度，杜绝侵权行为，为创新者提供良好的创新环境。对企业进行信誉评级，在互联网交易平台推行数字证书，确保交易的公平和安全。

政府应加强对小微企业的财务监管，督促小微企业完善财务制度，并为小微企业提供管理培训和创新咨询，提高企业管理水平。对网络金融机构加强支持力度，发挥其数据库作用，规范其信贷行为，同时，鼓励传统银行"试水"网络业务，鼓励其积极开展小微企业融资业务。

五、小微企业商业模式创新指数研究展望

作为一种新兴的管理实践，商业模式传承型裂变创业值得关注和深入挖掘。本书研究建立在两家企业的多个嵌入式样本扎根理论研究的基础上，从资料中提炼和生成了扎根实地的在一定范围内被经验证实的存在性理论命题，人们可以从类似情境中获得启发和指导。后续研究可以寻找并补充调研全新案例、围绕新创企业的持续发展等问题展开进一步研究，从而不断验证和丰富现有结论，持续推动公司创业和商业模式理论的深化和发展。

首先，从商业模式创新的理论研究方面来看，商业模式概念的多元化、组成因素众多以及涉及多个领域和学科，因此，商业模式创新的概念并不明确。其次，从实证研究角度考虑，如何有效地测量商业模式创新是一个亟待解决的重要问题。当前的商业模式创新量表的开发也需要得到更多的验证并不断修正，且商业模式创新的实证研究应该向更深层次发展，对于创新程度、创新时机和创新方向应该给予更多的关注。最后，商业模式创新来源于国外的研究，中国企业的商业模式创新大多是模仿和借鉴国外的创新，当前中国的商业模式创新研究，大多是对国外学者的研究假设和结论进行的外部验证。中国正寻求新的发展方式，积极实施创新发展战略。所以立足于国内的经济体制、产业环境、文化观念以及技术创新能力水平，中国企业如何通过本土商业模式创新来提高核心竞争力，是有待研究的问题。

因此，今后国内的学者可以在借鉴国外商业模式创新的研究方法和研究范式的基础上，立足中国企业的特定情境，深入地了解和洞察企业实际。结合案例研究，强化素材扎根和方法扎根，扎根于中国成功企业的创新实践，如阿里、海底捞、华为等，提炼关键成功特征，发展中国特定情境下的商业模式创新理论、框架和范式，更好地揭示商业模式创新的前因、价值创造和获取、创新路径以及对企业绩效和竞争优势深层次的作用机理和传导机制，形成具有本土特色的商业模式创新，促进企业良性循环发展。

第五章　浙江省小微企业发展环境创新指数测评

第一节　小微企业发展环境创新指数研究背景

一、小微企业发展环境创新指数研究背景

（一）国家加快实施创新驱动发展战略

《中共中央国务院关于深化体制机制改革加快实施创新驱动发展战略的若干意见》（2015年）明确提出，遵循创新区域高度集聚的规律，在有条件的省（自治区、直辖市）系统推进全面创新改革试验，授权开展知识产权、科研院所、高等教育、人才流动、国际合作、金融创新、激励机制、市场准入等改革试验，努力在重要领域和关键环节取得新突破，及时总结推广经验，发挥示范和带动作用，促进创新驱动发展战略的深入实施。

构建符合国情的适应创新驱动发展要求的创新环境，是创新驱动发展战略的核心任务。依靠要素驱动经济增长的方式已难以为继，靠资源、资本和劳动的大量投入实现经济增长方式已成为过去。创新驱动发展将是中国经济持续增长的原动力，不断推进中国经济增长方式转变和产业转型升级。

（二）国家实施"大众创业，万众创新"战略

"大众创业，万众创新"是新时期国家推动经济社会转型发展的重要战略决策。当前中国"双创"发展迎来良好的发展态势，政府、企业和社会多方力量都参与到"双创"事业的发展中，牵动了制度、人才、资金、科技、知识等各方面要素的集聚，对社会经济的发展产生了更直接、更巨大的影响。

宁波具有较好的创新创业基础，产业结构转型与升级正进入深层推进的重要阶段，因此，宁波如何抓住"双创"机遇并借势发力、脱颖而出，是一个对宁波未来发展具有深远影响、不可回避的重要问题。

（三）科技竞争日益成为国家间竞争的战略制高点

国际竞争归根结底是科技创新能力的竞争，科技竞争日益成为国家间竞争的战略制高点，科技创新能力将成为国家竞争力的核心能力。想在新一轮的国际竞争中立于不败之地，需要强化科技是第一生产力理论，不断提高中国的自主创新能力。各级政府都要营造激励自主创新的环境，推动企业成为技术创新的主体，建设创新型国家，在投入、税收、金融、引进、创新、创造、产权等方面积极实施配套政策。

（四）长江三角洲城市群发展规划的实施

国家发展改革委于2016年6月发布了长三角城市群一体化发展的《长江三角洲城市群发展规划》，将长三角城市群打造成"全国新一轮改革开放排头兵"，建成"具有全球影响力的世界级城市群"。发展城市群落体现了以生态系统理论为基础的协同发展观和分享经济时代的现实需求，长三角城市群落、长江发展带、沪杭金发展带的重要节点的都市圈核心城市，必将高度依赖长江三角洲区域创新创业生态系统。

二、小微企业发展环境创新指数研究意义

创新环境对国家或区域创新能力的影响，已经成为各级政府共同关注的重大问题。研究创新环境对创新能力的影响、创新能力对经济效率的影响，对于改善创新环境与形成良性的创新生态、提升创新发展能力进而通过创新提高经济效率具有重大意义。

1. 促使企业形成在竞争性合作中共生。强化创新"物种"的多样性，并通过知识、技术、人才、资本为纽带形成复杂的价值网络，达到企业通过创新实现竞争，在合作中实现共生。规范大企业并购小微企业的行为，引导、鼓励企业强化研发与技术整合，充分利用创新资源和生产要素，构建产业创新生态系统。

2. 促使市场对创新资源配置的有效发挥。政府创新的治理不断促使创新

环境系统的变化，为企业创新增添活力。

3. 促使企业之间竞争向"链竞争"的形成。在开放的生态环境中，企业逐渐依赖整个创新链、产业链和价值链进行的创新，企业之间的竞争已演变为创新链、产业链、价值链和创新网络之间的竞争。

4. 促进创新创业主体潜能不断释放。创新创业生态环境的不断优化，创新创业基础不断加强，创新平台不断增加，促使创新创业企业数量持续增长。

5. 促使政府对创新创业支持体系建设。政府会不断深化体制改革，强化创新创业服务，加强财税金融的支持，进一步完善在人才、科技、财政、税费、金融等配套政策体系。

三、小微企业发展环境创新指数的内涵

小微企业发展环境创新指数是研究区域小微企业发展环境创新能力的指数。发展环境创新指标体系按两级设立。一级指标是综合目标类指标，主要反映发展环境创新生态状况，选取了企业创新环境、区域创新环境2个一级指标；二级指标是具体的量化指标，分别反映对应目标层的具体情况，共设有7个二级指标，其中，企业创新环境包含了技术市场、产学研合作平台、创新人才、企业创新文化氛围四个指标，而区域创新环境包括了创新服务平台、创新扶持政策、人均 GDP 三个指标。

第二节　小微企业发展环境创新指数的测评方法

一、小微企业发展环境创新指数指标的选取

小微企业发展环境创新指数的计算，是基于统计数据、企业监测数据，以及创新指数小组的实地调研得出的数据。因此，指标的选取能够准确地反映小微企业创新环境发展的状况和特征。

根据前述指标选取的原则，主要依据经济的重要性和统计的可行性原则，最终将小微企业发展环境创新指数的指标体系按三级设立。一级指标是综合目标类指标，主要反映创新环境的宏观发展状况，选取了企业创新环境、区域创新环境这两大模块；二级指标是具体的量化指标，分别反映对应目标层

的具体情况，共设有 7 个二级指标。其中，企业创新环境包含四大指标，即技术市场（该项指标反映企业创新技术的推广以及成果的转化）、产学研合作平台（该项指标影响着小微企业创新活动的数量、频率和水平）、创新人才（该项指标是小微企业创新发展的保障，培育创新人才和获取创新成果的主要渠道）和企业创新文化氛围（该项指标影响着创新主体的思想观念和行为方式）；区域创新环境包括三大指标，即创新服务平台（该项指标是浙江省区域创新体系建设的主要组成部分）、创新扶持政策（该项指标是小微企业创新决策和成果的风向标）和人均 GDP（该项指标体现了区域的经济综合实力和发展潜力），如表 5 - 1 所示。

表 5 - 1   发展环境创新指数评价指标体系

一级指标	二级指标	指标含义
企业创新环境	技术市场	推广创新技术、促进成果转化
	产学研合作平台	影响小微企业创新活动的数量、频率和水平
	创新人才	培育创新人才和获取创新成果
	企业创新文化氛围	影响着创新主体的思想观念和行为方式
区域创新环境	创新服务平台	浙江省区域创新体系建设的主要组成部分
	创新扶持政策	小微企业创新决策和成果风向标
	人均 GDP	体现了区域的经济综合实力和发展潜力

二、小微企业发展环境创新指数指标权重的确定

小微企业发展环境创新指数主要由企业创新环境、区域创新环境构成。其指标体系权重的确定，是通过对"创新测评"相关文献的检索参阅与分析研究，对各指标的重要性进行评估的基础上，经过相关领域的专家和学者的咨询与论证，对一级指标的两大项目分别赋予 0.5、0.5 的权重。其中，企业创新环境主要体现在技术市场、产学研合作平台、创新人才培养和企业创新文化氛围，这四个指标对于企业创新环境的营造和发展都起到了较为平衡的作用，因此，赋予的权重分别为 0.25；关于区域创新环境中创新服务平台、创新扶持政策、人口 GDP 这四个外部影响因素推动着创新环境发展的进程，分别给予 0.4、0.4、0.2 的权重，如表 5 - 2 所示。

表 5-2　　　　　　　发展环境创新指数评价指标权重

一级指标	权重	二级指标	权重
企业创新环境	0.5	技术市场	0.25
		产学研合作平台	0.25
		创新人才	0.25
		企业创新文化氛围	0.25
区域创新环境	0.5	创新服务平台	0.40
		创新扶持政策	0.40
		人均 GDP	0.20

第三节　浙江省小微企业发展环境创新指数的测评

一、浙江省小微企业发展环境创新指数数据的整理

浙江省小微企业创新环境指数计算的数据获取，数据主要来自浙江省 11 个市小微企业 2017 年问卷调查数据，以及浙江省 11 个市规模以上小微企业的统计年鉴数据。在指标信息齐全和不含异常数据两个原则的基本指导思想下，进行数据收集活动。

二、浙江省小微企业发展环境创新指数数据的收集及整理

关于小微企业数据的预处理，本书主要从数据的合理性和可利用性两方面来考虑。一方面，对小微企业收集数据中明显不符合规律的数据进行修正或者剔除；另一方面，考虑到数据量纲的差异性较大，为了便于后续研究的分析与比较，对数据进行了无量纲化处理，以满足数据之间换算与合成的要求。

企业创新环境和区域创新环境相关数据来自调查问卷，相关问题设置为选择题，将调查问卷问题答案进行五级分制编码，用汇总后的平均值与答案赋分相乘，得出每个答案选项分值，再将汇总后的平均值作为问卷各个问题的标准化数据。

三、浙江省小微企业发展环境创新指数的测评结果

为了全面反映2017年浙江省小微企业创新环境的发展情况,本书结合浙江省11个市小微企业发展数据,对浙江省小微企业发展的创新环境进行了系统分析,运用最小二乘法预测计算得到2017年浙江省小微企业创新环境发展指数,如表5-3、图5-1所示。

表5-3　　　　2017年浙江省11个市创新环境指数排名

地区	指数	排名
杭州市	93.33	1
宁波市	89.34	2
湖州市	84.39	3
绍兴市	80.54	4
嘉兴市	75.96	5
温州市	75.32	6
金华市	74.49	7
台州市	73.29	8
舟山市	68.67	9
丽水市	68.36	10
衢州市	66.94	11
全省平均	77.33	

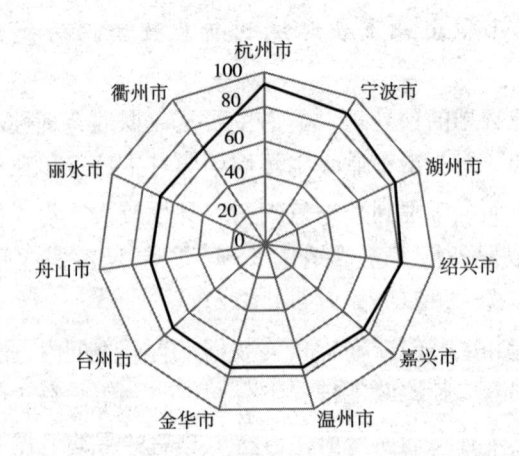

图5-1　2017年浙江省小微企业发展创新环境创新指数雷达

第四节 浙江省小微企业发展环境创新指数分析

一、浙江省小微企业发展环境创新指数及趋势分析

(一)创新环境总体发展较为稳定,重点城市一路领跑

从 2017 年浙江省 11 个市发展环境创新指数结果来看,各市之间差别较大,创新环境指数围绕在 66~94,最高为杭州市 93.33,最低为衢州市 66.94,全省创新环境平均指数为 77.33,如图 5-2 所示。

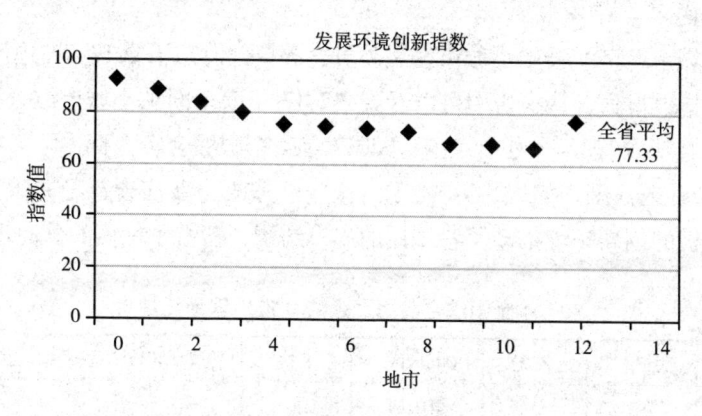

图 5-2 2017 年浙江省发展环境创新指数与平均数偏离趋势

杭州市、宁波市、绍兴市、湖州市、绍兴市的创新环境指数均高于 80,在省平均线之上。其中,杭州市一马当先,领跑全省,远高于全省平均,杭州市由于其特殊的经济政治地位和自身发展的资源优势,在制度供给、核心竞争力、校企联动、创新氛围等方面都有着较高的着分点。

再看衢州市,由于受到地理位置、经济基础等因素的制约,衢州市创新环境指数列于 11 个城市中的最后一位,低于全省平均,尽管如此,衢州市在生态文明建设中发展较好,在全省保持领先。

(二)创新环境结构差别较大,但各具特色

浙江省创新环境方面,各地市之间"发展"差别较大,大致可以分为四个层级。

第一层级为杭州市,作为浙江省的省会,是浙江省的政治、经济中心,创新环境指数值高于90,遥遥领先其他各市,起到了引领与带动作用。

第二层级包括宁波市、湖州市和绍兴市,创新环境指数处于80~90,且高于省平均。

第三层级包括嘉兴市、温州市、金华市、台州市,创新环境指数处于70~80。

第四层级包括舟山市、丽水市和衢州市,创新环境指数低于70。

四个不同发展层级基本代表了浙江省各个地区创新环境发展的格局,由于各地产业结构和经济发展基础的差异,导致不同地市之间创新环境呈现不同的特征,总体来看,浙江省小微企业发展环境创新指数保持在积极向上的合理区域内。

中国城市经济学会中小城市发展委员会等单位发布了2017年中国中小城市科学发展指数报告,从报告中可以看到"2017年度全国中小城市综合实力百强县市"中浙江省有14个县市入围;"2017年度全国综合实力百强区"中浙江省有16个市辖区入围,如表5-4所示。这些已经成为浙江省新型城镇化的主要载体。积极的创新环境推动了各城镇的规模结构,营造了优质的营商环境。

表5-4　　2017年全国综合实力百强县(市)区浙江榜单

所在地市	县市	名次	市辖区	名次	下辖县区数	获奖数	获奖比(%)
杭州			萧山区	5	13	4	31
			余杭区	7			
			西湖区	14			
			富阳区	56			
宁波	慈溪市	5	鄞州区	4	11	7	64
	余姚市	14	镇海区	50			
	象山县	56	江北区	57			
			奉化区	78			
台州	玉环市	27	路桥区	47	9	5	56
	温岭市	34	黄岩区	67			
			椒江区	75			
绍兴	诸暨市	13	柯桥区	13	6	3	50
			上虞区	59			

续表

所在地市	县市	名次	市辖区	名次	下辖县区数	获奖数	获奖比（%）
嘉兴	海宁市	24			7	3	43
	平湖市	45					
	嘉善县	51					
温州	瑞安市	25	鹿城区	46	11	3	27
			瓯海区	70			
湖州	德清县	37			5	2	40
	长兴县	48					
金华	义乌市	12			9	2	22
	永康市	53					
舟山			定海区	80	4	1	25
衢州					6	0	0
丽水					9	0	0
全国百强县（市）区浙江合计					90	30	

2017 年中国中小城市科学发展指数的报告，浙江省几项指标均排名比较靠前。通过上述列表可以看出，浙江省 11 个地市中获得百强的数量情况，由于指标体系的差异、地市下辖的县（市）区数量的不同，基本上与浙江省小微企业发展环境创新指数排名一致，但稍有差异。

二、小微企业发展环境创新指数特征分析

（一）各市发展呈现显著的区域特征

近年来，浙江省各地区加速推动产业转型升级、优化产业结构、坚持宏观调控、加强"双创"机制，为小微企业的发展提供良好的创新环境，呈现出强烈的区域发展特征，如图 5-3 所示。

首先，杭州、温州、台州为"金融创新"区域，杭州设立小微企业转贷基金，温州在国务院决定下设立金融综合改革试验区，台州成为首批国家级小微金融改革试点区，为深化金融改革开放积累经验，增强服务实体经济能力。

其次，宁波、金华为"商务创新"区域，两市依靠"互联网+"时代的

图5-3　2017年浙江省小微企业发展环境创新指数示意图

背景，大力发展跨境电商贸易。宁波被列为国家首批跨境电子商务试点，成立中国（宁波）跨境电子商务综合试验区；义乌在基于"跨境网商密度"下，在2016年中国跨境电商创业二十五佳县（市）排名中位列第一，成为全国跨境电商强市之一。

再次，衢州、丽水、舟山因为其特殊的地理环境和资源特征为"生态创新"区域。舟山丰富的海洋资源，成为国家"十三五"首批海洋经济创新发展示范城市；丽水依托山水环境，打造有丽水地域产业特点的特色小镇；衢州作为全省首个国家级生态示范区，把生态优势转化为经济优势，把环境资本转化为发展资本，开创经济转型升级的新格局。

最后，嘉兴、绍兴、湖州则为"制造创新"区域，嘉兴市具备建设制造业强市的良好基础，"十二五"期间，工业经济得到快速发展，制造能力不断提升。湖州市正式成为"中国制造2025"试点示范城市，着力打造的绿色低碳体系，已逐渐成为新的经济增长点。制造业成为支撑绍兴实体经济发展的顶梁柱。

（二）特色小镇成为加快产业转型升级的新载体

2015年浙江省政府工作报告提出，要加快规划建设一批特色小镇，在全省范围内建设一批聚集七大产业功能，并兼顾各地特色且有独特文化内涵和旅游功能的特色小镇。

目前，浙江已创建79个特色小镇，共产生了三批省级特色小镇创建名单,其中,玉皇山南基金小镇与余杭梦想小镇脱颖而出,两个小镇创建初期就明确了产业定位、文化内涵、旅游特色和一定社区功能的发展空间平台。

除此之外,浙江省科技企业孵化器建设已颇具成效,并在数量和质量两个方面取得了丰硕成果,如浙江台州、安吉等地通过统筹小微园区建设,引入高校和科技团队,实现现代科技与传统产业有效对接。据统计,2016年年底浙江共有各类省级众创空间129家,省级以上科技企业孵化器111家。

(三)产学研发展平台建设独具优势

浙江省高度重视产学研合作和科技成果转化工作。把科技成果转化视为落实创新驱动发展战略的关键点与着力点,构建了一批以企业为主体、市场为导向、产学研用三者联动的创新体系。2015年,浙江省就搭建省属企业产学研对接会,于当年成功对接了7家企业与科研院校的合作。浙江省创新平台、创新成果持续增加,质量明显提高。

从数据上来看,产学研研究平台发展较好的地区集中于杭州、宁波等位列第一层级的城市。杭州、宁波等城市具有国内一流科研机构与院校支撑的优势,例如,杭州有浙江大学、浙江工业大学、浙江工商大学;宁波有宁波大学、宁波诺丁汉大学、中国科学院宁波材料技术与工程研究所、宁波工业技术研究院等,城市与这些高端资源的融合,为本城市的小微企业在创新发展的道路上提供了丰富的技术支持和成果转化支撑,提供了企业创新的良好的智力资源环境。

中国产学研合作创新与促进奖是经国家科技奖励办批准设立,面向政产学研用结合的年度荣誉奖。旨在表彰产学研合作创新工作中做出突出贡献的先进单位和个人,该奖设产学研合作突出贡献奖、产学研合作促进奖、产学研合作创新奖、产学研合作成果奖和军民融合奖五个奖项。2016年共评出突出贡献奖10名;产学研合作促进奖100项;产学研合作创新奖164项;产学研合作成果奖162项;军民融合奖28项。2016年中国产学研创新与促进奖的浙江省获奖单位和个人全部来自杭州和宁波,杭州、宁波产学研发展优势凸显。[1]

---

[1] 资料来源:中国产学研合作促进会,http://www.360cxy.cn/index.html。

(四) 各地市创新环境发展与 GDP 同步

国家统计局浙江调查总队发布消息显示，2017 年浙江居民人均可支配收入为 42046 元，是全国的 1.62 倍，居全国各省（自治区）第一位（不包括直辖市，则仅次于北京、上海，位居第三）；浙江全省生产总值达到 51768 亿元，增长 7.8%，浙江 GDP 首次突破 5 万亿元大关。

2016 年浙江省各市的人均 GDP 排名，杭州市位列第一，人均 GDP 领跑为 12.027 万元，已达到富裕国家水平；舟山市位列第二；宁波位列第三；温州位列最末，人均 GDP 为 5.499 万元。创新环境发展与 GDP 基本同步。

2016 年 G20 峰会的举办，为杭州的基础设施投资带来了机遇，经济转型较为成功，以信息经济为主导的新经济成为杭州经济的新增长点，杭州作为全省性经济中心的地位进一步确立。

从产业结构来看，温州缺乏大型的国有企业，大多以小微企业与家庭作坊形式存在，处在税收的"灰色地带"，并且这些劳动密集型的产业拉低了 GDP 的平均值。另外，大多温州人都热衷于外出经商，这一部分未能列入温州的 GDP 总量。

值得关注的是，舟山市人均 GDP 高于宁波，位列第二，但由于其产业结构相对单一，基本以海洋经济发展为主线条，创新出口较为简单，因此，创新环境建设的先天与动力均相对不足。

(五) 鼓励性政策及时注入，创新环境日趋优化

近年来，国家通过出台一系列鼓励性的政策支持双创活动，为小微企业的发展提供稳定强健的营商环境。浙江省政府积极贯彻党中央政策要求，及时推出相关细则，落实每项创新政策。

商事制度改革以来，浙江省率先于 2014 年推出具有浙江特色的多证联办、"一址多照""一照多址"等措施，并将此项改革于 2016 年在全省推广。2015 年 7 月 1 日起，浙江省率先推出"五证合一"登记制度，从根本上压缩了办证时间，降低了办证成本。2015 年，浙江省把"小微企业三年成长计划"与市场主体升级工作作为经济转型升级组合扎实推进。

浙江省在全国创造性地提出"个转企、小升规、规改股、股上市"的市场主体升级工程。除此之外，截至 2016 年年底，浙江省加大力度整治"脏乱差"和"低小散"企业（作坊）3 万多家，处置"僵尸企业"555 家，不断

地优化工业内部结构。

浙江省一系列具有活力的政策及时注入，丰富和优化了全省的创新环境，为小微企业的创新发展提供了新的环境。

三、浙江省各市创新环境发展情况分析

（一）杭州市

杭州的创业创新环境则是助力产业转型升级与结构调整的关键因素。近年来，杭州市正在全力打造创新创业环境，构建富有杭州特色的创新创业生态环境。杭州通过中国（杭州）跨境电子商务综合试验区和国家自主创新示范区为载体，不断打造富有杭州特色的创新创业生态系统。其中，杭州未来科技城和阿里巴巴集团更是成为国家首批"双创示范基地"。

杭州市经认定的国家级孵化器有24家，数量居副省级第一位，"孵化链模式"扩展创新创业空间，每一个孵化器都集聚了诸多高科技的创业项目，根据数据显示，仅梦想小镇就集聚了1000多个创业项目、金融机构620余家，管理资本1350亿元、创业人才近9000多名。另外，杭州的年轻一代最爱聊创业，创新创业更是渗透到年轻一代的脑海中，同时趁着优惠政策的不断落地，众多"创客"都踏着政策的"东风"，切实享受到了创业带来的便利和优惠。每一个优质项目更是集聚了政府部门、产业平台、创投资金等的目光，走在创业路上，创业生态链的各个环节"扶上马，送一程"。更值得一提的是，杭州市构建了"亲—清"的新型政商关系，这种良性的互动提升了企业家的创业安全感和信心，更有利于专心做事。即使是刚起步的小企业也被重视且得到了较好的服务。

与此同时，杭州市加快产学研发展的脚步，出台了一系列政策，打造"保姆"式、"店小二"式贴心服务，引导和扶持留学人员和大学生创业成为创新型人才队伍建设重点，坚持以高新区和未来科技城两个国家级海外人才基地为引领，推进各类高端人才创业平台建设，为人才创业提供房租减免、资金扶持、培训指导等全方位、一站式的服务。未来科技城、青山湖科技城累计引进高校和科研机构52家，助推创业者到企业家的转变。

科技部前部长万钢认为，整个杭州已然成为"众创梦工厂"，优厚的人才政策、完整的创新引导帮扶、良好的创新创业氛围和创业生态，成为创业家的吉祥地和"朝圣地"。

中国社科院发布2017年《生态城市绿皮书》，杭州市被评选为中国十佳创新型生态城市之一。创新是城市发展动力，绿色生态则是城市发展的魅力所在。

（二）宁波市

宁波是长三角南翼经济中心，"一带一路"、长江经济带、长三角城市群建设等多重战略机遇叠加，促进了宁波创新发展的活力。随着"中国制造2025"战略的提出，智能制造成为其最核心的内容，丰富的产业集群优势和政策支撑，使宁波成为全国首个"中国制造2025"试点示范城市。

近年来，宁波借势借力推进转型升级、把握跨越发展的重大机会，以制造业为主提升其核心竞争力，同时加快培育发展新动能，打造发展新引擎。从材料创新到技术创新再到产业创新，宁波已经率先形成产业导向、企业主体、"政产学研金介用"相结合的自主创新体系。

为了营造优良的创新创业环境，宁波市出台了"科技众创空间—科技企业孵化器—科技企业加速器"全链条孵化政策，打造从项目初选到产业化发展的全链条、一体化创业孵化体系。另外，各高校相继建立创新创业孵化园，协助与辅导大学生创业发展，在建立品牌化发展的同时也推进了创业者进入国际市场。

人才是科技创新的关键，近年来，宁波出台了大力度的人才扶持政策，宁波市将人才链与创新链、产业链融合，为人才创业提供"妈妈式"服务，为创新创业人才营造"做事的环境"。截至2017年6月，近400名海外高层次人才、120多个团队入选宁波面向全球英才实施的"3315计划"，累计创办企业270多家、新获发明专利371项、填补国内空白193项、承担国家级项目188项。2017年9月底，国家科技领军人才基地落地宁波，这是首批国家科技领军人才创新创业基地之一。[①]

宁波市及各区级政府以促进企业发展为目标，一直致力于深化企业服务，破解企业在创新创业中发展的难题。为创新企业的成长和可持续发展提供土壤和肥料。例如，宁波市高新区在原有的企业服务工作基础上，还制定了《区本级企业服务工作方案》，领导带头、全员参与，深入基层一线，深入项目企业，主动服务、精准施策，切实帮助解决区本级企业发展面临的突出问

---

① 资料来源：两创示范工作小组：《宁波构建全链条创业孵化体系》，2017－11－13。

题。目前，该局内部已实现企业服务全环节覆盖，7 位部门领导统筹，近 30 名工作人员"点对点"联系区本级 136 家重点企业。发挥走访联系企业的龙头作用，努力形成全区企业管理服务体系的"一盘棋"格局，经发部门还落实市企服办调整完善企业服务责任人及对口联系企业的要求，完成我区 179 家企业与 88 名企业服务责任人的对接。

（三）湖州市

2017 年 3 月，中国共产党湖州市第八次代表大会提出了努力开创湖州经济社会发展新局面的构思，会议还指出着力争创产业竞争新优势、着力打造创新驱动新引擎的目标。

近年来，湖州市全面实施创新驱动发展战略，在试点示范创建、创新体系完善、科技成果转化和创新能力提升等方面都取得了突破，其中，德清省科技成果转化实验区和省科技与金融结合示范区建设进展良好。长兴国家大学科技园建设进展顺利，探索了科技券新做法。安吉实施国家科技惠民项目，专利质押融资工作成效明显。吴兴区成为创新型试点县区。南浔高新技术产业增加值占全区规模以上工业增加值的 53.08%。

为了更好地服务于创新创业工作、建立和谐积极的创新环境，2017 年，湖州市人民政府办公室关于进一步扶持众创空间发展的 10 条意见出台，10 条意见包括：（1）支持众创空间建设；（2）鼓励构建面向社会开放式的众创空间；（3）激发科技人员创新创业激情，鼓励加强地校合作；（4）支持众创空间开展创业辅导；（5）完善创客企业培育机制；（6）推广使用科技创新券；（7）积极推进创投基金建设；（8）组建众创空间联盟；（9）支持开展各类创新创业活动；（10）加快建立容错机制。

湖州市拟在 2021 年之前建设各类众创空间 200 家以上，市级众创空间 100 家以上，省级众创空间 50 家以上，国家级众创空间 20 家以上，双创团队超过 3000 个，创客人才超过 10000 名的目标任务。

（四）绍兴市

随着经济发展进入新常态，绍兴市面临着"成长的烦恼"和"转型的阵痛"，绍兴市牢牢把握创新这个引领发展的第一动力，加快从要素驱动、投资规模驱动发展为主向以创新驱动发展为主转变。

在推进供给侧结构性改革、实现经济转型升级过程中，以创新"钥匙"

开启经济新动能，成就发展加速度。近 5 年来，新技术、新成果加速转化，新模式、新业态不断涌现。2016 年，《绍兴市科技成果大转化行动方案》和《关于进一步加强引进共建研究院成果转化工作的若干意见》出台，加速双方"联姻"。2016 年，全市技术交易合同超 700 份，交易总额 8.5 亿元，同比增长 30% 以上。

截至 2016 年年底，绍兴已拥有 754 家国家高新技术企业。创客空间、创新工场等基于互联网的新型孵化器也随之发展。创新创业结合，线上线下结合，孵化投资结合，开放式的创新生态系统正浮出水面。2016 年，越城区"颐高楼友会"入选"国家级众创空间"，"柯桥瑞雪"和"诸暨 e 谷"入选"省级众创空间"，"诸暨米果果"入选"省级星创天地"。不仅如此，近年来，作为城市的软实力，绍兴市文化发展在传承与创新中不断突破，各大文化创业园次第涌现。

近 5 年来，绍兴市将改革和创新结合，破除体制机制障碍，培育创新沃土，不断激发创新活动。针对性地解决在创新创业发展中的"堵点""痛点"，不断提升创新环境。例如，行政审批项目继续减少、投资审批事项大幅缩减，"互联网+政府服务"等管理和监管模式创新不断涌现；投融资体制改革持续推进，投资审批方式不断改进，全市上下在大力推行高效行政的同时，全面清理涉企收费，出台企业减负"组合拳"等。

（五）嘉兴市

2016 年，嘉兴市政府本着"政府创造环境、企业创造财富"的宗旨，竭力当好"店小二"，为市场主体提供更为优质有效的服务，高品质打造硬件和软件环境，更好地吸引集聚高端创新人才；进一步理顺体制机制，加速共性难题、个性问题的落实解决，努力让嘉兴创业创新的种子深深扎根、创业创新的活力充分涌流、创业创新的硕果累累满园。其中，以"互联网+居家养老"、培育新型农业主体、借力"互联网+"打造果品流通全产业链等多层次建设创新体系进一步提出。

清华长三角研究院和浙江中科院应用技术研究院先后落户嘉兴科技城，截至 2016 年底，科技城共有省、市重点实验室 13 个，研究所 6 个，工程中心 16 个，并与 1500 多家企业建立了产学研合作关系，其规模、数量、合作深度、创新成果走在浙江全省前列。

（六）温州市

2016年，温州市政府提出具有温州特色的创新发展新路径，强化技术创新、商业模式创新、金融创新、文化创新、政府服务创新融合互动的新模式。"十二五"期间，温州市成为全国首批知识产权示范城市、全国首批促进科技和金融结合试点城市，成功创建温州国家高新技术产业开发区、温州市国家大学科技园、中国（温州）激光与光电创新型产业集群等"国字号"科技创新大平台。未来5年，温州市政府将围绕"加快创新建设、完善区域体系；实施重大专项、加快成果转化；深化体制改革、实施引才工程；引入社会资本、拓宽投资渠道"这四个关键面上，打造创新创业大环境，激发双创活动的热情度。

温州人的创新发展之路正在从粗放式向集约式、从直觉型向科学型转变，人才成为温州最珍贵的资源。为培养和引进人才，助力企业转型升级，温州市出台一系列人才政策，包括"580海外精英引进计划""551人才工程""人才新政十条"等，温州老板们也不断向各类高级人才抛出"橄榄枝"。

（七）金华市

金华市致力于做强做优实体经济，同时也为培育高端产业建立良好的创业创新环境，为科技人才打造舒适的人居环境。近年来，金华市政府以更宽的视野、更高的标准，对政策环境、政务环境、法治环境、载体环境、人文环境、生态环境等进行全面优化，不仅要通过排忧解难、降低成本、提高效率、提升服务，让高端产业引得来、服水土，还要多建高等级医院、高质量学校、高档次文化设施，以更高水准的公共服务，吸引技术骨干跟随企业来到金华、扎根金华，成为金华经济社会发展的生力军。另外，优良的创新环境也增添了金华择善而取的资本和底气，结合本地产业基础和特色，围绕五大千亿产业特别是先进装备制造业，积极承接高成长性、高集聚度、高竞争力、高关联度的高端高效产业，着力引进具备较强综合实力和行业整合能力的龙头企业、具备关键核心技术原创研发和人才优势的创新型企业，全力打造先进制造业集群。

（八）台州市

近年来，台州市政府通过创新大平台、科技型企业倍增计划试点、加速科技成果转化、打造创新大环境等各个维度着手着力构建创业创新新生态系统，通过科技系统补齐短板的多项举措，2016年台州市越来越多高新技术企业步入高速发展的轨道。主要有以下三种做法。（1）搭建科创平台，集聚优质创新资源；（2）深化产学研合作，促进成果转化；（3）优化创新环境，释放创新动能。首先，台州市政府高层通过学习考察，吸收先进地区经验，强化创新理念，不断激发创新活力，强化顶层设计，着力谋划创新强市蓝图；其次，台州市完善落实创新政策，优化创新发展环境，进一步构建充满活力的科技创新创业人才队伍；再次，为了破解科技企业融资难问题，台州市深入实施《台州市科技金融发展三年行动计划实施方案》，不断创新科技与金融的结合模式；最后，台州市加强知识产权保护工作，不断优化知识产权保护体系，完善知识产权维权援助制度，营造良好的知识产权保护氛围。

（九）舟山

由于其独特的地理位置和丰富的海洋资源，舟山市成为国家首批海洋经济创新发展示范城市，也是浙江省唯一的一个。舟山市重点定位于产业发展。舟山拥有得天独厚的港口岸线资源，具有令人瞩目的各类大宗商品基地优势。首先，着力推进以油品为核心的大宗商品领域的改革创新。自贸试验区挂牌以来，国家、省级多个部门已先后出台支持政策100多项。油品企业快速集聚，世界大型石油巨头纷纷前来投资洽谈。纷纷看中舟山打造油品全产业链基地的优势。其次，舟山在全国首创"一船多供""一船多能""保税燃料油跨关区直供"等多项改革举措，保税燃料油供应量呈急速上升趋势。最后，以自贸试验区倒逼政府自身改革，舟山正在加快推进具有海岛特色的"最多跑一次"改革，有"千岛之城"之称的舟山，住人岛近百个，舟山市政府通过抓好国际贸易"单一窗口"、事中事后监管制度建设，力争打造全省审批事项最少、办事效率最高、政务环境最优、群众和企业获得感最强的城市。

为了吸引更多的高层次人才在舟山落地生根，近年来舟山坚持践行"绿水青山就是金山银山"的发展理念，围绕建设海上花园城市，加快美丽海岛建设，积极创建无违建市、海绵城市、森林城市、园林城市、智慧城市、环保模范城市、文明城市，城乡环境全面改善。"舟山好空气"成为城市的金名片，空气质量优良率始终在全国名列前茅。

（十）丽水

丽水市政府以"绿色崛起"为特色赋予丽水新的使命和新的期待，创建浙江（丽水）绿色发展综合改革创新区。围绕改革创新，跟随"最多跑一次"政策，联动推进生态文明和绿色发展制度的改革创新，集中力量、集聚资源、集成改革、不断创新，打造宜居、宜业、宜游的绿色创新环境。

2016年，丽水市生态工业创新驱动实现浙江省内生态环境保护、万元GDP能耗降幅、工业技改增幅领域的"三大领先"。"丽水实践"的转型升级也被纳入未来发展的领域。

（十一）衢州市

衢州位于浙江西部，地处浙江母亲河钱塘江源头，是国内九个生态良好地区之一，也是浙江省首个全市域国家级生态示范区。凭借着"绿水青山"的生态文明建设和创新布局的产业优势平台，衢州近年来吸引了旺旺、康师傅、伊利等一批食品饮料、医药制剂的行业龙头企业前来投资，而韩国晓星集团、瑞典阿特拉斯·科普柯集团等外资企业的落户，则为衢州打上了国际化烙印。

衢州市致力于打造优势产业平台，这些优势平台，正逐渐成为衢州吸引海内外高层次人才和项目的"新高地"、带动经济转型发展的"新引擎"。衢州市以其独特的"热带雨林"式的发展环境成为不断创新的土壤。另外，衢州在电商发展创新上的"衢州模式"也引起了业界的反响。政策创新、体制创新、机制创新、管理创新、理念创新、组织体系创新的"六位一体"创新体系的衢州电商模式，走出了一条以生产关系变革引领发展的中国特色的区域电商发展之路。

第五节　浙江省小微企业发展环境创新问题与建议

一、小微企业创新发展的环境问题

"三难三缺"问题一直困扰着浙江省小微企业的发展，随着宏观经济环境的变化，金融、人才、用地这三个生产要素矛盾更加凸显。同时，小微企业还面临创新竞争力不足、政策落实不到位等突出问题。具体体现在以下六个方面。

1. 经营成本较高，生存压力仍然较大。近年来，企业成本呈现山洪爆发式上升，包括人工成本、环境成本、用地成本、原材料成本等增长速度极快。成本过快上涨挤压了企业的利润空间。尽管大多数城市的小企业亏损额在逐年回落，但是亏损依然影响着企业的持续经营。

2. 资金短缺，融资难。大多数小企业属于"轻资产"型企业，内控制度不健全、抵押资产不足、稳定性弱等问题成为其融资过程中遇到的最大障碍，即便有无形资产，价值也相对较低。因此，各融资机构从安全性角度出发，更倾向于实力较强的大中型企业。小企业其他融资渠道较窄，民间借贷、风险投资等高成本的融资方式成为部分小微企业唯一的融资渠道，通过这样的渠道融资也意味着进一步加重了小微企业融资负担。

3. 人才流动率高，用工成本高。在调研过程中我们发现，创新人才的巨大缺口和高流动性成为小微企业创新发展的严重制约因素。由于小微企业存在发展平台小、前景不明确、稳定性较弱的特征，所以难以引进优秀人才，更难留住高端人才。再看那些劳动密集型的小微企业，基层员工缺口较大，为了留住人，用工成本不断增长。

4. 小微企业自身态质参差不齐，核心竞争力有待提升。浙江省小微企业大多以传统行业为主，家族企业模式，管理方式粗放，企业股权结构单一，多数采用低成本、低价格、低回报的方式。多数小微企业技术上以模仿为主，自主创新能力不足、品牌意识淡薄、产品科技含量较低，与产业发展的要求相比差距较大。技术型的小微企业虽然有着自己的核心技术、专利、商标，但却在市场培育、品牌打造、市场积累等方面面临着困惑。

5. 小微企业享用政策扶持能力较弱。虽然"大众创业，万众创新"相关政策不断出台，但是，小微企业对政策的了解程度普遍不高，大多数小微企业缺少人力和精力去解读、利用各种产业政策和优惠政策，对扶持政策和制度环境的感知度、满意度还不够高，各地政府的扶持政策和小微企业的真正需求之间存在信息不对称现象。

6. 创新平台的服务体系建设相对滞后。很多现有的创新支撑平台承载能力有限，服务和孵化企业的作用发挥得不够明显，有些平台只是将其作为一个办公场地，未将其作为一个创业基地，服务能力和保障水平有待提高。创新平台在这个方面的精准化服务和对接相对较少。

二、小微企业创新发展环境的对策及建议

针对上述情况，多途径、全方位地改善小微企业的外部生存环境有着重大的意义。首先，创新金融服务形式，政府金融支持与促进民间投资健康发展。进一步放宽准入，加大财政直接扶持力度，各级财政要充分统筹利用现有资金渠道；提高小微企业直接融资能力，创新金融服务的形式，鼓励小微企业通过股票、债券、私募股权等多渠道开展直接融资。其次，切实减轻负担，落实税收优惠。积极认真地落实国家和各省市相关促进小微企业发展的创新税收优惠政策，切实减轻企业负担，降低企业成本。再次，加大小微企业园区建设与区域产业空间优化，新增扩建和盘活闲置厂房相结合，充分利用各类创新创业平台，加快新建、改造、提升一批创新企业园区，加速小微企业的集聚集约发展。最后，加快创新人才支持体系建设，对人才流动机制、评价机制和激励机制进行深入完善。

近年来，浙江省11个市创新创业成效明显，互联网、跨境电商、金融服务等新兴产业发展势头强劲，推动了当地经济的新发展。重点把握科技型和创新型小微企业作为发展的风向标，畅通市场主体"生、长、退"的各个环节围绕"调优调强调高"目标，坚持不懈地将市场主体向"高端化、品牌化、规模化"转变。针对上述存在的突出问题，需要对准要素问题出重招，优化小微企业外部创新环境，同时，政府需要进一步引导企业转型升级，优化小微企业内部创新环境。

具体来说，一是引导增量，全面推进简政放权，结合互联网平台，真正降低制度性成本，激发创新创业的热情。二是建设以循环经济为核心的生态经济体系，加强资源节约和综合利用，限制高能耗、高污染、技术水平低、规模小的最底层产品，逐步向循环利用的"绿色经济"转变。三是积极推进"个转企、企升规、规改股"等市场主体升级工作。例如，重点支持"个转企"企业继续使用原个体工商户的字号、商标，支持个体工商户成为转型后的小微企业的股东等；强化小微企业内部经营管理、产品质量管理和创新、加强品牌建设等。梯度性的培育各类小微企业，例如，扶持一批具有良好发展前景的创业性企业；培育一批技术含量高、品牌型的成长中企业，跟踪一批拔尖领军企业；形成"小而精、小而优、小而美"的微企集群，针对受传统产业转型升级负累较重的地区，更要重点培育和扶持。

三、小微企业发展环境创新指数研究展望

小微企业发展环境创新指数研究是对小微企业创新的环境作出的判断与评价。本书以浙江案例的研究为基础。后续研究可以从以下三个方面展开。

1. 不断完善创新环境的评价方法。使得我们的研究能够更加切合研究对象的实际，使研究成果更加有效，更能指导小微企业的创新发展，更能为政府精准施策提供参考。

2. 研究在不断积累经验的基础上，从静态考察创新环境问题，到动态考察创新环境，再到考察创新生态系统，使研究不断升级。

3. 从目前仅对浙江的研究，不断扩大到对多个省份的研究，最终形成全国性的小微企业创新指数，使成果服务的范围更加广阔。

第六章 浙江省小微企业创新综合指数测评

第一节 浙江省小微企业创新综合指数研究背景

一、小微企业创新综合指数研究背景

"十二五"期间浙江快速发展,创新驱动的格局初步形成,科技综合实力和区域创新能力持续位居全国前列。时任浙江省委书记习近平同志在2006年全省自主创新大会上提出,建设创新型省份,到2020年浙江的R&D投入占GDP比值达到2.5%。2013年5月,浙江省十三届三次全会作出了《中共浙江省委关于全面实施创新驱动发展战略加快建设创新型省份的决定》,将创新驱动作为浙江省发展的主要战略,将创新发展置于浙江省发展全局的核心地位。

1. 浙江省着力优化小微企业发展环境。浙江省小微企业创新发展政策环境不断优化,政策效果需要评价。浙江省为加速推动产业转型升级、优化产业结构,出台了一系列推动小微企业创新发展的政策。如《关于大力推进大众创业万众创新的实施意见》《中国制造2025浙江行动纲要》《关于开展创新型小微企业培育工作的通知》《2017年浙江省促进小微企业发展工作要点》等。各市根据自身的资源基础和产业特点,从简化行政审批流程、加大财税支持、拓宽融资渠道等方面,为小微企业发展培育新增量、增添新动能,创造出各具亮点的发展视角。

浙江省高度重视以"互联网+"为背景的信息经济的发展,2014年,浙江制定了全国省区第一个信息经济发展规划,并成功举办了国家在浙江召开

的首届世界互联网大会，力争率先发展、示范全国，2017年，浙江省以打造创新型省份和"互联网+"世界科技创新高地为目标，加快杭州城西科创大走廊、钱塘江金融港湾和中心城市科技城建设，加大力度发展以高新技术产业为主导的特色小镇。

2. "小微企业创新发展"已经成为浙江创新驱动发展的主力军。"十三五"期间，浙江省全面实施创新驱动发展。为此，加快互联网与云计算建设，占领世界科技创新高地，率先实现达成创新型省份的建设目标；把科技强省、创新发展作为主要动力源泉，以科技创新，打造浙江省科技发展的先发优势，构建具有浙江特色的创新体系，将人才创新战略作为浙江科技创新的核心要素。

浙江省拥有丰富的小微企业资源，产业基础好、制度创新快，是新常态下"大众创业、万众创新"的典型代表省份。"十三五"期间，小微企业创新应着重将"数字经济""智能制造""创新精神"等作为切入点，不断累积小微企业创新发展的动能。

浙江省将形成一批在技术创新、管理创新、商业模式创新、组织机构创新等方面取得一定成效的创新典型示范的小微企业，引领小微企业的创新发展，创新已经成为浙江小微企业发展持续动力。

3. 拥有有效的小微企业动态监测数据平台。研究所需的数据具有规模较大、种类繁多、时间跨度较长、数据收集来源丰富的特点。数据的主要来源于浙江省小微企业统计年鉴、浙江省小微企业检测数据、浙江省小微企业调研数据以及企业内部资料。更重要的是基于浙江省小微企业监测平台和小微企业财务状况监测平台的资源动态监测优势，研究开发创新、生产制造创新、商业模式创新和发展环境创新等分类创新指数和小微企业创新综合指数的指标数据变化，使得结果在时间和空间上可比，结果更具有趋势性和普适性。

二、小微企业创新综合指数研究意义

1. 为浙江省各级政府提供浙江省创新驱动发展战略小微企业创新评价。在"十三五"期间，浙江省根据创新驱动发展的核心战略，全面实施创新驱动发展。

为此，加快建设互联网，占领世界科技创新的高地，实现率先达成创新型省份的建设目标；坚持科技强省，坚持科学发展、创新发展作为浙江省发展的主要动力源泉，坚持科技创新作为创新发展的重要领军领域，将具有中国特色和浙江特点的科技创新道路发扬光大；坚持科技创新，打造浙江省科技发展的先发优势，实施制度和科技创新的双轮驱动，构造并建设具有浙江特点的创新体系，并以此作为浙江省创新发展的基础支撑，积极引进人才，将人才创新战略作为浙江省科技创新的核心要素。

随着创新驱动发展战略的深入实施，创新发展已成为判别省、市核心竞争力的主要构成要素。各地市小微企业创新发展态势已经形成，但政策的成效究竟如何、哪些方面还有待进一步改善和提升，以提高浙江省整体的创新发展水平？基于此，我们展开了小微企业创新指数研究。

2. 为浙江省各级政府提供促进小微企业发展的决策参考。浙江省在经济转型方法上实行"双轮驱动"，以科技创新与制度创新双轮驱动，创新的目的是发展生产力，改革的目的是调整生产关系，深入分析世界科技发展趋势，准确把握国家对科技创新的新要求，正确认识浙江省科技创新的新方位。

3. 为广大的小微企业提供创新参考与激励小微企业创新发展。小微企业不仅是数量众多，而且是最具活力的企业群体，是"大众创业、万众创新"战略实施的重要基础。随着供给侧结构改革的不断推进，大数据、云计算广泛应用，分享与共享经济等新业态新模式的不断涌现，小微企业创新发展的环境将进一步优化，小微企业的内生动力和活力也会得到进一步释放。

因此，小微企业创新综合指数将成为观察浙江省小微企业创新发展的重要观测依据与切入点。

三、小微企业创新综合指数的内涵

小微企业创新综合指数是研究区域小微企业创新发展的指数。小微企业创新综合指数的指标体系按三级设立。一级指标是反映区域小微企业的创新能力、商业模式创新、生产制造创新、发展环境创新等综合体现创新发展的目标类指标，主要设置了研究开发创新、生产制造创新、商业模式创新和发展环境创新4个一级指标。二级指标是根据一级指标的内涵设置的指标。用"创新研发投入""创新研发支出"2个指标体现一级指标"研究开发创新"；用"生产制造投入""生产制造产出"2个指标体现一级指标"生产制造创新"；用"成本结构变化""收入结构变化""资产结构变化"3个指标体现一级指标"商业模式创新"；用"企业创新环境""区域创新环境"2个指标体现一级指标"发展环境创新";共设有9个二级指标,分别反映对应的一级指标。三级指标是具体的量化指标,分别反映对应目标层的具体情况,共设有22个三级指标。

第二节 浙江省小微企业创新综合指数的测评

一、小微企业创新综合指数指标体系设计的原则

统计指标的设计需要理论结合实际,相关指标的频数,在数值上直接反映了相关理论与实际评价的认同度。因此,指标体系设计必须具有科学的原则,并在此基础上反复的验证,才能获得相对科学的结果。指标体系设计遵循以下的原则和依据。

1. 指标体系的科学性和实用性。指标体系的选择应具备相关的理论基础,指标应具有明确、清晰的内涵与意义,指标体系应建立在可操作性和数据的可获取性的基础上,达到指标体系构建的理论与实用性的融合。

2. 指标体系设计的逻辑性和独立性。指标体系应该注重指标之间的逻辑性,同时指标之间应该具有良好的相关性和独立性,避免指标之间的歧义和概念上的模糊,从而实现指标体系指标之间的协调性。

3. 指标体系设计的可比性和系统性。指标的选择应该注意指标的可比性,指标数据在区域、企业、行业之间的区分和比较,通过指标的对比实现区域、企业、行业间的内在规律和特点的区分。

4. 定性、定量相结合的原则。影响小微企业创新的因素很多,我们在选择指标时,既需要主观的调研数据指标,也需要客观的统计数据指标,因此,不可能对所有的指标采用定量分析,只能进行定量结合定性的分析思路,但总体我们采用以定量分析为主、定性分析为辅的分析方法来研究浙江省小微企业创新发展。

5. 指标体系的共识性原则。在构建浙江省小微企业创新发展评价的理论指标体系过程中,广泛地进行文献研究和专家咨询,在达成共识的基础上,将频率高、共识性高的相关指标纳入指标体系,降低指标选择的随意性和主观性。

二、小微企业创新综合指数评价的对象

小微企业创新综合指数的评价是以浙江省为例,所以研究评价的对象是浙江省的中小型企业,广义上包括小型企业、微型企业、家庭作坊式企业和个体工商户。具体评价对象的界定是依照根据国家统计局《统计上大中小微型企业划分办法(2017)》所示的小微企业的标准确定。

三、小微企业创新指标评价体系设计

在创新指数评价指标选取过程中,主要遵循科学性、可行性、代表性、动态性等原则,从研究开发创新、生产制造创新、商业模式创新和发展环境创新四个维度,构建浙江省小微企业创新指数评价体系。

研究开发创新指数主要从小微企业的创新研发投入和创新研发产出两个方面展开分析;生产制造创新指数主要从小微企业的生产制造投入和生产制造产出进行测度;商业模式创新指数主要采用企业的财务数据,从成本结构变化、收入结构变化和资产结构变化的角度测度小微企业创新;发展环境创新指数分别从企业的总体创新环境、内部创新环境和区域创新环境三个角度来进行测度。基于以上思考,浙江省小微企业创新指标体系结构如表6-1和图6-1所示。

表6-1　　　　　　　　小微企业创新指标评价体系

分类指数	指标含义
研究开发创新指数	反映创新研发投入的指标
	反映创新研发产出的指标
生产制造创新指数	反映生产制造信息化投入的指标
	反映生产制造信息化产出的指标
商业模式创新指数	反映成本结构变化创新的指标
	反映收入结构变化创新的指标
	反映资产结构变化创新的指标
发展环境创新指数	反映企业发展环境创新的指标
	反映区域发展环境创新的指标

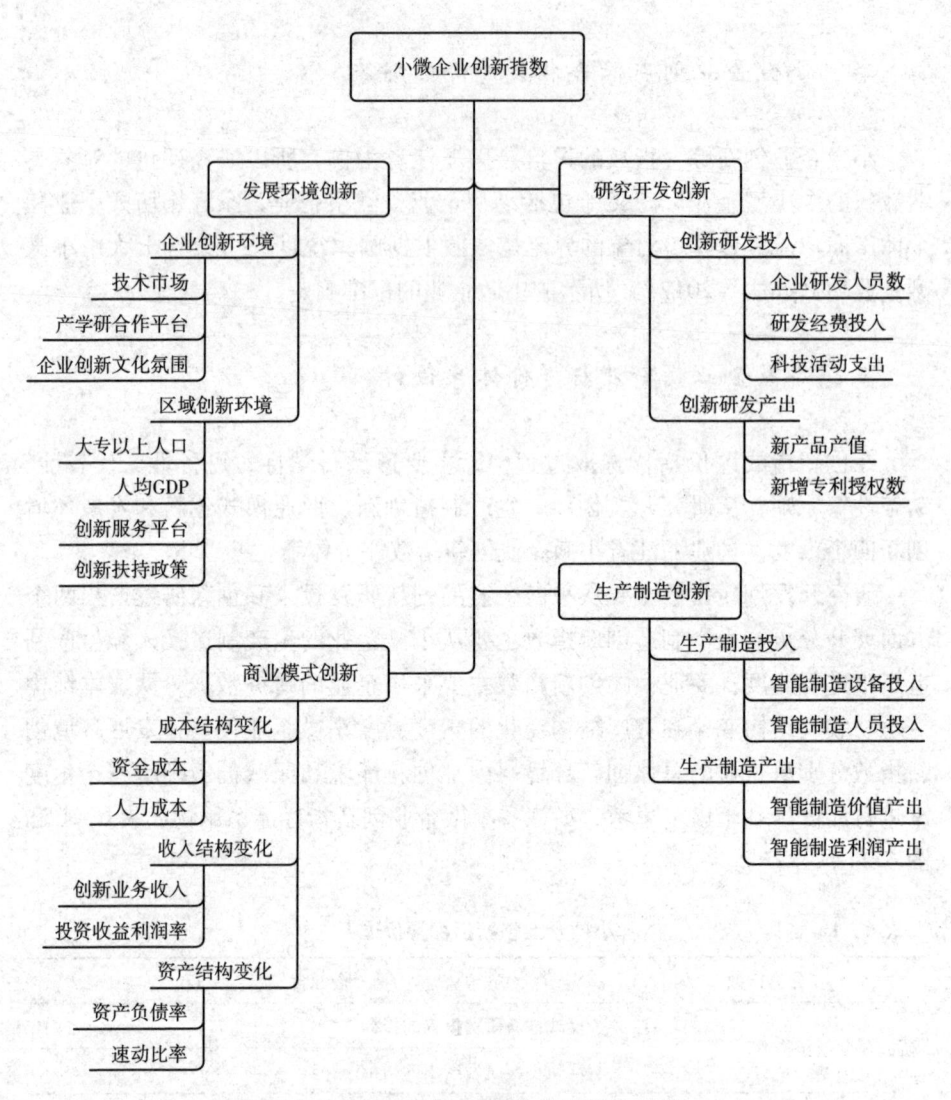

```
小微企业创新指数
├── 发展环境创新
│   ├── 企业创新环境
│   │   ├── 技术市场
│   │   ├── 产学研合作平台
│   │   └── 企业创新文化氛围
│   └── 区域创新环境
│       ├── 大专以上人口
│       ├── 人均GDP
│       ├── 创新服务平台
│       └── 创新扶持政策
├── 商业模式创新
│   ├── 成本结构变化
│   │   ├── 资金成本
│   │   └── 人力成本
│   ├── 收入结构变化
│   │   ├── 创新业务收入
│   │   └── 投资收益利润率
│   └── 资产结构变化
│       ├── 资产负债率
│       └── 速动比率
├── 研究开发创新
│   ├── 创新研发投入
│   │   ├── 企业研发人员数
│   │   ├── 研发经费投入
│   │   └── 科技活动支出
│   └── 创新研发产出
│       ├── 新产品产值
│       └── 新增专利授权数
└── 生产制造创新
    ├── 生产制造投入
    │   ├── 智能制造设备投入
    │   └── 智能制造人员投入
    └── 生产制造产出
        ├── 智能制造价值产出
        └── 智能制造利润产出
```

图 6-1　小微企业创新指数评价总体框架体系

1. 研究开发创新。小微企业是否长足发展主要取决于其自主研究开发能力。而创新研发投入和创新研发支出决定了研发创新的"黑箱",前者包括研发经费投入和研发人员投入;后者则涵盖科技活动支出、新产品销售占主营收入比和新增有效专利数等。

2. 生产制造创新。生产制造创新是基于先进材料、物理和生物科学的信息发掘运用,以及吸收利用信息自动化和传感网络技术的制造创新。

3. 商业模式创新。商业模式创新主要刻画企业价值的创造、传递和捕获的全过程。主要包括反映成本结构变化的资金成本和人力成本；体现收入结构变化的创新业务收入和投资收益率；揭示资产结构变化的资产周转率和现金比率。

4. 发展环境创新。发展环境是指在创新过程中，影响创新主体进行创新的各种外部因素的总和。衡量发展环境的指标主要包括企业发展环境（包括技术市场、产学研合作平台和企业创新文化氛围）和区域发展环境（人口中大专以上学历、人均 GDP、创新服务平台和创新扶持政策）等。

四、小微企业创新综合指数权重的确定

（一）层次分析法

匹兹堡大学教授萨蒂（T. L. Saaty）于 20 世纪 70 年代中期提出层次分析法 AHP（analytic hierarchy process，AHP）。层次分析法是一种定性和定量分析相结合的决策方法，是模仿人们对复杂决策问题的思维、判断过程进行构造的，这种方法将决策者的思维过程数量化，将复杂的问题分解为各个组成因素，再将这些因素按支配关系分成若干组，形成有序的递阶层次结构，通过两两比较的方式确定层次中诸因素相对重要性，建立递阶层次结构、构造两两比较矩阵、计算各要素的权重、计算当前一层元素关于总的目标的排序权重等步骤。在运用层次分析法进行权重计算的时候，首先要根据所研究的问题构建比较判断矩阵，并计算相应的特征向量；其次"归一化"特征向量计算相应的权重，得到排序向量；最后对向量排序的可信度进行一致性检验，构建两两判断矩阵 $A = (a_{ij})_{n \times n}$，采用表 6 – 2 的标准来确定 a_{ij}。

表 6 – 2　　　　　　　　　　　比例标度

$a_{ij} = 1$	表示 u_i 与 u_j 重量相同，或重要性相同
$a_{ij} = 3$	表示 u_i 比 u_j 稍重
$a_{ij} = 5$	表示 u_i 比 u_j 明显重
$a_{ij} = 7$	表示 u_i 比 u_j 强烈重
$a_{ij} = 9$	表示 u_i 比 u_j 极端重

数 2、4、6、8 则为上述判断的中值

对 n 个对象，依据表 6-2 中两两比较项目的重要性，可得到判断矩阵 $A = (a_{ij})_{n \times n}$，其中，$a_{ij}$ 应满足以下条件：

$$a_{ij} > 0, a_{ij} = \frac{1}{a_{ji}}, a_{ii} = 1$$

（二）单一准则下各元素的相对权重

根据专家调研给出的正互反矩阵，分别求取最大特征值，对与 λ_{max} 对应的特征向量进行归一化得排序相对权重向量，并且，在每个矩阵求 λ_{max} 后，都要进行一致性检验。相容性和误差分析的主要目的是避免在进行两两矩阵判断过程中出现极端情况。设相容性指标为 C.I.（consistency index），即有：

$$C.I. = \frac{\lambda_{max} - n}{n - 1}$$

查找相应的平均随机一致性指标 R.I.（random index），得出一致性比例，即：

$$C.R. = \frac{C.I.}{R.I.}$$

一般情况下，若 C.R.（consistency ratio）<0.1，就可以认为判断矩阵有相容性，据此计算的 ω 值可以接受。

通过专家咨询并运用层次分析法确定研究开发创新指数、生产制造创新指数、商业模式创新指数及发展环境创新指数的权重分别为 0.20、0.15、0.35、0.30。具体如表 6-3 所示。

表 6-3　　　　　　　　浙江小微企业创新综合指数构成

研究开发创新指数 0.20		生产制造创新指数 0.15		商业模式创新指数 0.35			发展环境创新指数 0.30	
创新研发投入	创新研发产出	生产制造投入	生产制造产出	成本结构	收入结构	资产结构	企业创新环境	区域创新环境

五、浙江省小微企业创新综合指数数据的收集及处理

小微企业创新综合指数的计算，主要依据浙江省 11 个市历年统计年

鉴及官方最新统计调查数据。企业生产制造创新指数和创新环境指数的原始数据分别基于浙江省小微企业培育监测平台的发展景气问卷调查数据；创新研发指数和商业模式创新指数的原始数据为小微企业财务状况监测数据。

数据的预处理，一方面尽量保证数据的完整性，避免缺失年份或地区数据；另一方面关注孤立数据和极端数据的影响。由于所收集的数据规模较大，在数据整理过程中，对所收集的数据进行了无量纲化、消除季节性因素以及剔除非常规数据等统计学处理。

根据前文所述，浙江省小微企业创新综合指数包含四个分类指标，由于四个分类的指标原始数据获取渠道的不同，造成四个分类指标数值量纲的不同，因此，在进行综合指数计算之前，对数据进行去量纲化，具体计算方法如下。

（1）对于正向指标指数所采用的计算公式为：

$$x'_i = \frac{x_i - \min(x_i)}{\max(x_i) - \min(x_i)}(i = 1, \cdots, 11)$$

（2）对于负向指标指数所采用的计算公式为：

$$x'_i = \frac{\max(x_i) - x_i}{\max(x_i) - \min(x_i)}(i = 1, \cdots, 11)$$

本书采用合成指数的评价方法对浙江省小微企业的创新状况进行综合测评。即：首先分别对研究开发、生产制造、商业模式以及发展环境四个分类指数进行测评，其次基于指数权重法对四个分类指数进行合成，计算得到综合创新指数。2017年浙江省小微企业创新综合指数由上述四个分类指数按照相关权重，采用线性加权的方法计算得出，本书所采用的计算公式如下。

$$K = W \times B = \sum_{i=1}^{n}(W_i \times B_i)(i = 1, \cdots, 4)$$

其中，K为综合指标的计算值；B为四个分类指标的计算值；W为四个分类指标对应的权重。在权重固定的情况下，我们制定的正向指标评价标准是：分类指标计算值越大，则综合创新指数值越高，说明该企业的创新研究越强。

六、浙江省小微企业创新综合指数调查数据的项目分析与信度检验

(一) 调查数据的项目分析

项目分析主要是以量表题目中的每一个题目为对象,逐步分析其可用程度,信度和效度是测试的两个主要的特征,对采用李克特量表的分析常用"描述性统计量检验法""同质性检验法""极端组检验法",在运用这些方法之前,对量表中的反向问题进行处理。

对调研问卷作独立样本 T 检验分析,如表 6-4 所示。

表 6-4　　　　　　　　独立样本检验

			方差方程的 Levene 检验		均值方程的 t 检验					
			F	Sig.	t	Sig. (双侧)	均值差值	标准误差值	95%置信区间 下限	上限
商业模式测度指标	资金成本	方差相等	4.984	0.027	-6.145	0	-1.074	0.175	-1.420	-0.728
		方差不相等			-6.188	0	-1.074	0.174	-1.418	-0.730
	人力成本	方差相等	0.260	0.611	-7.499	0	-0.819	0.109	-1.035	-0.603
		方差不相等			-7.448	0	-0.819	0.110	-1.037	-0.601
	创新业务收益	方差相等	0.280	0.598	-7.85	0	-0.975	0.124	-1.221	-0.729
		方差不相等			-7.867	0	-0.975	0.124	-1.220	-0.729
	投资收益利润率	方差相等	2.722	0.102	-5.108	0	-0.654	0.128	-0.908	-0.401
		方差不相等			-5.109	0	-0.654	0.128	-0.907	-0.401
	资产负债率	方差相等	0.323	0.571	-5.666	0	-0.725	0.128	-0.978	-0.472
		方差不相等			-5.658	0	-0.725	0.128	-0.979	-0.471
	速动比率	方差相等	0.048	0.827	-8.284	0	-0.921	0.111	-1.141	-0.701
		方差不相等			-8.267	0	-0.921	0.111	-1.141	-0.700
智造能力测度指标	公司应用的相关设备或技术	方差相等	0.572	0.451	-9.575	0	-1.438	0.150	-1.736	-1.141
		方差不相等			-9.577	0	-1.438	0.150	-1.736	-1.141
	公司目前应用的信息化项目	方差相等	0.267	0.606	-8.448	0	-1.509	0.179	-1.862	-1.155
		方差不相等			-8.418	0	-1.509	0.179	-1.864	-1.154

续表

			方差方程的 Levene 检验		均值方程的 t 检验					
			F	Sig.	t	Sig.（双侧）	均值差值	标准误差值	95% 置信区间	
									下限	上限
智造能力测度指标	智能化员工投入	方差相等	0.586	0.445	-6.711	0	-1.260	0.188	-1.632	-0.888
		方差不相等			-6.707	0	-1.260	0.188	-1.632	-0.888
	智能制造产出利润对比	方差相等	0.294	0.589	-8.591	0	-1.418	0.165	-1.745	-1.091
		方差不相等			-8.602	0	-1.418	0.165	-1.744	-1.091
	智能制造价值体现	方差相等	5.217	0.024	-4.721	0	-0.626	0.133	-0.889	-0.364
		方差不相等			-4.742	0	-0.626	0.132	-0.888	-0.365
研发投入测度指标	企业研发人员数	方差相等	8.158	0.005	-9.365	0	-0.994	0.106	-1.205	-0.784
		方差不相等			-9.467	0	-0.994	0.105	-1.202	-0.786
	研发经费投入	方差相等	0.004	0.948	-6.032	0	-0.759	0.126	-1.008	-0.510
		方差不相等			-6.055	0	-0.759	0.125	-1.007	-0.511
	科技活动支出	方差相等	1.056	0.306	-6.543	0	-0.858	0.131	-1.118	-0.599
		方差不相等			-6.521	0	-0.858	0.132	-1.119	-0.598
	新产品销售收入占比	方差相等	0.013	0.910	-8.330	0	-1.012	0.121	-1.253	-0.772
		方差不相等			-8.325	0	-1.012	0.122	-1.253	-0.771
	新增有效专利数	方差相等	7.877	0.006	-9.465	0	-1.073	0.113	-1.297	-0.848
		方差不相等			-9.562	0	-1.073	0.112	-1.295	-0.850
创新环境测度指标	创新发展总体环境	方差相等	10.615	0.001	-7.801	0	-1.075	0.138	-1.348	-0.802
		方差不相等			-7.875	0	-1.075	0.137	-1.345	-0.805
	当地技术市场	方差相等	0.866	0.354	-7.540	0	-1.065	0.141	-1.345	-0.786
		方差不相等			-7.548	0	-1.065	0.141	-1.345	-0.786
	产学研合作平台	方差相等	0.019	0.889	-5.844	0	-0.926	0.158	-1.239	-0.612
		方差不相等			-5.836	0	-0.926	0.159	-1.240	-0.612
	创新人才培养	方差相等	5.997	0.016	-8.906	0	-1.276	0.143	-1.560	-0.992
		方差不相等			-8.959	0	-1.276	0.142	-1.558	-0.994
	创新文化氛围	方差相等	0.013	0.910	-7.996	0	-1.040	0.130	-1.297	-0.782
		方差不相等			-7.979	0	-1.040	0.130	-1.298	-0.782

续表

			方差方程的 Levene 检验		均值方程的 t 检验					
			F	Sig.	t	Sig.(双侧)	均值差值	标准误差值	95% 置信区间	
									下限	上限
创新环境测度指标	创新服务平台	方差相等	1.802	0.182	-6.720	0	-0.896	0.133	-1.161	-0.632
		方差不相等			-6.729	0	-0.896	0.133	-1.160	-0.633
	创新扶持政策	方差相等	0.577	0.449	-5.843	0	-0.802	0.137	-1.074	-0.530
		方差不相等			-5.834	0	-0.802	0.138	-1.075	-0.530
	区域 GDP	方差相等	6.777	0.010	-4.215	0	-0.589	0.140	-0.866	-0.313
		方差不相等			-4.234	0	-0.589	0.139	-0.865	-0.314

注：表中仅给出三级指标独立样本 T 检验。

同质性检验法主要是运用题目之间的相关系数进行分析，一般认为题目所测的特征的属性应该近似，所以题目之间应该有较高的相关度。根据研究，题目与总量表之间的相关系数最好在 0.3 以上，并且要达到统计的显著性水平。

通过将数据分为两组，运用独立样本 T 检验，测度决断值又称临界比，该决断值的统计意义是：其伴随概率是否大于 0.05，如果伴随概率 P 大于 0.05，则认为该条目需要剔除。通过计算所有量表的得分，并计算得分数据的高低临界值（排序的 27%），得到低分临界值为 127，高分临界值为 138，对高低分组数据进行独立样本 T 检验发现所有的数据均通过检验。只有量表及收集的数据资料有效，才能够进行后续的分析。

（二）调查数据的信度检验

信度是指经过多次的测度后所得结果的一致性或者稳定性，检查误差的多少，从而达到反映真实数量的一种指标。常用的信度检验方法是 Cronbach α 系数和折半信度。

Cronbach α 系数广泛应用于社会科学研究，主要用于检验量表的信度，该系数能够克服折半法在测度量表信度上的不足，该方法判断量表信度的基本方法是，如果项目在反映相同的特质时，各项目之间应该存在真实的相关，否则，项目不属于该尺度则应将之剔除。Cronbach α 信度系数计算公式为：

$$\alpha = \frac{k}{k-1}\left(1 - \frac{\sum Si^2}{Sx^2}\right)$$

其中，k 为量表中题项的总数；Si^2 为第 i 题得分的题内方差；Sx^2 为全部题项总得分的方差。从公式中可以看出，α 系数评价的是量表中各题项得分间的一致性。通常情况下，Cronbach α 系数在 0.7 以上说明该项目的信度是可以接受的。因此，本书对研究项目的信度分析如表 6-5 至表 6-8 所示。

表 6-5　　　　　　　　　　商业模式信度系数

观测变量	项已删除的刻度均值	项已删除的刻度方差	校正的项总计相关性	项已删除的 Cronbach's Alpha 值
资金成本	18.62	7.483	0.458	0.807
人力成本	18.44	8.317	0.635	0.752
创新业务收益	18.66	7.870	0.633	0.748
投资收益利润率	18.51	8.446	0.548	0.769
资产负债率	18.48	8.457	0.497	0.779
速动比率	18.47	8.079	0.638	0.749

商业模式信度系数中 6 个题目的内部一致性 Cronbach's Alpha 值为 0.798，内部的题目删除后，其一致性 α 系数除"资金成本"略有增大外，其余 α 系数都有所降低，说明其内部具有不错信度的题目，6 个题目都保留。

表 6-6　　　　　　　　　　生产制造信度系数

观测变量	项已删除的刻度均值	项已删除的刻度方差	校正的项总计相关性	项已删除的 Cronbach's Alpha 值
公司应用的相关设备或技术	16.15	12.847	0.534	0.752
公司目前应用的信息化项目	16.63	11.139	0.698	0.707
智能化员工投入	16.33	11.662	0.610	0.733
智能制造产出利润对比	16.48	11.874	0.627	0.728
智能制造价值体现	15.98	15.091	0.373	0.786

智能制造信度系数中 5 个题目的内部一致性 Cronbach's Alpha 值为 0.785，内部的题目删除后，其一致性 α 系数除"智能制造价值体现"略有增大外，其余 α 系数都有所降低，说明其内部具有不错信度的题目，5 个题目都保留。

表 6-7　　　　　　　　　研究开发信度系数

观测变量	项已删除的刻度均值	项已删除的刻度方差	校正的项总计相关性	项已删除的Cronbach's Alpha 值
企业研发人员数	15.96	6.758	0.669	0.830
研发经费投入	15.97	6.605	0.710	0.820
科技活动支出	16.19	6.397	0.684	0.826
新产品销售收入占主营业务收入比例	16.10	6.607	0.643	0.837
新增有效专利数	15.96	6.610	0.667	0.831

研究开发信度系数中 5 个题目的内部一致性 Cronbach's Alpha 值为 0.885，内部的题目删除后，其一致性 α 系数都有所降低，说明其内部具有不错信度的题目，5 个题目都保留。

表 6-8　　　　　　　　　创新环境信度系数

观测变量	项已删除的刻度均值	项已删除的刻度方差	校正的项总计相关性	项已删除的Cronbach's Alpha 值
创新发展总体环境	32.10	23.007	0.486	0.810
当地技术市场	32.20	22.038	0.630	0.795
产学研合作平台	32.07	22.144	0.548	0.804
创新人才培养	32.26	21.474	0.609	0.797
创新文化氛围	31.60	23.031	0.533	0.806
创新服务平台	31.81	23.425	0.491	0.810
创新扶持政策	31.69	22.982	0.566	0.803
区域 GDP	31.71	24.150	0.414	0.817

创新环境信度系数中 10 个题目的内部一致性 Cronbach's Alpha 值为 0.824，内部的题目删除后，其一致性 α 系数除"当地企业专利与知识产权保护情况"略有增大外，其余 α 系数都有所降低，说明其内部具有不错信度的题目，10 个题目都保留。

整个量表的内部一致性 Cronbach's Alpha 系数为 0.921，删除内部的题目后，项已删除的 Cronbach's Alpha 值较 0.928 都有所降低，说明整个量表的题目都有较好的信度，可以开展后续的分析。整体信度系数如表 6-9 所示。

表 6-9　　　　　　　　　　量表整体信度系数

观测变量	项已删除的刻度均值	项已删除的刻度方差	校正的项总计相关性	项已删除的Cronbach's Alpha 值
SYMS1	128.39	250.845	0.422	0.919
SYMS2	128.22	253.736	0.554	0.918
SYMS3	128.44	251.470	0.568	0.918
SYMS4	128.28	257.073	0.369	0.920
SYMS5	128.26	255.814	0.397	0.919
SYMS6	128.24	252.506	0.566	0.918
ZNZZ1	128.63	246.966	0.563	0.917
ZNZZ2	129.11	245.594	0.533	0.918
ZNZZ3	128.81	247.422	0.477	0.919
ZNZZ4	128.96	246.964	0.521	0.918
ZNZZ5	128.47	256.262	0.389	0.919
YJKF1	127.93	251.806	0.570	0.918
YJKF2	127.93	255.858	0.395	0.919
YJKF3	128.16	254.249	0.420	0.919
YJKF4	128.07	253.504	0.459	0.919
YJKF5	127.93	251.075	0.571	0.918
CXHJ1	128.67	252.119	0.466	0.919
CXHJ2	128.77	250.154	0.550	0.918
CXHJ3	128.64	252.964	0.403	0.919
CXHJ4	128.83	249.171	0.517	0.918
CXHJ5	128.16	251.213	0.541	0.918
CXHJ6	128.38	252.053	0.518	0.918
CXHJ7	128.26	252.923	0.493	0.918
CXHJ8	128.28	255.265	0.407	0.919
CXHJ9	128.32	254.458	0.425	0.919
CXHJ10	128.37	257.023	0.336	0.920

注：表中仅给出三级指标体系的信度系数。

七、浙江省小微企业创新综合指数的测评结果

2017年浙江小微企业综合创新指数计算和省内区域排名结果如表6-10和图6-2所示。浙江省11个市的小微企业综合创新指数表现出较明显的梯队层次,并与省内经济发展的空间布局紧密关联。杭州市和宁波市两个地区的小微企业综合创新指数较高,绍兴市和嘉兴市紧随其后,受区域经济发展的影响,舟山市和丽水市排名靠后,浙江全省小微企业综合创新指数平均值为69.67,从整体来看,浙江省2017年小微企业综合创新能力处于较好的水平。

表6-10　　　　2017年浙江小微企业综合创新指数排名

地区	综合创新指数	排名
杭州市	91.96	1
宁波市	88.88	2
绍兴市	71.92	3
嘉兴市	70.67	4
温州市	69.98	5
湖州市	69.87	6
金华市	66.90	7
台州市	62.17	8
衢州市	60.25	9
舟山市	57.05	10
舟山市	56.67	11
全省	68.83	

总的来说,杭州市和宁波市作为浙江省两大经济中心在创新领域有着较好的基础,企业的创新研发水平较高,创新环境较好,排名相对靠前。相对而言,舟山市、金华市和丽水市受其经济发展水平的制约,小微企业在创新研发、商业模式创新、创新环境和智能制造方面相对于杭州市和宁波市存在较大的差距。

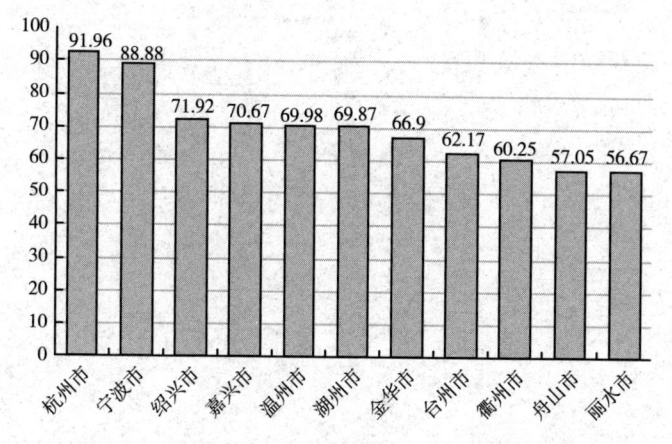

图 6-2　2017 年浙江省小微企业综合创新指数柱状

第三节　浙江省小微企业创新综合指数分析

一、小微企业创新综合指数及趋势分析

2017 年浙江省 11 个市小微企业综合创新指数存在明显的地区差异，图 6-3、图 6-4 中可以看出，全省 11 个市小微企业综合创新指数可以划分为四个梯队，指数平均值（69.67）以上有两个梯队（第一梯队和第二梯队），指数平均值以下有两个梯队（第三梯队和第四梯队）。

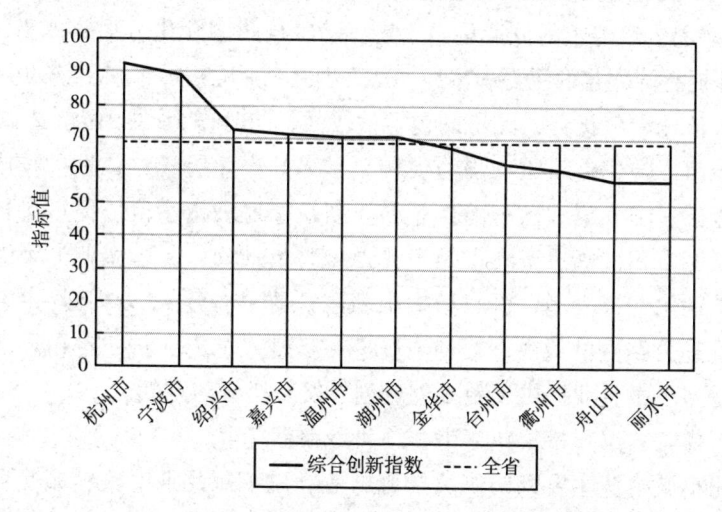

图 6-3　2017 年浙江小微企业创新综合指数折线

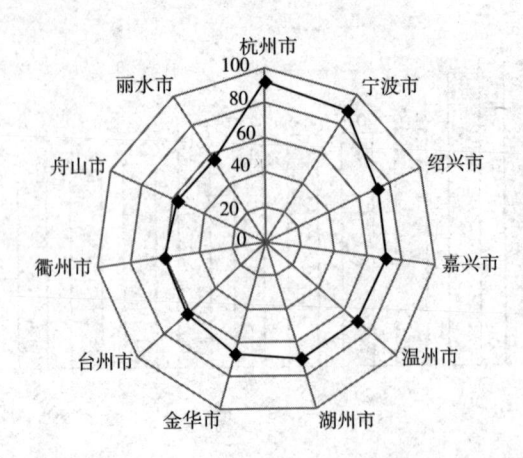

图 6-4 2017 年浙江小微企业创新综合指数雷达

第一梯队：杭州、宁波。

杭州和宁波的小微企业创新综合指数远高于其他地市。其中，杭州作为省会城市，拥有较好的创新人才、创新政策和创新资源。阿里巴巴、网易等大型企业的溢出效应，提高了小微企业的技术水平、知识水平和管理水平。浙江大学等一大批高校为企业提供了高质量的人才。这些都为杭州小微企业的发展打下了良好的基础。杭州市政府成立了创业陪跑扶持基金会和杭州大众创业生态联盟，为创业者们提供创业全要素服务，先后打造"创业社交平台""科技创新公共服务平台"等降低了小微企业创业创新成本，实施创业担保贷款启动新的政策，对认定的企业开展创新给予贴息，为小微企业创新创业注入了"催化剂"，构建起杭州特色的创业创新生态。随着杭州国际化水平的提高，越来越多的企业拥有国际化的视野和格局，这为小微企业的发展带来了新的机遇。

宁波依托港口优势，经济的包容性较强，同时作为"中国制造 2025"试点示范城市，强化创新驱动强力促转型，提升产业层级，首批科技成果转移转化示范区、国家第二批小微企业创业创新基地城市示范、促进科技和金融结合试点城市相继落户宁波市，宁波强化改革推动、完善企业分类综合评价和要素差别化配置机制，国家级梅山新区开放平台建设，"两环十射四连四疏港"高速公路网的构建，帮助宁波进一步融入上海、杭州都市圈的城际协同发展，为小微企业提供了更多创业创新发展机会与空间。

第二梯队：温州市、绍兴市、湖州市和嘉兴市。

温州小微企业主要以纺织服装服饰业、皮革制品业、塑料制品业、化学原料和化学制品业为主，集群优势特征明显、规模庞大、市场网络发达，龙头企业带动性较强。尽管在2016年受本地房地产市场过热影响，制造业资金外流，实体经济出现下滑，但在2017年，温州狠抓实体振兴，创建省"千人计划"产业园，实施"瓯越工匠"三年行动计划，推进小微园建设新三年行动计划，开展"十百千"助企服务活动，促进惠企政策落地见效，所以温州小微企业发展出现了回升。

绍兴市近年来积极实行产业转型升级，大力降低产业能耗，充分利用杭州和宁波的创新辐射作用，出台相关创新扶持政策，新兴产业投资保持良好态势，2016年4月，绍兴政府制定出台了《关于进一步降低企业成本推进实体经济健康发展的若干意见》，俗称"绍兴减负25条"，仅半年就为企业减负45.63亿元。通过抓环保倒逼小微企业转型升级，通过降低成本来帮助小微企业转型升级，绍兴政府打了一套漂亮的"组合拳"。绍兴市将大力发展信息经济、先进装备、生命健康等战略性新兴产业，同时全面提升高端纺织、绿色化工材料、金属制造等传统优势产业，这为小微企业的发展指明了方向。

湖州市产业特色明显，南浔实木地板、安吉椅业、长兴蓄电池等规模总量不断扩张，产业集聚化趋势明显，但小微企业区域经济发展不平衡，行业增加值两极分化趋势明显。2017年湖州市深化体制创新，不断提高南太湖产业集聚区等各类产业平台的集聚化、差异化和特色化；全面建设湖州科技城，加快推进莫干山国家级高新区建设；深度融入"一带一路"倡议，加快湖州铁公水综合物流园建设，发展河海联运。但是，高耗能产业占比仍然较高，转型升级压力巨大。

嘉兴市利用区位优势承接上海的高新技术产业较多，淘汰落后的产能和企业，区域创新能力显著增强，2016年6月，嘉兴市出台了《关于进一步降低企业成本优化发展环境的实施意见》，一揽子举措涉及制度性交易、企业税费、用工、财务、要素、物流等六大方面，全年为企业减免税费333亿元。2017年初嘉兴政府出台了《建设具有长三角影响力的科技企业孵化之城三年行动方案》，力图经过三年努力，打造具有嘉兴特色的以"政、产、学、研、金、介、用"七位一体为核心的孵化模式。这为嘉兴小微企业的创新发展提供了重大利好。

第三梯队：衢州市、台州市。

衢州是浙江省主要的建材、化工、装备制造、特种纸等产业基地，其工业经济偏向重工业，对资源有较大的依赖性，且能耗较高，行业结构相对单薄，小微企业产业集聚度不高，抵御市场风险的能力低。2017年，衢州市推进"互联网+""金融+""科技+"，促进提高传统产业核心竞争力，主动融入"杭州都市圈",加速衢杭同城化、一体化进程,同时依托城镇集聚发展,加快建设特色小镇。

台州是小微企业发展较快的城市之一,产业聚集程度高,已形成汽摩及配件、缝制设备、医药化工、家用电器、塑料磨具等主导行业,各产业集群间关联性较强,形成互相支持、互相促进的局面。但传统产业占比较高,且多为劳动密集型产业,容易受要素资源的限制。2016年台州市小微企业金融服务改革创新试验区实施方案正式发布,小微企业金融服务创新举措陆续展开,并且台州市加快推进小微企业园建设的目标任务和工作重点,推动全市小微企业园发展再上新台阶。这些优惠措施为台州小微企业未来创新发展提供了良好的保障。

第四梯队:金华市、舟山市和丽水市。

金华拥有全球最大的小商品市场——义乌,实施"前店后厂,贸工联动"的发展模式,使制造业企业蓬勃发展,并且逐步形成以义乌为中心的小商品产业集群。但传统市场经营模式压力增大,纺织业、专业设备制造业、橡胶和塑料制品业等几个行业产销率一直呈负增长状态。2017年,金华市聚力推动"义新欧""义甬舟""金满俄"等国际物流运输大通道,金华、上海、宁波、舟山口岸间的集装箱海铁联运通道建设,不断拓展国际货代业务;义乌打造国际贸易平台、创新设计平台、城市功能平台、陆港平台、产业发展平台等五大平台,支撑"义甬舟"项目100多个。这些为小微企业下一步创新发展提供了基础。

舟山小微企业主要集中在水产品加工业、船舶制造业和化学制品制造业。近年来,水产品国际贸易逐步市场化,全球航运市场低迷,舟山小微企业需要转型升级。随着"义甬舟"开放大通道的加快建设,自由贸易试验区的挂牌,舟山市结合群岛新区和江海联运中心等国家战略建设,积极融入"一带一路"和长江经济带,舟山的小微企业未来会有较大的创新发展空间。

丽水市具有特色的产业集群,如木玩、青瓷、宝剑、石雕等,区域性明显,但产品缺乏创新性、技术含量较低、同质化问题以及快速模仿现象严重等,小微企业面对转型升级的压力。目前,丽水打造对接多层次资本市场的"丽水板块",推进产业技术创新,深入实施科技型小微企业双倍增计划,这些措施有利于小微企业的转型升级发展。

二、小微企业创新综合指数的数学分析

综合评判是对受到多个因素制约的事物或对象作出一个总的评价,由于

从多方面对事物进行评价难免带有模糊性和主观性，采用模糊数学的方法进行综合评判将使结果尽量客观，从而取得更好的实际效果。

（一）模糊集及其运算

论域是指一定的范围内的对象全体构成的集合为 U，如果 U 是论域，则 U 的所有自己组成的集合为 U 的幂集，记作 F(U)，在此，总是假设问题的论域是非空的。对于论域 U 的每一个元素 $x \in U$ 和某一个子集 $A \in U$，有 $x \in A$，或 $x \notin A$，二者有且仅有一个成立。于是，对于子集 A 定义映射：

$$\mu_A: U \to \{0,1\},$$

即：

$$\mu_A(x) = \begin{cases} 1, & x \in A, \\ 0, & x \notin A, \end{cases}$$

称为集合 A 的特征函数，集合 A 可以由特征函数唯一确定。

模糊集 A 是指，对任意 $x \in U$，以某个程度 $\mu_A (\mu_A \in [0, 1])$ 属于 A，而不能用 $x \in A$ 或 $x \notin A$ 描述。若将普通集的特征函数的概念推广到模糊上，即得到模糊集的隶属函数。则设 U 是一个论域，如果给定了一个映射 $\mu_A: U \to [0, 1] x \mapsto \mu_A(x) \in [0, 1]$，则确定了一个模糊集 A，其映射 μ_A 称为模糊集 A 的隶属函数，μ_A 称为 x 对模糊集 A 的隶属度。

当论域 $U = \{x_1, x_2, \cdots, x_n\}$ 为有限集时，若 A 是 U 上的任一个模糊集，其隶属度为 $\mu_A(x_i)$（$i = 1, 2, \cdots, n$），通常有如下三种表示方法。

1. Zadeh 表示法，即：

$$A = \sum_{i=1}^{n} \frac{\mu_A(x_i)}{x_i} = \frac{\mu_A(x_1)}{x_1} + \frac{\mu_A(x_2)}{x_2} + \cdots + \frac{\mu_A(x_n)}{x_n}$$

其中，"$\frac{\mu_A(x_i)}{x_i}$" 不是分数，"+" 也不表示求和，只是符号，它表示点 x_i 对模糊集 A 得分隶属度是 $\mu_A(x_i)$。在论域 U 中，$\mu_A(x_i) > 0$ 的元素集合为 A 的合集，又称为模糊集合 A 的支集。

2. 序偶表示法。将论域中的元素 x_i 与其隶属度 $\mu_A(x_i)$ 构成序偶来表示 A，即：

$$A = \{(x_1, \mu_A(x_1)), (x_2, \mu_A(x_2)), \cdots, (x_n, \mu_A(x_n))\}$$

此种表示方法隶属度为 0 的项可不写入。

3. 向量表示法，即：

$$A = (\mu_A(x_1), \mu_A(x_2), \cdots, \mu_A(x_n))$$

在向量表示法中，隶属度为 0 的项不能省略。

模糊集与普通集有相同的运算和相应的运算规律。

设模糊集 $A, B \in F(U)$，其隶属函数为 $\mu_A(x)$，$\mu_B(x)$。

(1) 若对任意 $x \in U$，有 $\mu_B(x) \leq \mu_A(x)$，则称 A 包含 B，记 $B \subseteq A$；

(2) 若 $B \subseteq A$，且 $A \subseteq B$，则称 A 与 B 相等，记为 $A = B$。

设模糊集 $A, B \in F(U)$，其隶属函数为 $\mu_A(x)$，$\mu_B(x)$，则称 $A \cup B$ 和 $A \cap B$ 为 A 与 B 的并集和交集，称 A^C 为 A 的补集或余集。它们的隶属函数分别为：

$$\mu_{A \cup B}(x) = \mu_A(x) \vee \mu_B(x) = \max(\mu_A(x), \mu_B(x))$$

$$\mu_{A \cap B}(x) = \mu_A(x) \wedge \mu_B(x) = \max(\mu_A(x), \mu_B(x))$$

$$\mu_{A^C}(x) = 1 - \mu_A(x)$$

其中，"$\vee$""$\wedge$"分别表示取大运算和取小运算，称其为 Zadeh 算子。并且，并和交运算可以直接推广到任意有限的情况，同时也满足普通集的交换律、结合律、分配率等运算。

（二）模糊综合评价

模糊综合评价通常包括以下三个方面。设与被评价事物相关因素有 n 个，记为 $U = \{u_1, u_2, \cdots, u_n\}$，称为因素集。如果所有可能出现的评价有 m 个，记为 $V = \{v_1, v_2, \cdots, v_m\}$，称为评判集。由于各种因素所处地位不同，作用也不一样，通常考虑用权重来衡量，记为 $A = \{a_1, a_2, \cdots, a_n\}$。

1. 评判步骤。进行模糊综合评价通常按以下步骤进行：

(1) 确定因素集 $U = \{u_1, u_2, \cdots, u_n\}$；

(2) 确定评判集 $v = \{V_1, v_2, \cdots, v_m\}$；

(3) 进行单因素评判得 $r_i = \{v_{i1}, v_{i2}, \cdots, v_{im}\}$；

(4) 构造综合评判矩阵：

$$R = \begin{bmatrix} r_{11} & r_{12} & \cdots & r_{1m} \\ r_{21} & r_{22} & \cdots & r_{2m} \\ \vdots & \vdots & & \vdots \\ r_{n1} & r_{n2} & \cdots & r_{nm} \end{bmatrix}$$

(5) 综合评判：对于权重 A = {a_1, a_2, …, a_n}，计算 B = A。R，并根据最大隶属度原则作出评判。

2. 算子"。"的定义。在进行综合评判时，根据算子"。"的不同定义，可以得到不同的模型。

模型 I：主因素决定性。

运算法则为 $b_j = \max\{(a_i \wedge r_{ij}), i = 1, 2, \cdots, n\}$ ($j = 1, 2, \cdots, m$)。该模型评判结果只取决于在总评判中起主要作用的那个因素，其余因素均不影响评判结果。比较适用于单项评判最优就能认为综合评判最优的情形。

模型 II：主因素突出型。

运算法则为 $b_j = \max\{(a_i \cdot r_{ij}), i = 1, 2, \cdots, n\}$ ($j = 1, 2, \cdots, m$)。该模型与模型 I 比较相近。但比模型 I 精细些，不仅突出了主要因素，也兼顾了其他因素，比较适用于模型 I 失效，即不可区别而需要加细时的情形。

模型 III：加权平均型。

运算法则为 $b_j = \sum_{i=1}^{n} a_i \cdot r_{ij}$ ($j = 1, 2, \cdots, m$)。该模型依权重大小对所有因素均衡兼顾，比较适用于要求总和最大的情形。

模型 IV：取小上界和型。

运算法则为 $b_j = \min\left\{1, \sum_{i=1}^{n}(a_i \wedge r_{ij})\right\}$ ($j = 1, 2, \cdots, m$)。使用该模型时，需要注意的是，各个 a_i 不能取得偏大，否则可能出现 b_j 均等于 1 的情形；各个 a_i 不能取得太小，否则可能出现 b_j 均等于各个 a_i 之和的情形，这将使单因素评判的有关信息丢失。

模型 V：均衡平均型。

运算法则为 $b_j = \sum_{i=1}^{n}\left(a_i \wedge \frac{r_{ij}}{r_0}\right)$ ($j = 1, 2, \cdots, m$)，其中，$r_0 = \sum_{k=1}^{n} r_{kj}$。该模型适用于综合评判矩阵 R 中的元素偏大或偏小时的情形。

本书采用模糊数学综合评判法，根据模糊评判的基本原理，分别构建评判对象因素集 U = {u_1, u_2, …, u_n}，评判集 U = {v_1, v_2, …, v_m}，建立单因素评判矩阵，并进行综合评判。

我们根据综合创新指数的四个分类指数的具体得分，对数据进行分组，并作数据的归一化，数据处理的结果如表 6-11 所示。

表6-11　　　　　　　　　分类指数分组及归一化

	60分以下（较差）	60~70分（一般）	70~80分（中等）	80~90分（良好）	90分以上（优秀）
商业模式创新指数	0.18	0.18	0.36	0.18	0.09
发展环境创新指数	0.18	0.18	0.18	0.18	0.27
研究开发创新指数	0.18	0.00	0.09	0.45	0.27
生产制造创新指数	0.18	0.18	0.00	0.36	0.27

四个分类指数的权重依然采用表6-12的权重。运用模糊综合评价法，计算出来的最终评判矩阵结果如表6-12所示。

表6-12　　　　　　　2017年浙江省创新指数综合评判结论

较差	一般	中等	良好	优秀
0.1552	0.1552	0.1552	0.3017	0.2328

从评判结论可以看出，2017年浙江省小微企业创新指数综合评判得分最大值为0.3017，处于80~90分的为良好等级。总体来看，浙江省各地市小微企业创新综合发展指数表现出比较明显的"橄榄"型结构，其中，杭州和宁波两个城市的创新综合发展指数较为接近，并大幅领先于其他地区，说明这两个城市在各自的优势领域中表现的比较突出，从这两个城市的分类指标来看，杭州市在"创新环境""创新研发"排名全省第一，而宁波市则是在"智能制造"排名全省第一；丽水和衢州市在综合创新指数的四个分类指标中排名靠后。总的来说，浙江多数地市企业创新综合发展水平的差异性不大，但总体还有待进一步提升。

第四节　浙江省小微企业创新能力问题与建议

一、浙江省小微企业创新指数研究发现

（一）浙江省小微企业创新发展新动能不断增强

浙江在全国较早树立起"创新发展"理念，较早提出并实施"创新强省"战略。目前，在浙江省小微企业中，无论是企业高管还是普通员工，无论是公司的发展规划还是当前的实际行动，对于创新驱动发展的认识是肯定的，由于主客观的因素也正推动着浙江省小微企业创新发展新动能的增强。一方面，国家和浙江省政府出台了系列激励小微企业创新创业的举措；另一方面，目前国内外经济发展形势也倒逼小微企业只能走创新驱动发展之路。省内"大众创新，万众创业"势头良好、方兴未艾。科技型、创新型、成长型小微企业群体不断壮大。2016 年，新认定的科技型中小微企业 7654 家，累计 31584 家。新认定高新技术企业 2595 家，累计 9474 家。新认定首批高成长科技型小微企业 1431 家。杭州和宁波两市作为浙江省两个经济大市在创新领域有着较好基础，小微企业的创新环境较好，以明显的综合优势排名全省前两位。相对而言，舟山市和丽水市受其区域经济发展水平的制约，小微企业在研究开发创新、生产制造创新、商业模式创新和发展环境创新等方面存在较大差距，排名靠后。具体如图 6-5 和表 6-6 所示。

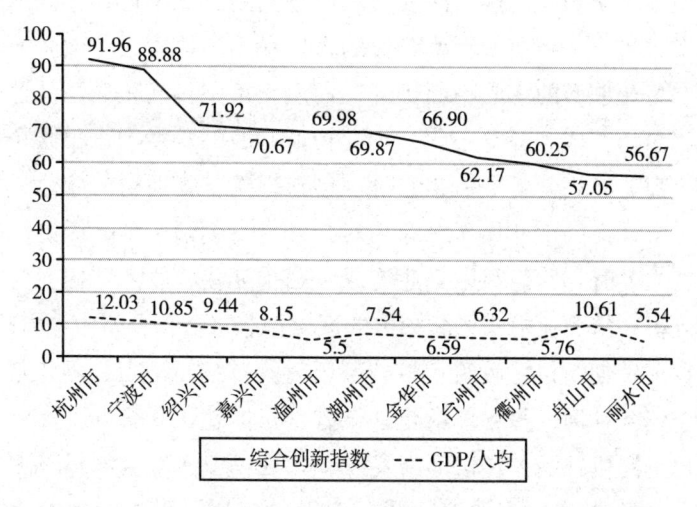

图 6-5 2017 年浙江省小微企业创新综合指数与 GDP 关联

第一层次为省内排名前两位的宁波市和杭州市，综合指数都在 80 分以上；第二层次是绍兴市、温州市、湖州市和嘉兴市。综合创新指数在全省平均（68.83）以上；第三层是主要有金华、衢州市和台州市，综合创新指数在 60 分以上，但低于全省平均（68.83）；第四层次主要有舟山市和丽水市，综合创新指数在 60 分以下。

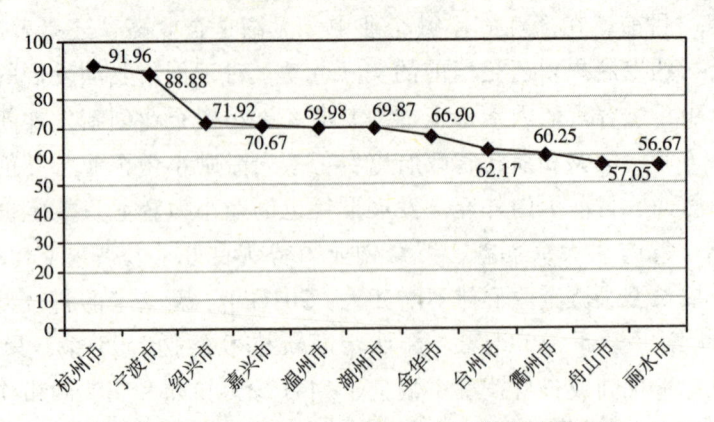

图 6-6　2017 年浙江省小微企业创新综合指数趋势

从分类指数的角度来看，权重占比较大的生产制造创新指数和研究开发创新指数在区域排名上，经济发达的杭州市和宁波市排在前列，而区域经济相对滞后的丽水、舟山和衢州则排名靠后。从创新环境分类指数的区域排名来看，舟山市和衢州市的排名向前移动，特别是舟山市近几年国家自贸区政策逐步落实，舟山市吸引创新型企业的环境在不断改善，小微企业创新能力不断加强，企业创新的意愿不断提升，而温州市则排名垫底，从这个角度来说，近几年温州实体经济空心化，产业转型升级的难度大，小微企业创新的动力不足。商业模式创新是指企业价值创造提供基本逻辑的变化，即把新的商业模式引入社会的生产体系，并为客户和自身创造价值，因此，在测度商业模式创新之处时，我们利用企业的成本结构变化、收入结构变化和资产结构变化来分析，从商业模式创新指数的区域排名来看，台州市全省排名第一，台州市出台多项创新扶持政策，科技部门对科技创新平台、孵化基地、众创空间等给予资金补助，税务部门建立全省首家国地税联合办税厅，人社部门发放企业稳定岗位补贴，经信部门发放"大众创业、万众创新"服务券，助力中小企业创新发展。宁波市、绍兴市紧跟其后，嘉兴、舟山、丽水排名靠后。

(二) 浙江省小微企业创新"两翼齐飞"格局初现

浙江省小微企业创新综合指数进行标准化处理后，从计算结果可以看出，指数的最大值为 91.96，指数的最小值为 56.67，全省均值为 68.83，标准差为 11.63。综合指数的差异说明省内区域创新表现出较为明显的单极性。具体如图6-7所示。

图6-7 2017年浙江省小微企业创新综合指数示意图

创新分类指数同样存在着区域上比较明显的差距，这四个分类指数中，差距最明显的是企业的生产制造创新指数，从指数的得分来看，排名靠前的宁波市和排名靠后的衢州市，两者的指数相差一倍多。

（三）浙江省各类创新服务综合体正在形成

创新平台对小微企业创新能力的帮助和提升作用得到了广泛的实践证明，因此，在全省的创新实践中，各个地区逐渐出现了不同类型的创新综合体，有些是以当地龙头企业为中心，形成价值链的整合，如义乌出现的以"新光饰品"企业为核心的创新综合体。还有些地区是以产业为龙头形成的创新综合体，如绍兴的纺织产业创新服务综合体。正是全省各地区涌现了一批创新综合体，为加快推进浙江省产业创新服务综合体建设，2017年8月浙江省科技厅制定了《浙江省产业创新服务综合体建设行动计划（2017-2020年）》。2017年全省新增省级增科技企业孵化器23家，累计131家；新增省级众创空间141家，累计368家。

（四）浙江省小微企业创新能力逐渐提升，创新区域发展不平衡

浙江全省小微企业专利授权量总数呈现稳步增长态势，2014年为127743件，2016年上升为151497件，增加了19%。杭州市专利授权量连续3年增加，2014年、2015年、2016年分别为16956件、23458件和25042件，其他

10 个城市也基本呈现相似的增长趋势。2016 年小升规新产品产值 2273.62 亿元，科技活动经费 84.99 亿元。这些都充分说明了浙江省小微企业创新能力在逐渐提升。

2017 年正值国家"供给侧结构性改革""中国制造 2025""一带一路"等重大战略与举措全面推进年，"互联网+""大众创业、万众创新"方兴未艾，多项国家级改革试验落地浙江，为小微企业发展提供新机遇。同时，浙江小微企业也面临着诸多挑战。首先，浙江小微企业以传统行业为主，随着"五水共治""三改一拆""四换三名"组合拳的推进，浙江小微企业发展进入调整震动期，发展指数略有下滑趋势；其次，浙江小微企业规模相对较小、自主创新能力不强，易受外部环境的影响。因此，在国内外经济下行压力加大、宏观不利因素较多、市场环境复杂多变的背景下，浙江小微企业面临诸多矛盾叠加、风险隐患增多等挑战。浙江省作为沿海经济发达省份，科技创新第一方阵，全国创新型省份试点，有条件、有责任领先一步建设成为创新型省份。

创新人才的巨大缺口和高流动性成为小微企业创新发展的严重制约因素。由于小微企业存在发展平台小、前景不明确、稳定性较弱的特征，所以难以引进优秀人才，更难留住高端人才。小微企业由于自身的经济实力、行业特点，多数小微企业在技术上以模仿为主，自主创新能力不足、品牌意识淡薄、产品科技含量不高，在提升创新能力方面的投入规模的绝对额度差别较大，量大面广的小微企业多数不具备很好的经济实力和抗风险能力，虽然有创新能力提升需求，但是凭自身实力难以独立完成某些创新活动。

区域现有的经济与产业基础对创新能力的影响比较深刻。本书结果显示，杭州市和宁波市经济基础和产业优势明显，其中小微企业创新能力突出，无论是综合创新指标还是分类创新指标远高于其他城市地区。在综合创新指标上，最高为 91.96，最低为 56.67，相差近一倍，而在分类创新指标上，最高地区的生产制造创新指数（94.22）是最低地区（46.55）的 2 倍多，说明浙江省区域之间小微企业创新能力发展仍不平衡。

浙江省大力发展创新服务平台建设，全省各地建设了一批创新服务平台。但目前很多现有的创新支撑平台承载能力有限，服务和孵化企业的作用发挥得不够明显，有些平台只是将其作为一个办公场地，未将其作为一个创业创新基地，服务能力和保障水平有待提高。创新服务平台在精准化服务和对接方面也存在一些不足。另外，在创新成果转化方面，各类平台的推广和孵化效率也有待提高。

二、浙江省小微企业创新的对策建议

（一）推动全省小微企业开展开放、协同创新

发挥第一梯队城市中杭州与宁波的双核心作用，带动周边区域城市小微企业的创新能力提升。第二梯队城市数量较多、分布较广，主要位于浙江省的中部重要地区，是第一梯队城市与第三梯队城市的过渡地带，具有承上启下的作用。要提高第二梯队城市的创新水平，积极消化吸收第一梯队城市杭州与宁波的创新溢出效应，同时，加强第二梯队城市对第三梯队城市的区域带动作用。各梯队地市具有相对接近的创新水平与互补可能，做好三个梯队城市内部各地市的协同创新。做好杭州与宁波的创新融合，发挥各自的产业优势与区位优势，形成"两翼互补、比翼双飞"的创新示范格局。另外，还可以在同行业全省小微企业跨区域开展创新要素共享与协同创新。

（二）加大政策扶持力度，强化服务平台建设

一是引导增量，全面推进简政放权，结合互联网平台，真正降低制度性成本，激发创新创业的热情。二是充分利用各类创新创业平台，加快新建、改造、提升一批创新企业园区，加速小微企业的集聚集约发展。三是加快创新人才支持体系建设，对人才流动机制、评价机制和激励机制进行深入完善。进一步推动实施户籍、医疗、子女教育等方面的人才服务政策。持续不断进行国内外高层次人才及科研团队的引进工作，同时，对于小微企业所急需引进的技能人才也能适当放宽人才认定标准，使之能够享受优惠政策，增加小微企业的人才吸引力，为企业转型升级创新发展储备力量。四是政府应建立基础设施建设基金、创建产业发展引导基金、天使投资基金等融资平台，对小微企业基础设施升级改造和发展提供必要的资金支撑。提升融资服务能力、完善小微企业金融服务体系、规范贷款定价、取消各种不合理收费、推进小微企业直接融资以及落实支持小微企业融资的优惠政策和奖励措施。五是完善优化政策服务，推动产业、财政、金融、税收等优惠政策前置。强化政府数据信息公开服务，推动实现各级政府和各个部门间的横向互通、纵向一体的信息共享共用，深入推进"最多跑一次"改革。鼓励创新服务机构建立信息中介服务平台，为小微企业提供趋势发布、需求分析、成果查询、专利预

警等所需信息的中介服务。

（三）重点培养具有企业家精神和各类创新人才

小微企业创新发展，创新人才是关键。因此，企业必须高度重视创新人才的培养建设。一方面，企业积极利用政府人才引进战略，同时加大企业人才引进投入，与地方高校加强产学研用结合，加强建立具有地域特色的高校智库，真正做到协同育人、资源共享；另一方面，加强企业技能人才的培育。企业智能化转型升级中，对员工专业水平的要求也越来越高，特别是能够独立操作智能设备、维修机器运转的高级技术人员。鼓励高校与企业间的校企合作建立学生实习基地，支持高等院校为小微企业管理人员和技术人员组织培训和讲座，提升小微企业员工的技能水平与管理水平。既可缓解高校毕业生就业压力，又可加速培养出一批制造业创新发展所急需的科研人才、高技能人才和管理人才。同时，对于小微企业而言，需要更加注重引进和培养具有企业家精神和理念的经营管理创新人才，带领企业转型升级，进入到一个新的发展阶段。

第七章　浙江省小微企业创新发展现状与机遇

第一节　浙江省小微企业创新发展现状

一、省级小微企业创业创新示范园数量比较

浙江省经济和信息化委员会公布的"2017年度省级小微企业创业创新示范园"共计28家。其中，按数量降序排列为：杭州市8家，宁波市4家，湖州市4家，温州市3家，嘉兴市2家，绍兴市2家，衢州市2家，金华市1家，台州市1家，舟山市1家。具体如表7-1所示。[1]

表7-1　2017年省级小微企业创业创新示范园明细

地区	示范园数（家）	具体名单
杭州市	8	杭州智慧产业创业园、中国网商城、钱江创新创业产业园、杭州市高科技企业孵化园区、新塘科创园、万轮科技园、金绣国际科技中心、医智汇创新工场
宁波市	4	宁波镇海329创业社区、慈溪市华东轻纺针织城、宁海县电子商务产业园、鄞州大学生（青年）创业小微园
温州市	3	温州源大创业园、国智9号创意街区、平阳万洋众创城

---

[1] 资料来源：《浙江省经济和信息化委员会关于公布2017年度省级小微企业创业创新示范园和小微企业公共服务示范平台名单的通知》，http://www.zjjxw.gov.cn/art/2017/12/28/art_1097558_6015.html，2017-12-27。

续表

地区	示范园数（家）	具体名单
湖州市	4	湖州七幸科技创业园、浙江"千人计划"德清产业园、长兴画溪智慧创业谷、长兴国家大学科技园
嘉兴市	2	濮院毛衫创新园、1921南湖都市经济园
绍兴市	2	绍兴颐高科技创业园、柯桥区科技园
金华市	1	浦江县水晶产业集聚园区
衢州市	2	江山市科技创新创业园、江山模具城
台州市	1	红石梁园区
舟山市	1	舟山市定海区海洋科技创业园
总计	28	

二、省级创新型示范小微企业数量比较

浙江省经济和信息化委员会公布的"2017年浙江省创新型示范小微企业"共计104家①。其中，按数量降序排列为：杭州市15家，宁波市15家，温州市11家，绍兴市11家，台州市11家，金华市10家，湖州市8家，嘉兴市8家，衢州市7家，丽水市5家，舟山市3家。具体如表7-2所示。

表7-2　　　2017年浙江省创新型示范小微企业名单明细

地区	企业数量（家）	具体名单
杭州市	15	杭州奥蒂电控股份有限公司、杭州晟元数据安全技术股份有限公司、杭州金通公共自行车科技股份有限公司、浙江正大空分设备有限公司、杭州天创环境科技股份有限公司、杭州广安汽车电器有限公司、杭州德创能源设备有限公司、浙江中杭电子有限公司、杭州美创科技有限公司、杭州惠恒科技有限公司、杭州奥能电源设备有限公司、杭州品联科技有限公司、杭州速博雷尔传动有限公司、杭州蓝然环境技术有限公司、杭州迈杰教育科技有限公司

---

① 资料来源：《浙江省经济和信息化委员会关于公布2017年浙江省创新型示范小微企业名单的通知》，http：//www.zjjxw.gov.cn/art/2017/12/21/art_1097558_6004.html，2017-12-4。

续表

地区	企业数量（家）	具体名单
宁波市	15	宁波永信汽车部件制造有限公司、宁波精益飞达轴业有限公司、宁波永久磁业有限公司、宁波赛耐比光电科技股份有限公司、宁波格兰家居用品有限公司、宁波路润冷却器制造有限公司、宁波瑞源生物科技有限公司、宁波贝隆精密模塑有限公司、宁波慈北医疗器械有限公司、宁波江丰生物信息技术有限公司、宁波美乐雅荧光科技股份有限公司、宁波法里奥光学科技发展有限公司、宁波中科远东催化工程技术有限公司、宁波荣大昌办公设备有限公司、宁波隆源精密机械有限公司
温州市	11	浙江美硕电气科技股份有限公司、新驰电气有限公司、浙江世博新材料股份有限公司、浙江熊猫乳业集团股份有限公司、浙江万联电器有限公司、温州易正科技有限公司、浙江嘉隆机械设备有限公司、温州市森脉电力设备有限公司、贝普医疗科技有限公司、海特克液压有限公司、温州欧利特机械设备有限公司
湖州市	8	湖州睿高新材料有限公司、怡达快速电梯有限公司、浙江美生橱柜有限公司、浙江浦森新材料科技有限公司、浙江畅通科技有限公司、浙江金汇华特种耐火材料有限公司、浙江长兴金太阳电源有限公司、浙江百之佳家具有限公司
嘉兴市	8	嘉兴凯实生物科技有限公司、浙江鼎美智装股份有限公司、浙江奥华电气有限公司、浙江久易电子科技有限公司、嘉兴市光泰照明有限公司、浙江爱迪曼环保科技股份有限公司、浙江德福精密驱动制造有限公司、浙江康普瑞汽车零部件有限公司
绍兴市	11	绍兴国周纺织新材料有限公司、绍兴中新电器有限公司、浙江悦昇新能源科技有限公司、浙江奇彩环境科技股份有限公司、浙江格洛博机械科技股份有限公司、浙江晶盛机电股份有限公司、浙江自力机械有限公司、浙江亿田电器有限公司、浙江帅丰电气有限公司、嵊州市宏达时装有限公司、浙江二马环境科技有限公司
金华市	10	浙江佳环电子有限公司、浙江博大实业有限公司、金凯德集团有限公司、浙江易力车业有限公司、浙江昀丰新材料科技股份有限公司、浙江宏电环保科技有限公司、浙江德世电器有限公司、浙江宏伟供应链集团股份有限公司、义乌市派对服饰有限公司、浙江荣亚工贸有限公司
衢州市	7	江辉博电力设备制造有限公司、衢州恒业汽车部件有限公司、浙江森拉特暖通设备有限公司、浙江龙游公任电子有限公司、常山县双明轴承有限公司、浙江宏电环保设备制造有限公司、科润电力科技股份有限公司

续表

地区	企业数量（家）	具体名单
舟山市	3	浙江金鹰食品机械有限公司、浙江澳尔法机械制造有限公司、浙江虹达特种橡胶制品有限公司
台州市	11	浙江华基环保科技有限公司、浙江德斯泰新材料股份有限公司、台州市黄岩星泰塑料模具有限公司、台州西马洁具有限公司、浙江鑫辉机械有限公司、台州北平机床有限公司、浙江志强涂料有限公司、飞利富科技股份有限公司、浙江百纳橡塑设备有限公司、三门通顺铆钉有限公司、浙江凯欧传动带股份有限公司
丽水市	5	浙江三田汽车空调压缩机有限公司、浙江基力思汽车空调有限公司、浙江易之星空调科技有限公司、浙江鸿星文具有限公司、浙江九川竹木股份有限公司
总计	104	

第二节　浙江省小微企业创新发展的最新趋势

一、创新主体规模不断增长

浙江省工商统计资料数据显示，2016年浙江省新设市场主体95.8万户，其中，新设企业30.8万户，比2015年增长21.3%；新设个体工商户64.5万户，比2015年增长16.2%。

2016年共新增小微企业25.1万家，同比增速达到38.9%，在浙江规模以上工业中，小微企业达到35416家，占全部规模以上企业的88.1%。截至2016年年末，浙江全省共有注册资本在500万元以下的小微企业139.7万家，比2015年同期增加21.95%，占全部企业总数的82.9%。2016年年末在册市场主体528.6万户，增长12.2%，其中，企业168.4万户，增长16.4%。

另据浙江省统计局及科技厅等资料显示，截至2017年2月底，全省规模以上工业企业40127家。2016年新认定科技型小微企业7654家，认定首批高成长科技型小微企业1431家，浙江全省累计科技型小微企业35146家，科技型小微企业达31584家，累计认定高新技术企业9474家，涌现出像阿里巴巴、海康威视等一批创新型企业，全省297家上市公司中高新技术企业有240家，占81%。

二、创新主体贡献逐渐扩大

《2016年浙江省国民经济和社会发展统计公报》及《2016年浙江省小微企业运行分析报告》数据显示，2016年浙江全省GDP达到4.65万亿元，创造了大约全国7%的经济总量。

2016年浙江全部工业增加值17974亿元，比2015年增长6.2%。小型企业工业增加值5802.55亿元，同比增长6.7%，中型企业工业增加值3981.29亿元，同比增长4%。全省规模以上工业小微企业实现增加值5802.6亿元，同比增长6.0%；规模以下工业小微企业实现增加值4263.45亿元，同比增长6.2%。小微外贸企业出口总额累计2354.9亿元，同比增长19.43%；小微企业和个体工商户共吸纳就业1923.3万人，相当于浙江全省就业人口数的51.5%。中型企业工业销售产值19422.85亿元，同比增长4%，小微企业工业销售29120.96亿元，同比增长3.3%。规模以下工业企业税金总额365.46亿元，同比增长7.2%；规模以上工业小微企业实现税金总额905.2亿元，规模以上工业企业税金总额贡献率为32.9%。

2016年前11个月规模以上工业企业科技活动经费支出增长13.2%，2016年全年全社会研究与试验发展经费支出1130亿元左右，增长11.7%，企业专利授权量151497项，较2014年增长了18.6%，技术市场交易额达288亿元，增长42.8%。2016年全省小微企业从业人数达到1114.5万人，个体工商户吸纳就业808.8万人。小微企业和个体工商户吸纳就业总人数相当于全省总人口数的39.5%，就业人员总数的51.5%[1][2]。

根据浙江省小微企业信息网的公开数据，2017年1~2月，"小升规"企业实现工业增加值237.09亿元，同比增长20.1%，增速比规模以上工业高12.9个百分点，对规模以上工业增长的贡献率达30.4%，拉动规模以上工业增长2.2个百分点。实现利润总额35.23亿元，同比增长48.5%，增速比规模以上工业高30.6个百分点，对规模以上工业利润增长的贡献率达14.1%，

---

[1] 浙江省统计局.2016年浙江省国民经济和社会发展统计公报，2017-02-24.
[2] 浙江省工商局.2016年浙江省小微企业运行分析报告，2017-02-28.

拉动规模以上工业利润增长2.5个百分点。

另据浙江省人民政府网站的公开信息显示，2017年上半年，浙江全省规模以下工业实现增加值2151.7亿元，可比价增长6.5%，增幅比2016年同期、上季度分别提高1.7和1.5个百分点。其中，规模以下工业企业实现主营业务收入4147.14亿元，同比增长达11.5%，生产经营实现较快增长。规模以上工业增加值7518亿元，增长7.7%，增速比一季度提高0.2个百分点。销售产值、内销产值、出口交货值分别增长13.8%、14.4%和10.9%。中、小型企业工业增加值分别增长5.9%和9.0%。规模以上工业企业利润总额2172亿元，同比增长14.4%。规模以上工业主营业务收入利润率为6.34%。

根据全国工商联最新公布的"2017中国民营企业500强"榜单，浙江共有120家企业入围，19年蝉联全国第一。这些民营企业都由小微企业不断创新成长壮大而来，可见，浙江省小微企业的持续创新发展对本省乃至全国经济发展都具有举足轻重的影响。

三、创新主体结构不断升级

《2016年浙江省小微企业运行分析报告》数据显示，2016年全省实现"个转企"21336家，2016年年末在册八大重点产业小微企业总数达到46.3万家，全年新设八大重点产业小微企业8.8万家，文化创意产业和信息经济产业分别达到2.9万家、2.1万家，旅游产业增速最高，比2015年同期多增加了52.7%。浙江全省在册服务业企业中，85%以上属于小微企业，其新设数量保持高速增长，带动第三产业小微企业比重不断提高，三产小微企业数量比由2015年的2∶37∶61调整至2∶33∶65。

"小升规"企业活力强，成为浙江经济发展主力军。浙江省经信委数据显示，2013~2016年，浙江全省共新增工业"小升规"企业15994家，截至2017年2月底，占全部规模以上工业企业的32.7%，比2016年年底提高了5.4个百分点。2017年1~2月，"小升规"企业科技活动经费支出11.9亿元，同比增长35.6%，购置技术成果费用支出0.13亿元，同比增长78.4%，增速分别比规模以上工业高14.8个和62.7个百分点。新产品产值329.72亿元，同比增长33.6%，增速比规模以上工业高13.4个百分点；新产品产值率27.1%，比2016年同期提高1.5个百分点。在装备制造、高新技术、战略性新兴产业中，"小升规"企业数分别为5454家、2638家和1784家，分别拉动各产业产值增长3.6个、2.8个和2.4个百分点。

四、创新服务体系不断健全

浙江省科技厅的数据显示，浙江省通过补齐短板、做强产业链，深层推进技术创新，围绕新能源汽车、信息经济、机器人等重点产业链，建设了260家省级重点企业研究院，选派青年科学家118名、省财政累计资助15.1亿元，带动企业科技投入90多亿元，同时建成2943家高新技术企业研发中心，4000多家企业技术中心，621家省级企业研究院，构建了比较完备的省级技术投入体系，企业研发投入、研发人员数分别占全省86%和82.5%。

截至2016年10月底，浙江省已有1075家省级创新载体，为7718家小微企业和创业团队提供科技服务22908次，有效地支持了小微企业创业创新。2016年年底浙江共有各类省级众创空间129家，省级以上科技企业孵化器111家。作为全国首个信息经济示范区，浙江省工业化与信息化融合进一步加强，浙江全省工业机器人使用量约占全国的11%，近3年全省累计减少低端劳动用工近200万人，提高劳动生产率近30%。

五、创新发展环境不断优化

浙江省科技厅的数据显示，"十二五"以来浙江省累计实施1146项重大科技专项，省级补助超过21.67亿元，争取了各类国家激活项目17606项，获得国家补助129.63亿元，突破一批核心关键技术，开发一批战略性新产品。

2016年全省研发经费支出达到1130亿元，目前浙江区域创新能力居全国第五位，综合科技进步水平居第六位。知识产权和专利综合实力均居全国第四位，被列为全国首批技术创新工程建设的试点省、全国首批创新型的试点省、全国农村信息化建设示范省和国家科技成果转移转化的示范区。

浙江省工商局的数据显示，2016年，浙江省在全国率先推广企业简易注销登记，企业注销办理时间由至少45天缩短至10天，平均为每户企业节约公告费用800余元，这一举措有力推动了"僵尸企业"市场出清，浙江全年注销小微企业5.8万家，其中，56.0%的企业成立于商事制度改革之前。各地积极推动淘汰落后产能企业 40307 家，"小升规"企业中八大高耗能行业企业占比从 2013 年的 27.8% 下降到 20.6%。2016 年全年小微企业领取科技创新券 4.47 亿元，享受开放实验室服务 8.28 万批次，开放科研设施与仪器 13983 台次，直接减负 1.4 亿元。

第三节 浙江省小微企业创新发展的机遇与挑战

一、新时代下创新发展的良好机遇

（一）宏观经济稳中向好，国家创新政策支持加大

2017 年，中国经济稳中求进，宏观经济积极向好，为小微企业创新提供了良好的经济大环境。国家"供给侧结构性改革""中国制造 2025""一带一路"等重大战略和倡议与举措全面推进，"互联网+""大众创业、万众创新"方兴未艾，创新试点、综试区等多项国家级改革试验落地浙江，为浙江省小微企业不断创新与发展提供了新的发展机遇。

（二）浙江经济结构优化，新经济新动能助推创新

浙江新经济、新业态蓬勃发展，新动能、新空间加速形成，制造业不断向高端化、智能化升级，虚拟与实体经济融合发展，产业结构持续优化，第三产业（服务业）对 GDP 增长的贡献率达到 62.9%[①]。互联网经济助推制造业与服务业融合，不断改变传统的生产与消费方式，经济发展不再单纯强调规模，而是更加注重"调结构稳增长"，更需要用创新促增长，用增长促发展。

（三）企业创新氛围较高，创新成转型升级新引擎

浙江统计信息网数据显示，在 2016 年企业创新统计调查中，81.8% 的企业家认同创新对企业的生存和发展起到作用，其中，23.3% 的企业家认为起到重要作用。以高校系、阿里系、海归系、浙商系为代表的创业创新"新四军"，凭借各自独特的创新创业优势，已成为浙江小微企业创新和经济转型

---

① 浙江省统计局. 2016 年浙江省国民经济和社会发展统计公报，2017 – 02 – 24.

升级的重要引擎。

（四）创新扶持力度加大，动态管理调节能力提升

浙江省实施"八八战略"，加快传统制造业改造提升，加大以"最多跑一次"改革为重点的"放管服"改革力度，扎实推进"三去一降一补"，打造一批超千亿元级的传统产业集群、百亿元级的龙头企业、细分市场的"隐形冠军"和国际驰名品牌。坚持传统与新兴、转型与升级、倒逼与激励、龙头企业与产业集群"四个并重"，这些都为浙江省小微企业创新提供了良好的政策环境。

二、新时代下创新发展面临的问题

（一）创新要素成本上升

在宏观经济整体向好的同时，原材料及劳动力的价格不断上升，工业企业中下游行业利润空间缩窄，导致小微企业发展压力增大，小微企业融资又比较困难，研发投入难以保证，不少小微企业仍然存在低端产品产能过剩、高端产品供给不足的现象。

（二）创新思维转换困难

小微企业生存与可持续发展的压力比较大，企业家素质参差不齐，适应经济新常态发展能力有待进一步提高，虽然多数企业家认可创新的重要作用，但是，相关一部分小微企业技术储备不足，很难在实践中把握新经济特点、了解新兴产业的发展要求、实现创新思维的转换，或者实施较大力度的创新改进与投入。

（三）公共服务有待提升

创新公共服务体系尚不健全，公共服务能力和服务水平亟待提升，还没有形成领域布局合理、功能层次明晰、支撑作用显著、创新链条全面，具有浙江特色优势的科技创新平台体系，没能打造创新要素互联互通，创新链、产业链、资金链"三链一体融合"的创新服务综合体。

三、相关研究热点及研究短板述评

基于能力视角的小微企业创新研究中，学者主要从企业创新要素、创新过程、创新需求角度分解和研究创新能力。基于小微企业内外资源要素，开展了小微企业创新能力与内外部创新主体能动作用的研究，和以网络、孵化器、园区、平台等创新资源的辅助、推动作用的研究。在创新能力评价方面，主要区别在于指标体系构建，认可度比较高的核心指标是技术、市场、管理、综合创新能力。总体上，基于能力视角的研究广度和深度正在不断推进，但也存在一定的局限性，如现有研究关注小微企业创新能力共性的研究多，差异性的研究少。针对不同创新能力水平的小微企业的个性化、差异化能力提升的分析不足。

基于小微企业商业模式创新的研究可以看出，其发展趋势是从单一技术导向的商业模式创新发展到要素整合、协同商业模式创新，联结多元创新主体或利益相关者的网络模式来逐渐成为小微企业创新发展中主体。目前国内小微企业商业模式创新研究中，围绕技术发展、技术轨迹的技术商业模式创新研究占大多数，从不同企业的差异化能力提升需求出发，体现企业自身特色要素创新、自主性创新或网络化创新能力现状需要进一步补充。

基于小微企业创新机制的研究逐渐增多，包括创新激励机制、动力机制、运行机制和综合机制等方面，为小微企业创新发展和能力提升提供了较为全面的支持和保障。但研究主要是针对小微企业的创新能力提升机制，缺乏全面、系统的对小微企业相互协同创新机制的研讨。

第八章　浙江省小微企业创新典型案例

第一节　浙江省小微企业研发创新案例

研发创新案例1：申昊科技的变电站智能巡检机器人

杭州申昊科技股份有限公司位于杭州，立足于智能电网领域，专业于智能电网相关技术产品的科技研究与开放，在电力设备的线监测、配网自动化、智能机器人、系统集成解决方案等方面进行了大量的技术研究和应用推广，是集研发、生产、销售和技术服务为一体的国家级高新技术企业。

杭州申昊科技股份有限公司拥有省级院士工作站、智能电网企业研究院、高新科技企业研究开发中心、企业技术中心、工业设计中心等，企业拥有核心专业技术团队，专业知识涵盖电力电子、计算机、测量和控制、信息技术、机械制造等多个学科，是省级隐形冠军企业、省级创新型示范小微企业及科技型小微企业。

在企业自身的技术积累和对变电站这一应用环境的了解，在2014年年初，申昊科技自主研发了1.0版的SHIR-3000X变电站智能巡检机器人。该机器人整合了机器人技术、多传感器融合技术、模式识别技术、导航定位技术和物联网技术，不仅可以采集数据，还可以整合"大数据"，形成电网设备状态检修辅助决策系统——机器人可以对自己进行"体检"，更能第一时间发现变电站设备的隐患，将故障消除在萌芽状态，改变电站检修前必须先停电的局面。

杭州申昊科技股份有限公司自主研发的SHIR-3000X变电站智能巡检机

器人，在中国轻工业联合会科技进步审核中获得二等奖，并且获得了国家科技创新基金项目等。企业 2013 年的产值 6000 万元，2014 年达到 1 亿元，2016 年达到 1.9 亿元。

企业研发上提出了改变电力检修模式、对接前沿海外技术、用 SHIR-3000X 变电站智能巡检机器人巡检等。改变电力检修模式，在申昊科技的厂区的实验室上智能机器人成为出厂前的最后一道"安检"。试验场地地形复杂，有水洼、坡地、石子路等，1.0 版机器人按照规划设计的路线进行检查，可以不受天气、温度等环境因素影响，可以代替人工，定时定期完成工作任务。1.0 版机器人产品的研发，成就了"无人值守"这一现象，电子专用通信网的完善和远程图像检查技术逐渐研发，国家电网公司不断地推出智能变化电站建设，"无人值守"正是成为改造的重点工作之一。在"无人值守"的传统变电站转变中，原有需要工作人员进行的监控、操作、信息报送等环节被接入自动化系统。

申昊科技进入这一领域并不算早，但相比起步较早的企业，该公司有十余年的技术积淀。相比传统机器人，1.0 版的机器人采用四轮独立驱动，可以实现 360 度原地旋转，在较为狭窄的场地也可以展开工作。除了可以爬坡涉水之外，1.0 版还运用了新型激光雷达定位算法，实现全局位置与相对位置的双重定位，这一算法可以有效减少变电站内非固定环境因素的干扰，例如草木生长、设备变化。对接前沿海外技术，自 2014 年年底运行到 2015 年年底正式对外销售，申昊科技的智能巡检机器人在浙江、上海等地售出 130 余台。130 多名员工进入中国变电站的岗位中。2016 年 11 月，电力行业权威——中国电力企业联合会出具了这款机器人的鉴定证书，认为该产品的总体技术水平已达到国际先进水平。在 1.0 版机器人技术创新的探索道路上，申昊科技把握了市场的脉搏，探索出一条以新供给打开新空间的发展的道路。在国家重点投资领域上，电力企业市场的庞大规模。2017 年年初国内 110KV 及以上的电压的变电站有上万个之多。机器人的产品市场是非常庞大的，在一些环境恶劣的情况下都可以用机器人代替。1.0 版机器人升级到 2.0 版发生了"质变"，当遇到阻碍物时停止运动移除阻碍物再回复行走路线等。

2016 年杭州申昊科技股份有限公司新成立了机器人研究院，提高机器人产品的共性技术与关键技术领域的寻求探索与突破。杭州申昊科技股份有限公司在与美国的无人机团队进行沟通，对产品运用进行拓展。[1]

研发创新案例 2：杭州星宇科技的活性炭工业

杭州星宇炭素环保科技有限公司成立于 2009 年 4 月 17 日，位于杭州市淳安县。该公司是一家有 20 多年集研发、生产和销售为一体的国内知名活性炭企业。杭州星宇炭素环保科技有限公司是国家活性炭行业协会常务理事单位。公司占地面积 4.2 公顷，员工总数 60 余人。其中，大学本科或以上学历 24 人，占公司总数的 40%，高级工程师 1 人，工程师 2 人，技术人员 12 人，研发人员 6 人。

通过几年的发展，该公司已经形成以杭州星宇炭素环保科技有限公司为总部生产基地，以杭州恒兴活性炭有限公司为外贸出口经营窗口，以江西省玉山县安定活性炭有限公司、乐平振兴生态制炭有限公司、德安恒兴活性炭有限公司为原材料供应基地的战略格局。杭州星宇炭素环保科技有限公司始终坚持市场需求，为客户提供专业化的产品和服务，满足客户的外部和潜在需求，帮助客户获得最大价值。20 多年来，该公司依托技术创新和进步、科学管理、设备先进、质量稳定，以及具有得天独厚的地理优势和资源优势，建立完善了 ISO9000 质量管理体系和灵活的营销网络，提高了公司声誉。

杭州星宇炭素环保科技有限公司自成立以来，一直致力于活性炭工业的研究，坚持科技创新，取得了丰硕的成果，已成功申请国家发明专利 1 个，11 个实用新型专利，12 个外观设计专利，企业技术创新是大多数国内产业的结果。2013 年，杭州星宇炭素环保科技有限公司创立的"恒"品牌被评为浙江省著名商标。[2]

研发创新案例 3：新涛电子机械的协同创新

浙江新涛电子机械股份有限公司是浙江新昌的一家股份有限公司，是燃气器具阀门总成的专业生产厂家，拥有国家家用燃气灶具产品许可审查部颁

---

[1] 资料来源：根据杭州新闻中心（http://hznews.hangzhou.com.cn/jingji/content/2017-05/08/content_6544607.htm）整理。

[2] 案例来源：根据浙江环保局（http://www.qdh.gov.cn/art/2017/3/15/art_1319043_6864277.html）资料整理。

发的 001 号家用燃气灶重要零部件合格供应商评定证书。

以公司为依托单位的"绍兴市燃气器具工程技术研究开发中心",拥有强大的产品开发能力。公司成立于 1995 年,现有员工 400 人。具有年产阀门总成 500 万套的生产能力,年实际销售 400 万套,产值逾亿元。

公司拥有 28 项技术专业和多条国内最先进的自动生产线。多项产品被列入国家和省级新产品计划项目,产品质量和技术水平领先于国内同行,并正在逐步与国际先进水平接轨。该公司生产的国内家用燃气旋塞阀的高端厨卫品牌占市场的 80% 份额,成为中国高端厨卫的核心部件燃气阀的隐形冠军。该品牌的质量非常过硬,虽然国家标准是 2000ppm,但是新涛的电子产品不良率低于 500ppm 甚至有的产线低于 200ppm(1 万个产品里面的不良率只有 2 个)。浙江新涛电子机械股份有限公司为了提高自己公司的产品质量,为了占据市场份额,公司毫不犹豫地增加投入购买自动精加工设备。

公司承担的首批开发项目——省级新产品计划项目"智能阀"和"旋塞阀",已经通过了省级鉴定,均被评为"国内领先"水平。多年来,公司先后获得了"绍兴市名牌产品""绍兴市高新技术企业"中国质量检验协会"国家质量检测质量信得过产品"、浙江省燃气协会"浙江省燃气配套行业首选产品"和"方太""樱花""帅康"等知名用户"最佳供货方"等多项荣誉。

公司加大对智能控制机器的研发制作投入与产品制作。具有年产值阀门 500 万套的生产能力,年销售量达到 400 万套。承担的首批开发项目的产品是省级新产品计划的项目"智能阀"和"旋塞阀"通过了省级的鉴定,并获得了"国内领先"的水平。

在管理方面,公司实施了 ERP 管理系统,并在同行企业中率先通过了 ISO9001 国际质量管理体系认证和 ISO14001 环境管理体系的导入。[①]

研发创新案例 4:浙江日新电气有限公司的产品创新

浙江日新电气有限公司,前身为衢州日新电气有限公司,创建于 1996 年。2006 年 2 月,组建为一家集研究、开发、生产和销售于一体的高新技术民营企业。2013 年 3 月 15 日正式升级为浙江日新电气有限公司(以下简称

---

① 案例来源:参见 http://www.yijiaer.com/zjxtdz-company,作者整理。

"日新电气")。日新电气专注于户外高压电器及其变压器保护领域，为提高产品的技术含量，做电力开关和保护的专家，该公司不断加强产品的技术创新活动，在新产品的开发及技术创新方面，一直走在同行前列，并拥有多项自主知识产权。公司是国家标准起草与修订企业、ISO9001-2000 国际质量体系认证企业、专利试点重点企业和以科技为导向的创新型企业。现有员工 500 人，属于小微企业。

浙江日新电气有限公司位于浙江衢州曲江区，专注于与高压电器息息相关的安全领域。浙江日新电气有限公司旗下的一个赫赫有名的拳头产品之一"电网动态录波及精准保护装置"占全国市场份额的 55% 以上。在高压电业"竞争扼杀"的方式下，浙江日新电气有限公司已成为隐形冠军。投入重金厚植的新动能，"原配电变压器内部火灾或爆炸危险，只有让它完全摧毁或爆炸"，该公司开发了智能变电站在线监测系统，用户可以在变压器局部放电的情况下，完成温度、压力和气体实时数据采集和分析，不仅可以火灾报警，当危险发生时还可以自动切断，以防止"火上浇油"，减少损失。在浙江日新电气有限公司的产品实验室，为日新电气有限公司研制出高技术产品。企业因始终深耕高压电器安全领域这一细分市场，不断加大技术创新，用新技术、新产品占领市场，得到了广泛认可。2006 年，在日新电气公司成立初期，凭借其在高压电器研究和制造方面的工作经验，带领团队独立开发"中立点成套设备"。几年后，该公司还推出了"小电阻接地装置""消弧线圈自动调谐和接地冰线选择装置"和"智能变电站在线监测系统"以及许多高科技新产品，销售额连续几年高于 30% 的增长率，快速增长使其成为国内市场上高压电气安全领域的龙头企业。早在几年前，市场环境很低迷。当其他公司试图降低制造成本时，该公司制定了规则：每年的研发成本不应低于销售额的 6%。2014 年，日新研发投资占比高达 11%，远远超过中国绝大多数小微企业，对创新的巨大投资使日新电气公司受益。

近年来，生产车间的"新产品"层出不穷。高质量的电气安全产品，使全国电网、南方电网、五大发电集团、西门子等国内外企业成为日新电气的忠实客户。利用内部和外部的潜在能量释放加速度。在创新的道路上没有停滞。近年来，上海交通大学的新电子研究所、北京交通大学和长江三角洲、中国电力科学研究院，以及其他许多知名大学和研究所建立研究和战略伙伴关系，两个关键的科学研究基地公司承担国家火炬计划和国家重点新产品项目，获得了 40 个国家专利。2015 年，日新电气和上海交通大学研究推出了电网动态记录和精确的保护装置，先进的技术获得了国家电网电力科学研究院实验验证中心、国家电器产品质量监督检验中心和许多其他国家级的实验室认证，产品已广泛应用于国内外新能源、铁路运输、航空航天等领域。在与高校进行科研合作的同时，企业内部的开发也释放出了巨大的创新活力。随着对创新的追求，日新电气的新产品产值逐年上升，新产品的产值从2013年的30%上升到2016年的65%。2016年，日新电动汽车的产值达到1.3亿元，比2015年增长30%，同期利润增长110%。[①]

研发创新案例5：杭州晟元数据安全指纹识别芯片

杭州晟元芯片技术有限公司（synodata corporation）成立于2005年11月，前身为杭州芯片科技有限公司，2015年10月正式更名为"杭州晟元芯片技术有限公司"，是一家专注于指纹识别和信息安全整体解决方案的技术原创型公司，是国内首家致力集指纹识别、指纹安全、可穿戴设备安全平台、二维码识别、加密技术、网络安全系统为主要业务，涵盖算法研究、IP开发、方案实现、安全系统等相关集成电路设计的一家高新技术企业。

杭州晟元芯片技术有限公司（synodata corporation）在算法研究、IP开发、集成电路设计、方案实现、安全系统集成等多个方面，拥有数百个自主知识产权。70%以上的产品是在指纹识别芯片上。

根据介绍，在指纹识别技术中，最关键的是芯片，芯片的核心竞争力来自算法。更先进的算法，更快、更精确、更安全的识别。它是一种领先的算法，晟元指纹识别芯片产品，广泛应用于各种指纹识别场景。2008年提供的"晟元"芯片接入控制系统，在国家体育场"鸟巢"中使用，目前状况良好。

"晟元"董事长邱白云是国内指纹识别行业的专家。2006年，40岁的邱柏云开始了人生的第二次创业，用仅有的50万元注册成立了公司。"我认定人工智能是未来的方向。同时，我很讨厌口袋里放一大串钥匙。"邱柏云说。这位浙江大学计算机系高才生，立志深耕指纹识别和信息安全领域，从算法入手摘取指纹识别"皇冠上的明珠"。"芯片公司的市盈率比Facebook高出10倍，而有多少投资机构已经睁开了眼睛。"他分析说。未来人们的生活将

---

① 案例来源：浙江日报（http://zjrb.zjol.com.cn/html/2017-03/23/content_3043724.htm），作者整理。

会越来越数字化，网络信息的安全也非常重要，行业的未来也很广阔。最终，他获得了融资，并开始自主研发指纹识别芯片。他经常把自己关在实验室里，写代码、验证，再写代码，然后再验证。在办公室里，墙上挂着"上帝帮助那些自救的人"，邱白云带领他的队伍把这句话付诸行动。这些年来，几乎所有的"盛源"都将利润转化为创新，每个产品背后都有独立的核心技术。这个基因吸引了更多志同道合的人。在公司110名员工中，70%是技术研发人员，包括"海归"医生。尽管道路上有荆棘，邱白云还是坚定不移地走下去。芯片开发周期很长，"晟元"有两年半的发展，但发现走了错误的方向，所有的输入都为零。十余年来，"晟元"从一个空白发展成为一个高度竞争的高科技企业市场。在安全芯片领域，指纹识别和感知领域是企业的主要业务方向，拥有数百个自主知识产权。它是华东地区唯一的国家级芯片公司，具有生产和销售资质。该企业已经创建了生物识别和信息安全双核心芯片。

2016年，近1亿元的业务收入，在指纹识别芯片产品中占据了近70%的国内市场份额；在网上银行安全领域，芯片市场份额最好；在二维码识别模块刚刚开始的阶段，2016年市场预热已经达到了500万元。赫尔曼·西蒙"杭州升雅"著名管理专家在对德国经济的分析中发现，在一个狭窄的领域中，有1000多家小微企业达到顶峰，是德国经济的真正引擎。他们有着不可动摇的行业地位，稳定的员工队伍和创新的精神，以及巨大的利润回报。西蒙称之为"隐形冠军"。"晟元"是一个"隐形冠军"。但邱白云并不想成为"隐形人"，他希望在市场上有一个新的突破。最近，邱白云邀请了一位专业的经理来管理公司的日常运营。他要求专业人士为公司带来新的发展，同时，他也可以专注于科学研究。

在采访中，公司负责人说，指纹行业在人工智能上的爆炸性发展，"晟元"是春天的空气舞。

研发创新案例6：吉利汽车为了一个美丽的追求

浙江吉利汽车有限公司历经九年成长，现在已经变成中国自主品牌汽车制造基地的典型代表，是吉利控股集团最核心的集整车、发动机、变速器研发、制造为一体的战略发展基地。

"吉利的成功，就在于创新。"总经理安聪慧介绍说。吉利汽车从一开始就有一个美好的追求，那就是打造全世界最好的汽车生产研发工厂。制造全世界最安全、最环保、最节能的汽车，让吉利汽车闻名全世界。但刚开始吉利公司的起点比较低，而且市面上有许多跨国汽车公司，它们拥有先进的技术和熟练的员工，市场被它们垄断，技术又被它们封锁，这些因素使吉利汽车认为，要想有出路，那就必须要创新，为自己的汽车开辟一条崭新的道路。

但是，该如何创新？吉利汽车始终面临着一个巨大的问题。面对国内外汽车制造业的实际情况，吉利汽车应用优秀的绩效管理模式，制定了详细的发展目标：从最简单的技术层面入手，慢慢培养人才，加强零部件方面的体系，制造标准的、规范的产品，首先在低端市场打好坚实的基础，其次进军中级轿车市场，形成自己的核心竞争力，最终实现有 2/3 的产品能够外销出去。

有了这样一个目标，吉利汽车就开始一步一脚印地逐步探索，朝着这个定位和发展理念不懈努力和拼搏。在不断努力的过程中，吉利汽车在科技创新上取得了不俗的成绩：自主开发的 4G18CVVT 发动机，升功率达到 57.2 千瓦，处于"世界先进，中国领先"水平；自主研发的 Z 系列自动变速器，填补了国内汽车领域的空白；自主研发的 EPS，开创了国内汽车电子智能助力转向系统的先河……

截至目前，"吉利"已经获得各种专利 200 项，正在申请的专利有近百项。

因为汽车企业属于人才密集型和技术密集型企业，如果没有优秀的人才和一流的技术，想制造汽车是不可能的。所以吉利汽车在全世界范围内招聘人才，而且吉利汽车重视一线员工的素质和质量，为他们提供了创新创业的机会。

安聪慧告诉记者，日本丰田公司有一项著名的制度——创造性思考制度，该公司认为设想是十分关键的，只有好的设想才会有好的产品。企业通过使用建议制度，收集员工的意见，激发员工的创新意识，鼓励员工思考。"自进入汽车制造领域，我就一直研究丰田公司的成功之道，发现其制胜核心在于企业文化充分调动了人的积极性，在企业中形成人人都是丰田主人、人人都代表丰田形象的良好氛围。"

了解到这一点之后，安聪慧决定挖掘吉利企业内潜在的人才。2007 年，吉利汽车使用了一个独特的管理方法——原动力工程。就是给予员工一部分话语权、监督权、考评权等权力，领导为员工服务，员工可以直接向上级反馈问题，便于解决实际问题、实施收集反馈上来的建议，使员工感到自己在企业有了自己的位置，增强员工主人翁意识，使企业能够持续性发展。

吉利汽车的原动力工程，为企业源源不断地创造新鲜的动力；企业内部的意见逐渐变多。2007年6月至2008年6月，公司收到建议64886条，累计创造经济效益超过2.5亿元。"现在我们员工年人均有效提案条数已达8条。"安聪慧表示，"源动力"工程已成功调动了全体员工创新的积极性和参与性。[①]

第二节 浙江省小微企业生产制造创新案例

生产制造创新案例7：凹凸起重机制造的智能化、轻量化

宁波凹凸重工有限公司（以下简称"凹凸重工"）于1997年进入起重机行业，该行业属于传统重工制造行业，国内大多传承"苏联"时期的产品与工艺，工艺复杂、生产周期长、产品能耗大、占压资金多，在技术上没有大的变革。该公司不断依靠技术、产品创新，先后研发出了轻型化起重机、防爆式起重机、门式起重机，公司不断地融入互联网、云计算、智能化技术，使公司生产的起重设备装上了"翅膀"。从"门式"到"防爆"，从"节能"到"智能"，在凹凸重工的起重机产品创新成果中，这些关键技术总是令业内人士、权威专家刮目相看。它们的一个个脚印，记录着凹凸重工的创新之路，企业已经成为该行业的明星企业，成为国内行业标准的制定者。

公司不断自主研发的新型轻量化桥式起重机，集成众多"闪光点"，不仅自重轻、轮压小，还可节约厂房投资约17%，且噪声低于标准22分贝。"如果用这款新产品替换原有设备，企业厂房无须进行改造。按目前市场保有量估算，每年可节约钢材2.7万吨，累计节约投资14亿元"。公司董事长朱剑君说。这个"凹凸重工"的"新成员"诞生后，公司已累计申请发明专利7项、实用新型专利18项，其中，授权专利15项。

2007年，主导产品相对单一的"凹凸重工"果断投入巨资，成功研发出"防爆起重机"，成为浙江省第一家拥有生产防爆起重机资质的企业。2009年

---

① 案例来源：根据中国宁波网（http://zt.cnnb.com.cn/system/2009/04/24/006079807.shtml）相关资料整理。

年初，全国约有一半的起重机制造企业处于停产或半停产状态，但凹凸重工逆势而上，依靠集装"箱门式起重机""防爆起重机"等新产品，填补浙江全省同行市场空白。

重视科技创新让该公司董事长朱剑君尝到了甜头。凹凸重工多项自主知识产权的起重装备填补多个国内空白，产品应用领域从船舶制造为主转型到石化、军工、基础设施等多个方向，还成功配套多项轨道交通建设项目。

企业的创新，归根结底是人才的创新能力与欲望。为了更好地激发创新活力、提升研发水平，凹凸重工对知识更新速度快、技能提升幅度大、创新水平高的人才实行了"无限期"式奖励——按月计发学历、技能等级、职称的"无限期"补贴工资制度。

高效低碳大吨位智能化电动小车，自重仅 7 吨，比同等起重重量的普通电动小车轻 20 吨，耗能不到国家标准的一半；全自动液压垃圾抓斗桥式起重机，"智慧"十足，抓斗每抓一次，垃圾就能通过传感器遥控得出称重，还能实施远程控制、远距离操作……如今，凹凸重工不仅是众多国内外知名企业集团的优秀供应商，而且发起了向世界龙头行业的冲击。

基于智能化、云技术、物联网、节能技术、轻量化设计的起重机创新产品层出不穷。近 20 年来，凹凸重工先后推出多款涉及智能技术、数字技术和绿色环保领域的新产品，自主研发的产品曾先后荣获科技部小微企业创新基金重点项目、浙江省制造精品等多项荣誉；参与制定国家标准 5 项、行业标准 4 项。

"企业转型升级切入点在哪里？凹凸重工给出了答案：创新。凹凸重工瞄准起重机轻量化设计的技术关键点，孜孜不倦地推进技术创新和产品研发，在强者如林的角逐中，与众多国际知名品牌和国有大型企业分享利益，成功占领一个个细分市场，实现了一步步保质保量的跨越。"中国重型机械工业协会秘书长肖立群这样说。[1]

生产制造创新案例 8：宁波竹韵智能制造 MES 项目

宁波竹韵家居用品有限公司（以下简称"竹韵"）隶属于宁波士林工艺品有限公司，于 2012 年 3 月投资 1.2 亿元筹建，2015 年 1 月正式运行。企业

---

[1] 周骥，吴德强，金鸽. 凹凸重工撑起装备制造新天地［N］. 宁波日报，2012 – 03 – 11.

坐落于素有"蒋氏故里、弥勒道场、人居福地"之称的奉化经济开发区宁波竹产业工业园区。竹韵是一家生产竹板材、竹家具、竹木制品及厨房用品等产品的企业，产品以外销为主，是全球最大家居用品零售商 IKEA 在中国的最大竹产品合作伙伴。

结合国家与奉化"十三五"规划，宁波士林工艺品有限公司董事长王剑勤认为，传统的生产管理方式已无法满足社会的发展，必须引入先进的生产与管理方式才能保持企业的竞争力。竹韵根据企业的现状与需求，制定了"订单管理与计划信息流改善""JIT 物料订单与物料管理改善"与制造执行系统（MES）相结合的管理模式，整体提升了竹韵的生产与管理水平。

通过合理的排程，减少了供应能力和生产能力限制对供应链体系的影响，优化了排程，提升了制造效率，降低了制造成本；生产过程管理上，生产过程监控，产品生产历史可追溯；过程质量管理方面，对于原材料与生产过程质量数据收集，可通过报表实现自动分析，减少人工干预，提升质量管理标准；物料信息管理方面，通过物料计算进行物料分配，实现了物料领取的条码化采集，及保证了物料账务的快速与准确；获取的一线数据统计，经过业务管理指标和趋势的分析，管理者能及时地掌握生产第一线的情况，以便尽快响应和决策；现场指导操作工生产，实现了目视化管理，让管理者更好地了解现场生产与质量的情况。

在企业努力下，智能制造 MES 项目得以顺利实施并良好运行。MES 系统让传统企业的制造效率得到了显著的提高，降低了制造成本，同时，对工厂的管理也变得更简单了。传统制造企业向信息化、智能化的成功转型，将对奉化周边竹产业企业共同迈入智能制造工厂的大门起到引领作用，真正落实"中国制造 2025"，助力竹产业迎来更加辉煌的明天。[1]

生产制造创新案例 9：微宏动力的电池数字化车间项目

微宏动力系统（湖州）有限公司（以下简称"微宏动力"）成立于 2006 年 12 月，专业从事锂离子电池材料、电池单体及系统的研发、设计、生产与销售，系国家高新技术企业，是领先的电动汽车动力系统解决方案提供者。

---

[1] 资料来源：参见 https://www.jianshu.com/p/3cac02589ae0，作者整理。

产品广泛应用于新能源电动汽车，也开始批量应用于电网、港口、矿山等重型装备市场。

微宏动力的新项目，以构建"高安全、快充、长寿命"乘用车动力电池，打造"智能化生产线"的"数字化车间"为目标，将设计满足制浆、涂布、辊压、冲切、叠片、组装、注液、化成、分容、分选等全工艺流程的数字化车间。

项目实施过程中将以 MES、PLM、制造工艺的数值模拟以及加工装配的可视化仿真等信息化系统为上层架构，以自动化设备和工艺互联网为底层基础，结合快速响应的供应链平台和基于 MES 的信息物联协同平台，打造工业物联智能化工厂的精益协同制造，将生产制造管理能力提升至国际先进水平。

项目在技术上实现突飞猛进、在企业运营成本上大大改善。减少人力投入，提高作业效率。项目的上线运行，企业内部各部门的合作变得精密，有效减少人力成本的投入、提高内部运作效率。同时对于承运商来说，系统作业提升了信息传递的时效性和准确性，减少了传统电话沟通等复杂烦琐低效的流程，进而减少时间成本。从用工成本看，单班操作员工数量将从原来的600 人减少为 100 人。同时，通过对制浆、涂布、辊压、冲切、叠片、组装、注液、化成、分容、分选等生产环节的智能化改造，企业还将实现高能量、快充、长寿命的乘用车动力电池核心部件电芯规模化生产所需的集约智能、协调运作和集成管控，生产效率提高 30% 以上。

作为国内锂电池制造的王牌企业，近年来微宏动力依托技术上的雄厚实力，在国内外市场持续发力。目前，微宏动力快充动力电池产品已在全球 6 个国家、140 余个城市、1.5 万多台车上实现累计超过 15 亿千米的安全运营里程。

其中，在北京、重庆和西安，配备微宏快充电池技术的新能源巴士分别占当地市场份额的 60%、90% 及 84%。为了在基础关键材料、系统集成技术、制造装备和工艺等方面进一步与国际先进水平接轨，企业斥巨资打造自己的数字化工厂项目。

锂离子电池生产是技术密集型行业，但是目前大部分的锂离子生产企业的生产过程管理还停留在单机自动化和局部信息共享的阶段。随着锂电池制造行业的不断发展，传统制造过程管理现状和手段已不能适应未来的发展需要，并已成为制约其制造能力和产品质量提升的"瓶颈"问题之一。因此，构建数字化企业成为该公司装备制造追求。①

生产制造创新案例 10：均胜电子："中德混血"的智能制造

均胜电子董事长、总裁王剑峰表示，"中国制造 2025"规划将对中国制造业未来十年产生深远影响，工业自动化及机器人集成领域市场潜力巨大。中国是全球第一大工业机器人市场。均胜电子所在的浙江省几年前就已启动"机器换人"工程，催生了一个巨大的市场空间。

2015 年，均胜电子旗下的宁波均胜普瑞工业自动化及机器人有限公司（以下简称"均胜普瑞"），携机器人工装设备等前沿技术，在上海举办的"2015 国际工业装配与传输技术展览会"上首度亮相。

"中德混血"的智能制造。在均胜普瑞的宁波工厂里，机器与操作工的画面勾绘出一幅和谐的场景，自动化车间地面上的浅绿色复合油漆异常鲜亮。"这些油漆都是按照德国标准调制的，普瑞的工厂使用全球统一的质量标准和技术规范。"旁边的工作人员说。

在高循环周期的小微部件、低循环周期的较大和大型部件生产制造方面，均胜普瑞的优势在业内有口皆碑，装配系统严格保证了产品的高质量和可用性。同时，独特的适合所有物理尺寸的测试方法和机器人触觉测量技术把控着设备最高要求。

均胜普瑞拥有"德国制造"血统。普瑞旗下的工业自动化业务始于 1982 年，2013 年收购的 IMA 的工业机器人业务则始于 1975 年，两者都有着深厚的技术积淀。2014 年 8 月设立的均胜普瑞的主要技术便来自这两家公司，初始人员支持则由均胜电子功能件事业部原有的均胜工装中心提供，并聘请多名德国专家给予技术支持。2014 年 10 月，均胜电子与浙江大学签约，共同创建创新设计与智能制造联合实验室，以推动德国工业机器人及自动化生产线技术在中国的推广和应用。

均胜普瑞拥有一套完善的技术体系和专利成果，可根据客户的个性化需求，定制开发高度集成的全套数字化智能制造系统，具有高度柔性制造功能，其技术及服务优势是国内企业所不具备的。

---

① 资料来源：高工锂电网. 微宏动力年产 2.5GWh 动力电池数字化车间项目 2019 年 6 月投产 [DB/OL]. 湖州日报，2017-06-15.

中国是全球第一大工业机器人市场。均胜电子所在的浙江省几年前就已启动"机器换人"工程，催生了一个巨大的市场空间。均胜普瑞的困扰是，市场竞争激烈，而公司的产品相对比较高端，在市场拓展方面相对难一些。"不过，我们的技术及服务一定是最优质的，随着政府各类扶持政策的出炉，均胜普瑞的优势会更加凸显。"黄浩勇表示。

值得一提的是，均胜电子刚刚完成了总额 11 亿多元的再融资项目，所募资金主要用于对德国汽车零部件企业 Quin GmbH 的收购。另有 1.85 亿元将投入均胜普瑞的工业机器人项目，预计投产后第一年将具备年产工业机器人生产线 35 条的能力，投产后第二年达到年产 60~65 条生产线的能力。

均胜电子还表示，Quin GmbH 正在研发的新产品，特别是金属和其他复合材料产品，对机器人自动化生产线有强烈需求，凭借 IMA 在工业机器人集成领域 40 年的经验和积累，正好在欧洲、北美和中国为 Quin GmbH 提供高效、优质的自动化生产系统，从而提高其自动化水平和工作效率。[①]

生产制造创新案例 11：奥克斯从制造到"智造"引领行业发展

在空调智能化的行业变革当中，奥克斯空调始终走在前列。据第三方权威监测数据显示，2018 年 1~7 月奥克斯空调内销出货量同比增长超 43%，高于行业 16% 的平均增幅，增速继续领跑。据了解，奥克斯空调销量之所以能够快速增长，与其重视制造、借力智能，并率先拥抱互联网等策略息息相关。

在消费升级的大背景下，奥克斯始终坚持"品质是基石，创新是灵魂"的企业理念，将智能带入空调制造当中。2017 年 10 月 27 日，位于鄞州姜山的奥克斯空调智能工厂正式落成。该智能工厂投产后，其年产量将达到 700 万套，产品交货期将缩短 30%。未来 3 年，奥克斯还将在智能工厂上再投资 100 亿元。奥克斯是宁波工业领域的领军企业，产业涵盖电力、家电等领域。2016 年 11 月，奥克斯投资 23.9 亿元的智能空调项目生产基地在鄞州姜山开工。"我们不是改造升级一条智能制造的生产线，而是打造一个以技术、创新为核心，以精益化管理为目标的智能制造平台，同市场紧密对接，匹配营销需求。"奥克斯家电总裁冷冷地说。奥克斯没有对生产线进行单体优化，而是从物流、信息化等维度全面介入，在生产设备方面全部采用全球顶级的

---

① 资料来源：均胜电子成长轨迹："中德混血"的智能制造 [DB/OL]. 风频浪劲, 2015.09.17.

自动化和信息化装备，打造真正智能化、自动化的工厂。

奥克斯空调智能工厂拥有4套全自动生产线，采用进口氦检和自动码垛机、日本日高精冲片机、全自动插件检测线、德国瓦格纳环保喷涂线、塑胶无人全自动黑灯工厂等国际先进设备，同时引入智能视觉品质检测。该智能工厂还引入MES+WMS+智能仓，配合AGV和空中输送线实现厂区物流无人操作，让工厂的人均产能提高30%。

奥克斯还是浙江省首家实现品字标和GS国际认证一次性完成的企业。这意味着奥克斯不仅通过了世界上最为严苛的德国安全认证GS的认证，还获得欧盟市场CE认证，以及满足土耳其、孟加拉国、埃及等国家的VOC符合性情况说明要求。

除在空调制造中引入智能制造，还在空调产品当中加入许多智能功能。在近期发布的奥克斯窈窕新品空调产品中，我们可以看到其搭载的智能模块，用户通过手机里的App"奥克斯A+"就能对空调进行远程操控，享受到智慧出风、自动水洗、智能WIFI等诸多"黑科技"服务。[①]

第三节 浙江省小微企业商业模式创新案例

模式创新案例12：那么多制造企业，为什么方太能脱颖而出？

方太集团创建于1996年，20年来，方太始终专注于高端厨电领域，坚持"专业、高端、负责"的战略性定位。方太目前拥有员工9000余名，除了雄厚的本土设计实力，方太还拥有大量来自德国、日本、意大利等地的国际知名设计师，具备德国、意大利原装进口高端厨房生产设备及国际工业制造先进技术。在高端吸油烟机市场份额中占比突破40%，目前已成为厨房领域最成功的生产厂家之一。高端吸油烟机市场份额榜首，估值150亿元。

要说方太跟其他企业有何不同，最直观的一定是那个在同代企业家中堪称另类的掌门人——茅忠群。当同一时代的企业家在拼酒局时，他在家捧着国学著作阅读；当其他企业家追逐资本市场、一夜坐拥百亿元财富时，他拒

---

① 资料来源：秋冒. 引领空调新生态下的智能制造，奥克斯再获"创智大奖"[DB/OL]. 家电网，2018.09.14.

绝上市；当竞争对手遵循丛林法则、土狼文化时，他用儒家思想打造企业文化；当厨电行业充斥着价格战和劣质商品，方太依然故我，比"洋品牌"卖得更贵，还卖得更好，市场占有率逐年增长。

创始人茅忠群一直强调他的"三不一高原则"：不上市、不打价格战、不欺骗，只做高端。有些上市企业走进了单纯追求利润的不良怪圈，上市反倒会被股东施加压力，变成了一味追求利润，这与方太做高端品牌的梦想会有冲突。

其一，将复杂的技术留给自己，把简单的使用体验留给用户。从推出中国第一款智能厨电套装、第一家实现油烟机的全面智能化应用，到第一批获得中国智能家电产品评价并占据厨电行业的半壁江山，方太仅用了短短两年的时间。

作为国内最先引领智能厨电发展的高端厨电领导品牌，方太创立20多年来始终坚持"以用户需求为中心"的核心理念，将用户体验放在第一位，始终坚持自主研发，每年将不少于销售收入的5%投入研发。

不断进行技术改革完善旗下产品性能，对中国厨房的品质生活进行升级，让智能悄然存在，把复杂的技术和烦琐的交互留给自己，把简单、有趣的使用体验留给用户。例如，2015年，方太首创了"智能吸排系统"，解决了传统吸油烟机所无法破解的产品功能和使用体验的死角，实现了吸油烟机从被动适应中式烹饪的需求，到吸油烟机了解和满足中国烹饪的习惯，从此将中国家庭从重油猛火的厨房中解放了出来。

最终完成了油烟机从"被动吸烟"到"主动排烟"的转变，给消费者带来了跨越式的体验，从对产品的满意转向对产品的惊喜。

其二，"互联网+生活方式"的商业模式，让每个人都能在互联网时代，做自己的生活家。针对厨房健康、饮食安全、烹饪、服务和信息沟通等市场需求，2015年5月20日，方太发布了中国家电行业第一个高端生活方式O2O社交平台，方太生活家，一款基于美食、生活的全新生活方式开放平台。

所有方太的用户都可以通过线上的App、微信和官网，预约方太生活家提供的"大师课""烘焙课"等烹饪，以及插花、茶道，甚至是私宴、派对等生活服务。并且，每周定期邀请"星级大厨"开设美食烹饪等课程。不断吸引用户的持续参与并聚集了一批忠实粉丝，只要是与高端生活方式相关的体验，方太都可以通过这一平台整合价值观相同的企业和内容进来，提供给用户。

事实上，早在2013年，方太就已经开始进行谋划互联网时代的战略布局，目前在全国，线下开设的方太生活家门店的数量已经超过40家，带有烹饪体验功能的城市体验店和专卖店更是不计其数。致力于让所有方太用户都能在当地享受方太所倡导的高品质的生活，和热爱生活的消费者创造一种健康而优雅的生活方式，跟他们"谈一场终身的恋爱"。

这就是方太之所以能在同时代的企业中脱颖而出的原因，始终坚持自己的价值主张：坚持不上市、不打价格战、只做高端、把用户体验做到极致。[①]

模式创新案例13：大信简易范式—创造不可思议的竞争力[②]

1. 大信简介。河南省大信整体厨房科贸有限公司是全国工商联橱柜专业委员会执行会长单位、中国厨房设备协会执行会长单位、中国建筑装饰协会厨卫工程委员会执行会长单位，是专业从事家用橱柜、衣柜、厨房电器、水槽、水家电及五金功能件的生产、研发及供应的企业。大信是中华人民共和国整体厨房国家标准《GB/T11228—2008》、中华人民共和国家用厨房设备《GB/T18884.1—2013》以及中华人民共和国整体橱柜行业售后服务标准《SB/T11013—2013》三个国家标准核心起草企业。作为中国橱衣柜行业的领军企业，获中国环境保护十环认证和中华人民共和国建设部康居工程认证。

大信的目标客户是追求高性价比的小康之家和为住宅产业化配套的企业。世界领先的大信工业园，装备了一系列专业可靠的现代化生产设备，品质得到ISO9001质量体系的保障，其产品全面达到或优于国家标准，每天可生产1000套橱柜，其生产、设计、安装能力在国内领先。被中国建筑装饰协会厨卫工程委员会评为"中国橱柜领军企业十强"，大信品牌产品是中国建筑装饰协会厨卫专业委员会向2008奥运会推荐产品之一，并被国家住房和城乡建设部纳入国家保障性住房建设材料、部品采购信息平台。

厨房产品的环保与否关系到顾客的健康，大信用最严格的制造方式来保证顾客橱柜的使用安全。企业通过中国最高级别的环保认证——中国环境标志十环认证，不仅是大信的产品，包括整个生产过程在内，全部实现了环保。

---

① 资料来源：王晓芳. 如何缔造百亿"方太模式"？[DB/OL]. 搜狐网，2018-08-25.
② 资料来源：中国宁波2018（第五届）创新创业论坛大信董事长的发言及企业官网。

大信作为中国厨房国家标准的奠基者，是国家标准 GB/T11228—2008 的制定者之一，作为中国厨房设备协会的执行会长单位，知道其行业地位和责任，大信独资兴建中国首家厨房文化博物馆——中国厨房文化博物馆，为世界了解中国厨房文化和中国厨房文化走向世界及中国厨柜从中国制造走向中国创造提供了原点和注解。中国厨房文化博物馆是国家政府部门批准的旅游景区，也作为国家名片，免费对外开放。

中国厨房文化博物馆从 2011 年 6 月开馆至今，每年接待来自韩国、新加坡、德国、澳大利亚、新西兰、瑞士、意大利等国以及中国香港地区、台湾地区的专家学者游客 4 万多人次，并与国内著名学府清华大学、厦门大学进行多次文化交流，被厦门大学授予"厦门大学道学与传统文化研究中心大信厨房博物馆科研实践基地"，成为厦门大学博士的科研实践基地。

2. 大信定位法则。家居产品价格普惠、品质优异、环保放心、为我而生。这是千百年家居消费者不变的需求和未了的心愿。无论是农业时代手工业的定制家居，还是工业时代流水线的成品家居都无法全部实现消费者的心愿。

现实是，定制，则必然高价、曲高和寡、市场贫瘠、企业难活；成品，则牺牲需求、顾客不悦、取舍赌命、风险永存。究其根本，对于家居消费者而言。其支付能力不可能随定制家居成本的提升而提升，其需求也不甘愿为成品家居在需求上的委曲求全而妥协。于是，高价定制或平价成品所带来的家居业，现实就是千方百计地改变方法，却难求顾客满意。万亿元产业，却十亿元企业称巨、百亿元企业难寻，物联网时代为解决这一难题提供了可能。大信坚信，创新科技的终极目的是：绿色发展、普惠人类，解决这一顽疾的根本路径是物联网时代工业化与信息化的融合，大信家居于 1999 年投身该行业，从定制橱柜入手，先难后易发展到大规模个性化全屋家居定制，大信经过无数次的挫折和失败，找到了解决这一问题的钥匙。

为顾客创造价值的多少，为企业带来产品市场竞争力的强弱，是企业检验一切技术创新是否科学合理的唯一标准。

3. 大信模式。大信家居"易简"大规模个性化定制系统实现了：（1）极效定制，提速定制交货期。大信将定制家居国际水平的交货时间由 18~45 天缩短到最慢 4 天。（2）极效用材，绿色发展。大信将定制家居国际平均用材率的 76% 提高到 94%，且比非定制传统成品家居平均用材率的 89% 提高了 5%。（3）极低差错，高质高效。大信将定制家居国际平均差错率 6%~8% 降低到

0.3%，是世界先进水平的1/20。（4）极致聚集，实现定制家居大规模生产。每天生产数千套互不关联的定制家居产品，无须拆单，无需试装，每天为成千上万的家庭生产互不关联的定制家居产品。（5）极低成本，高技术创造低成本。成本驱动价格，支撑性价比，创造不可思议的竞争力，大信综合成本比定制家居行业先进水平降低50%，比成品家居行业先进水平降低15%。（6）颠覆家居设计范式，实现大规模个性化设计。家居设计终端化、个性化、民主化、系统化，先设计再生产，针对个性需求，创造必然消费，实现供需的完全平衡。（7）颠覆库存概念，零库存+超时空效率。设计在先，以需定产，产品零库存、金融零风险，利用大数据云计算、人工智能，先知先觉，大批量精准预先生产，创造负时间，获得超时空效率。

4. 理论突破。（1）经营活动观念转变。传统的工业化大批量生产是以顾客为中心，大规模个性化定制是以顾客满意为中心，经济数学模型求的是消费者满意的最大公约数。个性化定制求的是每一个消费者完全满意的总和。（2）经营活动方式转变。从先产后销转变为先销后产，零金融风险、零库存风险，使个性化定制活动具备了供应链金融的全部要素，成为社会生产和金融体系的健康基因成员。（3）经营模式转变。传统制造业边际成本高、边际效率低、边际效益差转变为个性化定制的边际成本低、边际效率高、边际效益好。顾客满意度充分提高，社会资源巨大节约，社会效率巨大提升，社会经济生态风险巨大降低。（4）企业经营组织转变。企业经营组织架构由传统制造业塔式多级转变为扁平的平台结构。决策的科学性、客观性，决策执行的精准性和企业的执行力都得到了很好的提升。

5. 实践经验。（1）大规模个性化制造的基础是数字化的标准和模块的确定。所以针对所在企业特点的基础研究是智能制造的出发点和根本点，这件事没有想象中的那么难，但绝不是一件简单和容易的事；（2）智能制造的核心是软件，要自主原创，软件的价值得到充分重视，它是避免同质化竞争的关键；（3）自动化的流水线是做不了家居定制的，它是工业化的产物而非信息化的产物，不要弯道超车，一定要换道超车，弯道超车充满风险，很难过去；（4）为顾客创造价值的多少，为企业带来产品市场竞争力的强弱是检验企业一切技术创新是否科学合理的唯一标准；（5）全面数字智能物联，全球网络可视系统，商业模式自动化，生产的智能化的实施基础是企业组织架构的转型，每个企业的具体情况不同，但企业组织架构转型升级总的方向是由职能型转向平台型。

模式创新案例14：绿盛从牛肉干到潮汐发电模式转换[①]

杭州绿盛集团董事长林东，LHD项目总工程师。2016年7月27日，在浙江舟山南部海域两座小岛之间的"喇叭口"地带，伴随一声"开启制动系统"的口令，历时7年研发的世界上首台3.4兆瓦LHD林东模块化大型海洋潮流能首套发电机组在舟山海域启动，成功并入国家电网。从此，中国成了继英国、美国之后，世界第三个全面掌握潮流能发电并网技术的国家。

此项目的总工程师正是杭州绿盛集团董事长林东。他既是一个敢于探索的企业家，又是一个重于实干的科学家，从满身调料味的"牛肉干大王"到LHD联合动能海洋能大型实验室总工程师，实现了具有科学家精神的企业家和具有企业家精神的科学家的辩证统一。

林东与潮流能结缘始于2009年。当时，一直关心创新创业的林东作为杭州大学生创业联盟主席和浙江海创会会长，投了近10个海归创业项目，其中一个正是几位旅美博士在洛杉矶成立的LHD美国联合动能科技有限公司，目标锁定在新能源领域。"就是为了尝试自己想要做的事，每年在项目中放100万美元，失败了就当是打水漂。"不知不觉，林东已经投资了1.6亿元，而"几乎不可能的事"也在他的坚持努力下渐渐展露出希望的曙光。一个商人去做潮流能发电，甚至还要解决世界性难题，在不少人眼中是不靠谱的。而林东憋着一口气，和团队一起在实验室夜以继日地模拟实验、琢磨数据。严谨和科学，是他给自己和团队立下的规定。

如今，从传统食品行业转身进入新能源领域，林东的跨界之大令人咋舌。然而，在他看来，搞新能源和做牛肉干并不是完全无关的两件事。"之前做食品，每个新产品的研发也是一个项目，从起意、立项、可行性研究，到最后产品落地、推向市场，这与做新能源是相通的。"

22岁的林东，背负着巨额债务再次抖擞精神，寻找下一个商机。彼时只剩下1万元的林东，从杭州肉联厂买回了3包牛肉，制成牛肉干后，在人流量大的商场门口摆摊叫卖。随着绿盛牛肉干异军突起，有数据显示，绿盛从最初每天200公斤牛肉的产量到如今每天30吨牛肉的产量，从2000年起，绿盛牛肉干销售额以每年翻一番的速度迅猛递增，茁壮成长为全国最大的牛

[①] 资料来源：林东. 做有"科学家精神"的企业家［DB/OL］. 搜狐财经，2016-10-04.

肉干生产商之一。

而林东也不甘于做一个满身调料味的"卖牛肉干的商人",通过产品、渠道、品牌等方面的系统性建构,将绿盛真正打造为牛肉干行业首屈一指的品牌,为自己赢得了"牛肉干大王"的美誉。在重新规划企业的发展方向和品牌文化之后,小小的牛肉干开始向大品牌转型,林东的绿盛牛肉干集团很快迎来惊人的产值飙升,从2000年的几百万元一路上涨到如今的10亿元。

有科学家精神的企业家。在世俗眼中,"牛肉干大王"已足以定义林东的职业生涯。而从"做牛肉干"到研发世界领先的海流能发电,林东看似疯狂的转型之路背后,实际掩映着有章可循的精神轨迹。选择新能源领域,又是一个全新的更大的机遇,清洁能源必将成为一种世界性的潮流。敏锐的林东再次成为站在风口浪尖的那个弄潮儿。

2008年,林东担任海归创业导师,年轻人满腹热忱的创业激情激活了他儿时做科学家的梦想。在诸多项目中"披沙拣金"后,林东选择押注海流能发电项目。地球是一个复杂而多变的生态系统,而海流能是可再生能源中最具规律性的清洁能源,取之不尽、用之不竭。2009年4月,在美国洛杉矶的一个小车库内,以林东、美国南加州大学流体力学专家黄长征和美国新材料领域专家丁兴者三人为核心主体的LHD美国联合动能公司启动孵化。林东与海流能发电的不解之谜,就此展开。

然而,海流能发电技术太前沿了,林东团队所面临的正是一个难度系数极高的超级工程。此前世界上最先进、规模最大的海洋潮流能发电站只有1.2兆瓦,而中国最大规模的海洋潮流能发电机组仅为0.12兆瓦。如何向大海这一"蓝色油田"要能源,俨然已是世界级的难题。

"我以商人的身份做科学,能够更加有效地推动科学成果走向产业化,我相信有科学家精神的企业家和有企业家精神的科学家会是今后推动人类技术革新的重要力量"。林东说。

七年磨一剑,摸索出一条完全颠覆性的技术路径,以水轮机涡轮集成模式为突破口,攻关解决了海流能发电设备大型化的技术"瓶颈"。与当前国际海洋能发电主流技术路径相比,LHD海洋发电项目有着装机功率领先世界、突破大规模发电技术瓶颈、攻克稳定发电难题、设备系统综合性能优良、产业化优势更加明显等优势。

模式创新案例 15：阿里巴巴的"新零售"推动商业模式变革[①]

2017 年夏天，作为中国电商行业"领头羊"的阿里巴巴为零售业打造了一波新"网红"，为消费升级加了把火。7 月 8 日全球首家"自动识别、即走即付"的无人零售店"淘咖啡"亮相于杭州阿里淘宝造物节；7 月 14 日阿里巴巴的新零售"第一样本"——盒马鲜生整体品牌对外发布；8 月 8 日天猫与银泰合作的新零售理念的首发项目 House Selection 生活美学馆一天的销售额比上月增长 800%，客流量增长 700%。

"纯电商时代过去了，未来十年是线上、线下和物流结合在一起的新零售时代"。从 2016 年阿里巴巴集团董事局主席马云提出"新零售"概念以来，新零售已经成为阿里巴巴的重要发展战略之一。成立 18 年后，依靠电商平台起家的阿里巴巴，正在不断拓展"平台"的边界，并为未来零售行业模式变革和消费升级提供新的样本和风向标。新零售正通过寻找新的增量，为解决存量所面临的问题、为零售业的供给侧改革提供新思路。

1. 新样板："网红"店背后的零售之变。2017 年 6 月，盒马鲜生全国第十家门店落户北京，一时间门庭若市、熙来攘往，很多人都想第一时间目睹曾经塑造电商版图的阿里巴巴如何打造实体店，改造传统消费模式。

"我们来盒马鲜生主要是想看看阿里开的超市是什么样子，来了之后最大的感受就是布局很新颖，海鲜很便宜，结算很方便"。带着全家来逛盒马鲜生北京某店的马先生说。优质生鲜、餐饮一体、悬挂链系统……这些虽然是盒马鲜生最吸引眼球的地方，但却不是这个品牌最重要的元素。

"盒马鲜生是阿里巴巴为探索新零售而创造的一种新型超市业态"。阿里巴巴集团首席执行官张勇说，"阿里巴巴创造盒马鲜生，不是要在线下开店，而是希望通过线上驱动天猫的消费数据能力，线下布局盒马鲜生与一系列零售品牌等开展更丰富的合作形式，来探索中国的新零售之路"。按照设计构

[①] 于洋. 线上、线下与现代物流融合"新零售"推动商业模式变革 [DB/OL]. 人民网—财经，2017-08-31.

想，盒马鲜生的目的是通过数据驱动和线上、线下与现代物流技术完全融合，从而为消费者创造出 30 分钟极速送达的智能购物体验。

从选址布局开始，盒马鲜生就通过天猫大数据能力进行决策，以一个门店为核心，构建三千米社区会员网络，通过算法实现和消费者的个性化和场景化互动。为满足盒马的生鲜实时供应链和 30 分钟送达，盒马鲜生打造了一个数据处理技术驱动的架构体系，通过数据确保库存的实时精准和履约状态的精准控制，通过算法实现履约任务的及时送达，并在此基础上，打造了完全数字化的供应链、销售、物流履约链路，实现了上架、拣货、打包、配送任务的数字化，大大提升人效、坪效及物流效率。"传统的零售行业是以'货'和'场'为中心的，新零售的核心是真正回到以'人'为中心的时代。未来会通过天猫，让电商和线下商业机构紧密合作，利用互联网和大数据，以实体门店、电子商务、移动互联网为核心，通过融合线上线下，实现商品、会员、交易、营销等数据的共融互通，向顾客提供跨渠道、无缝化的购物体验"。张勇说。

中国与全球化智库"一带一路"研究所副所长、国际关系学院教授储殷认为，新零售的发展已经远远突破了技术改良的层面，它开启了一次影响深远的商业革命，反映出了消费升级的时代诉求。

2. 新模式："线上线下联动"的思路之变。盒马鲜生是阿里巴巴新零售的最新样本，但阿里对传统零售行业的改造却已探索多年。近年来，传统的百货行业屡被唱衰，作为传统百货重要内容服饰行业也多被殃及。但在 2016 年"双 11"期间，第一个入驻天猫的国际品牌优衣库旗舰店不到 3 分钟销售额破亿元。"线上线下联动"的购物模式也被业界津津乐道，消费者在网店下单付款后，会在 24 小时之内收到完成备货的通知，随后可前往全国 100 多个城市的超过 400 家门店便捷取货。

线下零售的核心资源是门店，线下实体店具有提供用户亲身体验、更好的导购服务，以及有场景化消费等特点。这正好与电商的价格透明、个性化推荐、快捷支付、送货上门等优势形成互补。两者结合能更好满足消费者线下体验与线上购买的综合式体验。线上线下联动背后，是阿里提供技术支撑的一整套完备库存管理系统，能实现线下门店随时动态调配库存的能力支撑。"新零售代表着未来的线上线下融合，电商与零售的融合，技术和实业的融合，传统和创新的融合，过去和未来的融合。本质上，新零售是试图创新性的通过寻找新的增量，去解决存量所面临的问题，为零售业的供给侧改革提供新思路。"张勇说。

2017年2月，阿里巴巴集团和百联集团在上海宣布达成战略合作，两大商业领军企业将基于大数据和互联网技术，在全业态融合创新等领域展开全方位合作，为消费者提供随时随地多场景的新消费体验。按照新零售对行业的畅想，未来南京路将让顾客真正实现"坐地日行八万里"的便利。虚拟现实（VR）、增强现实（AR）、混合现实（MR）等新技术将通过感知、数据、互联和计算，为每一位顾客设计独一无二的逛街路线。"以后的百货商场既是一个消费的社区又是娱乐的中心，还是一个消费者连接的中心，能够真正基于消费多场景提供便利。"张勇说。

国务院发展研究中心创新发展研究部室主任戴建军认为，新零售业态是一种创新，并将带来更多的创新。新零售对整个零售产业链进行数字化改造后，将为提高全行业效率、推动产业创新提供基础。同时，技术进步总体上将增加社会福利、创造更多新就业机会。

2016年，阿里巴巴集团纳税238亿元，带动平台纳税超过2000亿元，创造了超过3000万的就业机会。

3. 新机遇：转型与升级的模式之变。2015年，中国电子商务交易额超过20万亿元，市场规模跃居全球第一。2014年年底，商务部、中央网信办、发展改革委3部门联合发布的《电子商务"十三五"发展规划》提出2020年中国电子商务交易额超过40万亿元、网络零售总额达到10万亿元左右、相关从业者超过5000万人3个具体发展指标。张勇表示："任何企业和企业家，不要指望顺风顺水的发展环境，而一定要时刻做好逆水行舟的本事和能力。抓住机遇创新，就可能以全新的形态创造未来。"

阿里巴巴全力探索地打通线上线下、实现数据赋能、提升零售业效能、带动实体经济增长的新零售模式，也引起了世界零售行业的关注。美国知名老牌零售行业媒体 Chain Store Age 刊发了《阿里巴巴为全球爆发性增长做好了准备》一文称，阿里巴巴已超越亚马逊成为全球最大的电子商务企业，并正在布局新零售和全球化业务，为全球爆发性增长做好了准备。

业内专家也表示，在中国进行的新零售变革走在世界前列，而且，这场商业革命正在改变世界，影响人的生活方式。"当前，中国电子商务还只是占社会零售总额的15%，通过利用新零售、新金融、新制造、新技术、新能源的'五新'基础设施会更快推进剩下85%零售份额的数字化、互联网化,从而全面提升中国商业基础效率。"张勇说。

2015年8月,阿里巴巴集团与苏宁云商达成战略合作,双方将尝试打通线上线下渠道,苏宁云商全国1600多家线下门店、5000个售后服务网点以及四五线城市的服务站将与阿里巴巴线上体系实现无缝对接。不到一年时间,美的、华为、海尔、小米等一批品牌已进入"百亿俱乐部"。同时,天猫和苏宁利用消费大数据帮助行业整体做布局和提升,先后孵化出洗碗机、扫地机器人以及智能门锁等新兴行业,在传统品牌之外,有望孵化出全新的百亿行业和品牌。

"阿里作为一个平台,最主要的价值是赋能别人。未来全业态融合将成为中国零售经济发展的主旋律,而积极拥抱新零售的品牌与零售商也会因此受益,在下一波趋势浪潮中赢得一席之地"。马云说。

模式创新案例16:"隐形冠军"慈北医疗器械定位[①]

宁波慈北医疗器械有限公司(以下简称"慈北")位于杭州湾跨海大桥南端、东海明珠浙江省宁波市,创建于1995年,是国家批准注册的医疗器械生产企业,国家重点监控的高风险医疗器械企业。初成立的慈北主要生产"口腔包"——口镜、探针、镊子等口腔科使用的一次性耗材。就像浙江许多民营企业家一样,只有高中学历的沈国成,凭借着慈溪人艰苦奋斗的创业精神,带着几个工人埋头苦干,但受限于产品的附加值低,所以企业发展非常缓慢。2002年,慈北医疗器械重新定位企业——专注生产颅颌面外科的内固定钛板、钛合金螺钉等医疗器械产品。从生产一个仅需几元钱的"口腔包"升级为研发生产一枚就要数百元的小钛钉后,企业的发展驶上了"高速公路"。

走进慈北的生产车间,数台西铁城纵切车床在电脑程序的控制下,"原料进去、成品出来",而现场操作工人只有两名。凭借着先进的数字化加工设备,仅40多名员工的慈北年产10万套钛板、钛钉,其中,颌骨牵引器、锚固钉、支抗钉和颌间钉占据国内市场30%左右的份额。在浙江省经信委公布的2016年浙江省20家"隐形冠军"企业中,慈北位列其中。

---

① 资料来源:慈北医疗器械成为我省首批"隐形冠军"[DB/OL]. 慈溪政府网,2017-01-14;慈北医疗器械官网.

在医疗器械领域,能活过 20 年的企业并不多。人们误以为医疗是个"暴利"行业,但实际上医疗器械产品从研发到销售可能需要 5 年甚至更长时间,研发费用高得惊人。此外,受行业的限制,医疗器械企业普遍产值不高、"长不大",在海外上市的中国医疗器械企业康辉和创生,也是在被外资并购后发展突飞猛进。

虽然当上了"隐形冠军",但企业面临相同的行业"瓶颈"。2017 年年初,好消息传来,兰馨亚洲投资有限公司(香港)出资 620 万美元正式收购慈北 20% 股权,企业转型为合资公司。此举不仅使慈北有了进一步扩张的实力,同时,外方管理研发和销售团队的引入,也有利于企业产品的进一步升级换代和国内外市场的开拓。慈北,迎来了第二次腾飞的新机遇。

慈北的研发方向是个性化定制人体骨骼。对于缺失骨骼的患者来说,CT 扫描对侧部位骨骼后,就能打印出缺损的部位,这样定制出来的钛骨骼会与原来的一模一样。3D 打印技术的引入,将为企业带来更广阔的市场和更强大的市场竞争力。

慈北的研发团队每月 15 次走进手术室,与临床医生直接沟通,了解不同患者需求,为产品创新提供信息。与手术室一线名医共同研讨产品研发创新思路,慈北获得了一次又一次创新的灵感。慈北还与中科院合作,进行表面感性处理、可降解金属材料等新技术的研发。对于慈北这样的小微企业来说,科研力量是短板,但慈北找到了一条校企、院企合作之路,从高端科研机构"借脑",提升了自身的发展质量。

作为颅颌面外科植入性医疗器械整体解决方案提供者、领导者,慈北不断收集医疗实践中的需求,持续创新,加快产品更新步伐,打破同行 5 年一更新的惯例,产品创新周期缩短为两年一更新,让手术简单化,减轻患者的治疗痛苦。至今,慈北共获得实用新型专利 17 项、发明专利 6 项。

此外,还有很多小微企业很少有公开报道的事迹,社会知名度不高,但是它们在各自领域不断创新,取得了优异的成绩。

杭州科汀光学技术有限公司是 2016 年的浙江隐形冠军企业,该企业是业内首屈一指的光学薄膜产业综合供应商,研发的各类薄膜滤光片广泛应用于生物医疗、新材料新能源以及航空航天领域。

杭州晟元数据安全技术公司也是 2016 年的浙江隐形冠军企业,该公司是中国指纹识别技术的产业化先锋,在指纹应用领域处于绝对的优势地位,占有 70% 以上的市场份额。

新坐标科技股份有限公司同样是2016年的隐形冠军企业，该公司主打产品精密冷锻件和气门传动组精密冷锻件，目前在汽车发动机配气系统领域已形成较强的竞争优势。

万得福日用品总部位于浙江省金华市金义都市新区，入榜2017年浙江省"隐形冠军"培育企业名单，致力于"高端餐厨用品"生产制造销售，是世界高端餐厨用品的专业制造商。万得福股份专业生产各系列高档仿金属餐具（一次性餐具、环保餐具、餐具套装）、日用品、智能创新厨房用品以及餐厨礼品套装等，在国内外细分领域具有极大的优势地位，享有"高端餐厨用品看中国，中国看万得福"的美誉。

浙江严牌过滤技术股份有限公司是2017年的"隐形冠军"，成立于2014年5月28日，是一家集纺纱、织造、针刺、加工于一体的现代化滤料产品研究、开发和生产的著名跨国企业。公司立足中国，服务全球，主要服务的领域有大气除尘、固液分离、固气分离。在过滤行业，严牌过滤已据于世界一流制造商地位。

严牌过滤目前在全球有三个现代化生产基地，四个现代化仓库。严牌过滤的销售网点遍布全球，下属公司有美国中大西洋工业纺织品有限公司、上海严牌滤布有限公司。

浙江优亿医疗器械有限公司也是2017年的"隐形冠军"，公司以成为国际尖端可视医疗整体解决方案及配套设备与服务的提供商为目标，是集研发、制造、销售、服务于一体的国家级高新企业。主要致力于具有专利保护可视化医疗器械成套设备及耗材的研发、生产和销售。

优亿医疗器械成功研制出具有完全自主知识产权的可视喉镜及系列产品，拥有70多项专利，其中，国际专利11项，国内发明专利6项。产品已覆盖国内2700余家医院，在视频喉镜领域占有率高达70%公司产品已通过美国FDA注册、欧盟CE认证、韩国KFDA认证和德国TüV莱茵EN ISO13485质量体系认证，并已在伊朗等国家成功注册。公司为开发国际市场，先后在上海建立了外贸中心，在美国设立了办事处，产品远销美国、欧洲、韩国、越南及周边国家。

优亿医疗器械坚持打造一支"具有凝聚力、向心力、执行力，具备一定学术素养的积极主动的学习型组织"团队，并吸引了一大批高层次人才的加盟，为公司未来快速可持续发展，提供了强有力的人才支撑。

隐形冠军的出现，一方面，和世界制造产业的梯度转移有关；另一方面，在创新创业的氛围营造下,让一批颇具科技含量和成长性的小微企业孕育而生。政策、金融、技术、平台多个维度的创新生态建设共同推动小微企业向隐形冠军发展。例如,2017年,浙江出台了"十万企业上云"行动计划,在"行动计划"中,以制造业为主的工业企业成为重中之重。政府推动企业上云,从一定程度上推动了像奕锐电子这样专门从事网络安全、加密存储业务的科技公司的发展。

小微企业的培育对于自然资源稀少的浙江非常重要,浙江向来有"七山二水一分田"的说法,较早发展的民营经济给予了小微企业良好的发展基础。很多"隐形冠军"企业都认为浙江的产业环境、块状经济的特色,为培育"隐形冠军"提供了条件。但是浙江的"隐形冠军"并不是终身制的,它只有3年的有效期,3年过后要根据小微企业发展状况重新评定。因此,隐形冠军并不是小微企业发展的终点,而是技术创新、管理升级的起点。通过几年的培育,越来越多的小微企业通过"专精特新"的发展道路,缓解了生存压力,获得了发展空间,但是,在新的科技革命和商业浪潮的冲击下,新一轮行业洗牌已经开始,小微企业将面临更多的挑战。目前很多隐形冠军"重利不重名",在闷声发大财的同时,也应该注意到市场占有率和品牌知名度之间的差距。同时,很多小微"隐形冠军"还是家族制的企业,如何实施更为科学有效的管理制度,小微企业如何提高研发能力,应对快速发展的社会和经济变化,是许多小微企业共同面临的问题。

第四节 浙江省小微企业发展环境创新案例

发展环境创新案例17:创新活力之城——杭州

杭州的创业创新氛围好,众创空间堪称全国的一道靓丽风景:国家级众创空间35家、省级众创空间44家、市级众创空间106家。此外,还有各级孵化器186家,孵化面积近300万平方米。杭州以示范区建设为引领,不断拓展创新创业空间;以改革创新为重点,不断激发创新创业活力;以发展产业为目标,不断增强企业创新能力;以创新服务为抓手,不断优化创新创业生态,确保科技创新在全省发挥龙头领跑、示范带动作用。杭州快速跻身全国创业创新的"第一方阵"。

"杭州是创新创业高地、创业家的吉祥地。"2017年7月在杭举行的第五届金砖国家科技创新部长级会议上,科技部领导对杭州的点赞不是没有理由的。在杭州,有最优厚的人才政策,有最完整的创新引导帮扶,有良好的创业创新氛围,整个杭州就是"众创梦工厂"。

航空航天、石墨烯、潮流能发电等战略性新兴产业,以及量子通信、人工智能、虚拟现实等未来产业,可采取"一事一议"方式,最高给予1亿元资助。目前,已有生物物理学家施一公,神经生物学家饶毅,物理学家潘建伟,力学家、物理学家陈十一等4人领衔的科研项目获得该扶持奖励。

而作为"大众创业 万众创新"载体的众创空间,在杭州更是遍地开花。截至今年6月,杭州在册众创空间已达106家,累计入驻企业(团队)2387个,已注册企业2069家,注册资本累计超过41亿元。

过去几年,杭州涌现出阿里巴巴、海康威视、新华三集团等一批行业领军企业,还培育了蘑菇街、阿里云、蚂蚁金服等一大批科技型独角兽企业。数据显示,杭州反映城市创新水平的全社会R&D经费支出占地区生产总值比重从2006年的2.42%增长到2016年的3.1%。有效发明专利拥有量36579件,连续11年居全国省会城市第一、副省级城市第二。国家重点扶持高新技术企业达2413家,省科技型中小企业7550家,杭州"全域创新"格局已初现雏形。

1. 杭州创客的"朝圣地"

刚上完课,邢科新就忙着往"硅谷小镇"赶。小镇并不远,就在富阳经济开发区,从浙江工业大学小和山校区开车出发,20分钟就到了。

邢科新是湖北人,华中科技大学控制理论专业博士毕业后,入职浙江工业大学从事机器人视觉伺服控制教学。"硅谷小镇"的办公室里,摆放着各种型号的电机和不同类型的机器人。在这里,邢科新的另一个身份是浙江同筑科技有限公司总经理。

和多数"理科男"一样,邢科新并不善言辞,不过在很多人眼里,他的人生堪称完美,博士毕业,大学教书,端的是"铁饭碗"。从三尺讲台跨界到人工智能,邢科新的理由是:"国内移动机器人系列少、品质低,而进口的产品价格高、周期长,售后跟不上,随着国内劳动力成本上涨,人工智能已成趋势。"

谋势,需有政策的"东风"。去年,为鼓励高校科研院所科技人员投身"双创",杭州出台的《关于深化改革加强科技创新 加快创新活力之城建设的若干意见》明确要求,在杭离岗创业实施科技成果转化或在杭注册企业的科研人员，可在 5 年内保留人事关系。这激活了创业创新活力，让邢科新这样的人可以"进退自如"。

在杭州，创业已成为年轻人谈论得最多的话题。从"硅谷小镇"向北，穿过闲富隧道就是杭州城西科创区了：这里有阿里巴巴、梦想小镇以及青山湖科技城，是杭州的另一片"创业热土"。

在这里，像邢科新这样的创业者很多。同盾科技联合创始人张新波就是万千创客中的一员。从最开始短信搜索创业，到入职阿里巴巴负责国际支付风控，再到自己创立同盾科技，并致力成为国内专业的第三方大数据风控服务提供商。"目前，我们信贷风控服务保护的资金总额已达到万亿级，每日平均 API 调用量 4000 万+，信贷客户超过 3000 家，企业客户超过 6000 家。"张新波是幸运的，他的创业是成功的。

数据显示，仅梦想小镇就集聚了 910 多个创业项目、金融机构 620 余家、管理资本 1350 亿元，创业人才近 8700 名，此外还有 36 氪、苏河汇、紫金港创客、500Startups、Plug&Play 等一大批众创空间。

杭州，已俨然创业者的"朝圣地"，以阿里系、浙大系、海归系、浙商系为代表的"创业新四军"会师于此，激活了杭州的创业创新活力。

2. "杭商基因"托起杭州创新驱动发展

今年 8 月 28 日，"余杭—硅谷创新创业促进交流会"在美国加州硅谷举行，华立集团硅谷创新合作中心正式揭牌。

在杭州，大家对华立集团并不陌生，这是一家老牌的仪表及电力自动化产品生产企业。2008 年 1 月，华立总部迁至余杭区华立科技园，开始链接医药、生物质燃料、新材料、国际电力工程及贸易、海外资源型农业等产业，并做得"顺风顺水"。事实上，创新创业是近年来华立集团转型升级中重要的一环。作为一家有着近半个世纪的企业，无论是积极参与各类创新创业大赛还是搭建双创孵化平台，都在以创新驱动"老树发新芽"。

自 2016 年布局"创客社区"以来，华立集团开放的社区平台已吸引了 400 余家创新创业企业入驻，并带动双创就业人员 5000 余人。日前，国家工信部公示的 2017 制造业"双创"平台试点示范项目名单中，华立名列其中。

创新，无疑是杭商基因的新传承。西子联合从电梯跨界到航空；娃哈哈开始做智能机器人；西湖电子从电子产品跨界新能源汽车；杭叉集团研发无人叉车；绿盛牛肉干一头扎进海洋潮流能……这些商业跨界和技术创新，正是驱动杭州创新发展的"杭商基因"。

在杭州高新区（滨江），生捷科技（杭州）有限公司"一片基因芯片的故事"正在广为传播。最近，这家从事基因芯分析和科技开发的高科技企业传来捷报：中国第一台高精度基因芯片光刻机试产成功，其产品质量已完全满足基因检测需求。该企业首席技术官何沛中说："第一台高精度基因芯片光刻机的试产成功，现在基因芯片小规模量产的生产工艺条件已具备，可满足首个客户 100 万片 snp 芯片的年需求，产值超 1000 万美元。"

从一个企业，到一个产业，再到一个新的经济增长点，创新在杭州演绎了很多奇迹。比如，海康威视已成领先的安防产品及行业解决方案提供商；安恒信息是中国领先的信息安全产品和服务解决方案提供商；贝达药业已经造就了数百个千万富翁……

创新究竟如何驱动发展？市科委的这组数据最有说服力：今年上半年，全市实现高新技术产业增加值 710 亿元，增长 11.9%；高新技术产业（制造业）投资 107.43 亿元，同比增长 10.1%；规模以上高新技术产业增加值占规上工业增加值比重 45.3%，规模以上工业新产品产值 2388 亿元，增长 14%。发明专利授权 5013 件，有效发明专利 39909 件，居全国省会城市第一、副省级城市第二。

3. 泽阳光雨露，催生企业茁壮成长

"亲，有什么需要帮助你的吗？"经常网购的朋友都知道，这是淘宝"店小二"的客服用语。而在杭州，这种热情服务早已延展到政务领域，被创客们称为"店小二式服务"。

今年 9 月，之江实验室在未来科技城正式挂牌，其愿景是要力争到 2022 年集聚科研人员 20000 人，打造顶尖科学家、行业领军人才领衔的创新创业团队 200 个。

这个集聚高端人才的平台，杭州当然十分重视。9 月 23 日，余杭召开服务保障之江实验室建设大会。未来科技城党工委书记、管委会主任陈夏林当场表示："我们要深入对接阿里巴巴，在阿里巴巴人才落户、周边基础配套完善、南湖创新小镇等项目推进上，进一步做好服务和保障，要切实喊响'服务之江实验室，服务阿里巴巴，我们马上就办！'。"

今年，杭州还喊响了"最多跑一次"，把诸多事权部门统一到一个窗口办公，打破信息孤岛，实现数据共享，让老百姓少跑腿，让数据多跑路，这让不少创业者和投资者都感受到了便利。

大学生创业者余超就是"最多跑一次"的受益者，他拿到了杭州地区首张"1+X"多证合一营业执照,"提交申请,2个工作日就拿到了营业执照,非常快,就跑了一次。"

值得一提的,还有杭州颇具诱惑力的人才政策。早在2015年,杭州就出台"人才新政27条",对人才引进培养、创业扶持和生活保证等方面的政策进行创新完善。比如,重大项目最高资助1亿元,住房最高可补贴100万;事业编制的高层次人才来杭,可保留身份;住房最高补贴100万元,车牌补贴最高3万元……

各地政策纷纷加码:临安出台"四个600万"政策,滨江出台"5050计划",余杭出台"人才新政十条"……几乎覆盖了创业创新人才最关心的人才评定、创业资助、融资渠道、产业转化、教育医疗、人才住房、居留落户、编制保障等各类问题和需求。

用杭州市委常委、统战部部长佟桂莉的话说就是,"我们负责阳光雨露,你们负责茁壮成长!"和谐的政商环境,高效的政务服务,自然吸引了不少高层次人才和投资者,并逐渐形成了一个生命力旺盛、根植力强大的创新创业生态系统。[①]

发展环境创新案例18:诺丁汉国际创新创业孵化园揭牌成立

2016年7月2日,宁波诺丁汉国际创新创业孵化园在宁波诺丁汉大学揭牌成立。这个以科技创新创业为核心的孵化园涵盖了创业的整个周期,旨在打造一个强大的国际化平台,让海内外的学生、老师以及创意实践者、科创公司、业内精英、政府官员等通过多向交流碰撞合作,激起火花、产生创意、形成初创公司,为宁波经济发展添砖加瓦。

宁波诺丁汉国际创新创业孵化园将致力于资本(包括种子基金、风投等)、新技术和创意的有机结合。其建设分四个阶段,每个阶段都有创业界精英代表给予创业者专业指导。第一阶段为蜂巢阶段,将建成多功能孵化园,为有创业激情的学生和老师提供系列的创业和企业运营方面的综合课程、活动和服务,帮助他们发掘和发展好的创业项目,并将创意变成实在的产品和有规模的公司;第二阶段为融合阶段,将引入外部导师入住,融合科技和创意,促进创业师生获得成长,在来自业界的导师的专业指导下,学生和老师

[①] 资料来源:http://biz.zjol.com.cn/zjjjbd/zjxw/201710/t20171019_5394577.shtml.

进一步学习和掌握全方位的可持续发展和可操作的实战技巧，协同创业创新；第三阶段将紧密连接宁波，在地方政府的支持下，孵化园希望吸引宁波地区的创业者和学校师生进行双向交流，通过诺丁汉贸易投资办公室帮助中国创业者进入国际市场，同时帮助学生和老师打入中国国内市场；第四阶段为国际创新，携手宁波企业和英才走向世界。孵化园将利用学校现有的全球网络为创业创新提供强有力的支持，将创意世界引入宁波，与宁波的英才一起开辟未来。①

发展环境创新案例 19：完善创新体系、加速成果转化

位于新昌工业园区的京新药业 2015 年拿到了 945.7 万元的研发经费补助，这相当于其约 1.4 亿元研发投入的近 7%。这是一家拥有术前规划系统、医学影像云存储系统、远程诊断系统、高清大屏显示器等在内的一批最新成果的医疗显示设备企业。最近 3 年，该企业年均净利润增长率 75.03%。

在董事长吕钢眼里，研发投入是产业升级的基础，最近几年一直将销售收入的 5% 左右用于此。在他看来，政府财政对研发的补助是对创新的尊重和鼓励，会催生更多以科技创新安身立命的企业。

2015 年，全市 3000 多家企业拿到总额逾 22 亿元的财政科技补助。集中政策资源支持企业研发攻关，强化了科技研发的导航作用。

如今，从成果转化、科技人才到科技金融，都有财政引导的身影。2016 年，绍兴全社会研发投入（R&D）经费 113 亿元，同比增长 11%，投入强度持续加大，R&D 占 GDP 比重约 2.4%。5 年来，市财政科技支出年均增长约 15%，发挥着四两拨千斤的效果，企业的投入强度也快速增长，开展研发活动的企业比 5 年前增长近两倍，专利量质齐升。2016 年，全市专利申请量同比增长 57.4%，增速全省第一，其中，含金量较高的发明专利同比增长 56.2%。②

发展环境创新案例 20：引领全省创新平台

浙江清华长三角研究院是由浙江省人民政府和清华大学本着优势互补、

---

① 资料来源：https：//www.nottingham.edu.cn/cn/news/2016/nottingham-ningbo-incubator-centre.aspx，作者整理。

② 资料来源：中国绍兴政府门户网站，2017-02-08。

共同发展的精神联合组建的、实行企业化管理的事业单位。它是浙江省首个"引进大院名校，共建创新载体"战略性创新平台，也是国内首次提出"政产学研金介用"一体化"北斗七星"创新体系并带头实践。先后在生物医药、生态环境、先进制造、信息技术、现代农业和分析测试等领域建立了"5所1中心"，拥有6个国家级、省级重点创新平台，以及各类创新创业平台20余个，集聚和推动了一批电子信息、生命科学、智能制造等领域的重大项目落地。

经过多年发展，该研究院已逐步形成以嘉兴总部为主体，杭甬台京等地产学研基地协同发展的院区战略布局，各院区孵化总面积近30万平方米，建有创客空间6家，其中4家被认定为国家级、市级众创空间。2009年至今，在海外建立离岸孵化器及国际联络机构10余个，基本覆盖北美、欧洲、英国、以色列、日本、澳大利亚等人才高地。累计承担纵横向科技项目总计600余项，获得国家、省、市各类科技奖励100余项；共计引进孵化高科技企业500余家；拥有浙江红土、紫旌母基金等多个基金平台，基金总规模超过100亿元。[①]

发展环境创新案例21：龙湾区进一步优化创新创业环境

龙湾区根据温州市科技创新"新十条"，结合龙湾实际，制定了《加快推动温州高新区（龙湾区）科技创新驱动发展"新十条"办法》。

一是加大培育引进高新技术企业。对市外引进（迁入）的高新技术企业，优先安排用地；企业租用厂房的，按亩均税收10%的比例由财政部门安排产业发展资金奖励；从迁入年度起，以企业实缴税收形成的区级财政贡献额度，按前3年100%、后两年50%的比例，由财政部门安排产业发展资金奖励给企业所在街道，专项扶持企业转型升级。

二是加大培育引进研发机构。对新认定为国家级和省级重点实验室（工程技术研究中心、工程实验室）等研发机构，分别给予补助1000万元和500万元，并优先安排科研项目；新认定为省级企业研究院的，给予一次性补助50万元。新认定为国家级、省级科技企业孵化器的，分别给予一次性补助

---

① 资料来源，嘉兴科技城：创新新引擎 创业新乐土人才新高地 产业新平台[DB/OL]. 嘉兴在线，2017-09-26.

500万元、250万元；新认定为国家级、省级、市级众创空间，分别一次性给予运营主体补助100万元、60万元、30万元。

三是促进科技成果转换。加快推进科技成果转化，企业通过技术市场交易或竞价拍卖并实现产业化的项目，市、区经审核按技术合同实际成交额20%的比例给予成果产业化经费的补助，最高不超过100万元；进一步加大知识产权运用和保护、科学技术奖励支持力度。

在市"人才新政"基础上，出台了《关于加强人才引进培育推进创新驱动发展的实施意见》，在引才体系、项目扶持、平台建设、留才服务等吸引集聚人才方面提出了一系列创新举措。

一是激励用人单位特别是民营企业引才招才。对企业和科研院所新引进的A、B、C、D类创新人才，每年按计税报酬的30%给予用人单位，最高给予100万元的薪酬补贴。

二是突出对创业创新项目全方位支持。设立总规模10亿元的创业投资引导基金，与社会资本合作设立天使基金、创投基金等。设立不少于1亿元的温州高新区政策性天使投资基金，采取直接股权投资的形式投向龙湾区高层次人才创业项目、企业，提供最高650万元的国有直接股权投资支持。同时，为硕士、副高级职称等人才创业提供全周期性支持，给予总额最高200万元的创业券支持。

三是鼓励研发机构向浙南科技城集聚。对高层次人才领衔的研发机构，给予研发项目补助和办公用房租赁补助。大力支持与高校共建研究院、科技园、成果转化基地等创业创新平台，对重大项目采取"一事一议"予以支持。

四是在留才服务方面，更加突出人才租房、购房、子女就学、编制等引才留才环境优化，给予全过程优质服务。扩大购房补贴的覆盖面，从市定E类人才覆盖到F（全日制硕士研究生等）、G（全日制本科生等）、H（全日制专科学历、高级工等）类人才，并对首次新引进到龙湾区民营企业工作的F、G、H类人才，5年内在龙湾区首次购房的，给予最高15万元、10万元、5万元的购房补贴。[1]

---

[1] 资料来源：温州要闻．2017-12-20，作者整理。

发展环境创新案例 22：搭建科创平台，集聚优质创新资源

台州市加快谋划"环台州湾创新走廊"，接轨浙东南国家自主创新示范区，规划建设总面积约 1737 平方千米的"环台州湾创新走廊"，范围包括椒江和路桥全域以及黄岩、临海、温岭等地的 15 个乡镇（街道），力争打造台州创新驱动引领区、长三角协同创新样板区、全国民营经济创新发展示范区，成为"三区两市"协同发展的主平台。

此外，台州科技城建设也在加速推进。台州科技城总面积 126 平方千米，在市府大道和开发大道的双轴串联下，将建成科创综合区、孵化加速区和产业集聚区三大区块，自西向东形成一条创新创业走廊。目前，科创综合区核心区（浙大台州研究院）正有序施工；孵化加速区的详规正在编制，沃得尔、非常新能源、一能科技等企业已入驻梦想园区，跨境电商园正式开园，入驻"青创基地"等企业 10 多家；科创区块内加州国际纳米技术研究院台州分院已经正式运行。[①]

发展环境创新案例 23：创投市场与私募投资逐渐趋于合理水平

2017 年上半年随着 IPO 提速，股权退出渠道得到疏通，创投市场与私募投资逐渐趋于合理水平，股权投资成为市场上较为普遍的资产配置方式之一。

随着 2017 年上半年 IPO 提速，股权退出渠道得到疏通，创投市场与私募投资逐渐趋于合理水平，股权投资成为市场上较为普遍的资产配置方式之一。《2017 年政府工作报告》明确提出，发展多层次资本市场，加大股权融资力度，完善主板市场基础性制度，积极发展创业板、新三板，规范发展区域性股权市场，无不彰显出政府为股权投资市场健康有序发展正在创造有利条件。此外，供给侧结构性改革正在有序稳步推进，实体经济转型升级、国企国资改革、政府和社会资本合作等一系列配套政策为股权投资带来诸多机遇。

恒天财富发布的下半年投资策略报告分析指出，在市场赚钱效应日益减

---

① 资料来源：http://www.sohu.com/a/75886719_114984。

少的大环境下，虽然股权产品周期较长，但在国家战略和市场平均投资回报的指引下，股权投资依旧拥有较高的配置价值。

1. PE/VC平均投资金额创新高，退出渠道更通畅。

据恒天财富研究院研究数据显示，截至2017年6月16日，PE/VC的投资企业总数达到2933家，总投资金额114581.57百万美元，平均投资金额23.23百万美元。较2016年同期相比，虽然投资总企业数下降1/2，但是平均投资金额增长50%，使得总投资金额较2016年同期持平。

2017年3月的数据最为亮眼，投资企业数达到800家，总投资金额达到619亿美元。"独角兽"企业的快速崛起，表明了中国股权市场发展日趋成熟，投资者资金也快速聚集到优质企业。

随着IPO和新三板市场的利好政策频出，PE/VC投资通过IPO和新三板退出案例数会随之增加，退出渠道也会更加通畅。恒天财富研究院数据显示，截至2017年6月16日，上半年PE/VC退出案例共计634家，平均退出年限3.95年，平均回报倍数2.62倍。其中，IPO退出的有488家，占总案例数的76.97%。受益于2017年IPO加速，PE/VC退出途径以IPO为主，并购重组和股权转让为辅。

从行业维度来看，2017年上半年PE/VC退出的数据显示，信息技术行业以221的退出案例数和175.16亿元的退出金额排在首位，然后是工业、可选消费、材料和医疗保健行业。

2. 互联网与IT是PE/VC代表性行业。

根据恒天财富2017下半年投资策略报告显示，在2017年上半年PE/VC投资行业中，从投资案例数目上来看，最火的行业依旧是具有高估值的互联网和IT行业，分别以1038例和1011例位居第一、第二位，生物技术和医疗健康以469例位居第三，然后依次是金融、娱乐传媒、机械制造等。从行业总体来看，整个大消费行业占到股权投资行业的60%以上，包括互联网、医疗、娱乐、教育类的股权投资均在逐年增加。

（1）TMT行业。由于受到消费结构化升级、移动支付完善、版权意识强化的影响，中国互联网行业进入了一个全新的发展阶段，即内容付费的新阶段。另外，共享经济热潮扑面而来。面对各行业"共享经济"野蛮竞争格局，政府也将会逐步出台相关管理办法，恒天财富认为，对于股权投资机构来说，参与"共享经济"的投资则需要考虑到政策风险。

（2）生物技术/医疗健康行业。生物技术/医疗健康行业在人口老龄化、供需矛盾以及"互联网+"的背景下发生了颠覆性的变化,逐渐形成以移动医疗为基础的互联网医疗解决方案。国务院发布的《"十三五"深化医药卫生体制改革规划》中,2017年改革目标主要为力推五项制度建设,分别为分级诊疗制度、现代医院管理、深化全民医保、药品供应保障和综合监管制度。国家的政策导向使得生物技术/医疗健康各细分行业均具有较强的配置价值。

(3) 娱乐传媒行业。娱乐传媒行业,在经济景气度较低的情况下有较高的配置价值。党的十八大提出要提高文化软实力,建设文化强国,加速与旅游、体育、信息等产业的融合,提高新兴文化领域的附加值。"十三五"规划明确指出,到2020年,文化产业要成为国民经济的支柱产业。消费需求的提升和消费方式的丰富(电视剧产业、游戏产业等),也使得娱乐行业受到产业引导基金的关注。

(4) 机械制造行业。"中国制造2025"提出了未来10年的工业发展纲领,细分行业有较高的配置价值。

3. 股权投资依旧拥有较高配置价值。

让众多的股权投资机构对互联网、医疗行业青睐有加的原因,不仅因为其是行业前景、国家战略,更为实际的则是其投资回报。据统计,2017年互联网+IT行业退出案例共68起,平均回报倍数为2.15倍,回报倍数在1～10倍的数量占比为72.06%;生物医药行业退出案例共104起,平均回报倍数2.65倍,回报倍数在1～10倍的数量占比为71.15%,10～50倍的数量占比1.92%。文化娱乐传媒行业退出案例共18起,平均回报倍数1.55倍,回报倍数在1～10倍的数量占比为55.56%。机械制造行业退出案例共67起,平均回报倍数3.23倍,回报倍数在1～10倍的数量占比为91.04%,回报倍数在10～50倍的数量占比为1.49%。

因此,恒天财富综合上述数据分析认为,互联网行业、IT行业、生物技术/医疗健康行业、娱乐传媒行业、机械制造行业均可作为投资者配置股权产品的重点行业。在市场赚钱效应日益减少的大环境下,虽然股权产品周期较长,但在国家战略和市场平均投资回报的指引下,股权投资产品依旧拥有较高的配置价值。[①]

---

① 资料来源:http://ck.zhaoshang800.com/nshow-47207.html。

发展环境创新案例 24：浙江工业大学的技术与产业创新融合

在国家首批"2011协同创新中心"和浙江省首批"重点建设高校计划"支持下，浙江工业大学坚持"以浙江精神办学，与区域经济互动"的办学宗旨，以国家、区域重大需求为导向，以提升解决企业、行业重大实际问题能力为主线，充分发挥工科特色和人才、学科优势，构筑科研大平台、组织科研大项目、培育科研大成果。

为快速提升学校产学研合作的能力以及加快科技成果转移转化，学校于2013年11月成立了浙江工业大学工业研究院，牵头负责学校产学研合作及科技成果的转移转化工作。依托国家协同创新中心，从地方实体研究院、科技经纪人试点、技术转移中心、高校产业技术联盟等入手开展产学研合作平台载体建设，积极探索产学研合作与社会服务新模式，主动前移技术服务触角，推动高校技术与市场的深度融合。

一、协同创新中心：重大任务牵引，构建"国家—省—校"协同创新的产学研合作新体系

产学研合作能否顺利展开，关键要看高校的技术能否与产业形成良性互动。近几年来，浙江工业大学产学研合作不断取得多个标志性成果主要得益于融入了学校2011区域协同创新体系，对接产业行业的真实需求，逐步形成了以协同创新为抓手的产学研合作模式。

浙江工业大学以"长三角绿色制药协同创新中心"建设为重要抓手，聚焦浙江重点产业的重大需求，以重大任务为牵引，通过校地、校企、校所以及与国际力量的深度协同，着力构建"国家—省—校"协同创新的产学研合作新体系。

一是打造现代制药模式，助推制药产业转型升级。长三角绿色制药协同创新中心针对传统药物制造"高能耗、高污染"的问题，加快了低端原料药向高端原料药转型、原料药向制剂延伸。该中心与美国权威第三方独立检测机构尔湾医药服务公司合作，建设了亚洲第一家第三方药学独立检测实验室，努力构建与国际接轨的药品质量控制和药物研发生产的服务体系。由该中心主导编制完成的《浙东南化学原料药出口基地现代医药模式规划》，在30余家制药企业全面推广应用，为打造现代制药模式提供有效的技术支持，着力推动浙江省医药产业率先在国内实现绿色化、现代化、国际化。

二是推进成果转化，增强制药企业的核心竞争力。中心主动对接企业创新发展的需求，加大科技研发力度，大力推进成果转化。获得国家科技进步二等奖的《糖尿病治疗药物阿卡波糖原料和制剂生产关键技术及产业化项目》，攻克了该产品规模化生产的关键技术难题，打破了国际制药巨头德国拜耳公司在阿卡波糖技术和市场的长期垄断，并逐步替代进口产品，大幅减低糖尿病患者的治疗用药成本，近3年产值逾19亿元。获得浙江省科学技术一等奖的《萘普生绿色合成技术开发及产业化项目》，针对原有生产工艺存在能耗高、三废产生量大、回收率低、成本高，产品无法进入国际高端市场等问题，开发了新的工艺，产品的收率提高19%，年三废排放量减少40%，年能耗降低33%，成本降低10%；该项目在协同体企业车头制药股份有限公司实现产业化，建立了年产800吨萘普生的生产线，使得车头制药成为全球最大最强的生产厂家，国际市场份额从20%提高到40%，近3年累计实现新增销售4.5亿元。

三是深化体制机制改革，提升人才、学科、科研三位一体创新能力。中心充分发挥改革"试验田"的作用，在人才培养方面，打破专业界限，招收企业班、国际班，探索面向任务需求的跨专业跨单位的人才协同培养模式；在人事制度方面，建立专职聘用、柔性聘用、课题组聘用、企业访问学者、博士后等多种用人模式。同时，浙江工业大学以国家2011协同创新中心建设为引领，按照"国家急需、世界一流"的要求，建设了高端激光制造装备等一批省级、校级协同创新中心，形成了分层实施、系统推进的长效培育机制，进一步扩大了协同创新产学研合作的辐射面、影响面和受益面。

二、地方实体研究院：前移技术服务触角，对接区域重大技术需求，探索高校地方产学研合作新模式

恩格斯说过，一个市场的需求比十所大学更能拉动技术进步。这句话直接反映了市场需求对技术进步的内在动力性。只有紧紧扎根于市场的技术才具有蓬勃发展的生命力，为了更好地对接区域和市场的实际需求，加快推进高校产业化技术的发展，从2014年起，浙江工业大学加大了与地方政府的合作力度，以区域经济转型升级和创新发展需求为导向，依托学校优势领域，在宁波、义乌、湖州、绍兴等地建立了8家地方实体研究院，将科技成果转化向后端延伸，打通科技成果转化"最后一公里"。

一是以体制机制创新为核心，逐步探索形成了地方实体研究院"科技平台＋公司""技术团队＋公司"的高校成果转化模式和"技术服务＋研发产品众筹＋主打产品生产销售"的科技型公司经营模式。目前，学校有8个地方实体研究院已注册完成衍生孵化企业31个。如义乌研究院分别于2015年5月、8月，面向浙江工业大学遴选了11项产业化研究项目，现已全部完成工商注册，完成合同额4837.27万元，到款2095.84万元。浙江省长三角生物医药产业技术研究园以生物医药产业化技术为特色引进了10多名高端人才在园内建立研究中心并以产业化技术项目注册成立13家科技型公司。

二是以区域产业化需求为导向，依托学校相关技术团队逐步在当地建立产业关键共性技术研发中心，产业技术研发中心和与行业龙头企业新建联合研发中心共22个。例如，膜分离与水处理协同创新中心湖州研究院着力面向浙江省"五水共治"战略，在湖州打造"膜材料和膜分离技术开发平台""污水与废水处理及资源化成果转化示范基地"两大平台，中心主任、研究院院长高从堦院士带领的技术研发团队研发两项技术已在森诺膜技术工程公司实现产业化应用，双方合作开发出国内第一款PTFE高能膜蒸馏器，企业也因此填补了国内膜蒸馏组件生产的空白；浙江省现代物流装备与技术研究院着眼于湖州物流高新园区打造"中国物流谷"的顶层战略，将我校的物流技术优势、物流设备优势、人才团队优势以及与国内物流界的良好合作资源优势与高新园区需求相对接，协助园区承接了物流行业的高峰会议，并引入华中科技大学、哈尔滨工业大学、中国联合工程公司、三一重工等一大批优势力量共同服务园区发展；先后与湖州锐格物流科技有限公司、浙江朗奥物流科技有限公司、湖州哥伦布物流科技有限公司等共建物流技术研发中心；上虞研究院联合当地行业龙头企业浙江龙盛集团股份有限公司成立水处理联合研发中心、与浙江金科过氧化物股份有限公司成立功能性日化新材料联合研发中心、与浙江长贵金属粉体有限公司成立新材料工程研发中心等。

三是以项目为抓手，通过合作申报、单独承接、联合攻关等多种形式提高研究院产业化技术的研发实战能力。仅2016年上半年以研究院为主体的纵向项目、签订横向项目合计94项，到款金额2300余万元。如义乌研究院浙江省光电信息技术国际合作联合实验室获批2015年度重点研发计划项目"一带一路"专项。义乌研究院2015年通过义乌市科技局认定成为义乌市科技型企业，2016年通过义乌市科技局认定成为义乌市级高新技术企业、义乌市级研发中心。成立以来，以研究院为主体申报省重点工业设计研究院、省重点科技中介机构、义乌市级工业设计中心等项目。以研究院为第一申请人申报省重点研发计划5项，公益性计划1项；以研究院为合作单位申报省重点研发计划2项。

四是以院士、千人计划等高端人才为引领，通过建立院士专家工作站等创新载体引进国内外高新技术落地，如义乌研究院引进乌克兰院士在地方研究院建立外籍院士工作站，每年携团队（共5名乌克兰专家）来义乌工作2个月，推进"微结构压贴三棱镜批量制作技术研究"项目产业化，已经完成了国内首个斜视矫形眼睛的应用。2015年11月，彼得罗夫院士被浙江省政府授予"西湖友谊奖"。2016年5月，院士专家工作站与义乌视力矫正研究会合作，为40余名眼科医生、验光师开展视力矫正培训，为义乌市斜视儿童开展义诊活动。奉化智慧经济研究院引进大数据国家千人担任院长，目前已经在大数据应用、物联网技术、智慧教育等方面引进相关团队和技术在当地落户。

五是以专业化培训会议为纽带，不断提升研究院在区域及行业的影响力，如湖州物流装备研究院承接《智能制造之MES技术的应用与规划培训班》《高端装备创新人才培训班》等多个专业化培训班项目；义乌研究院针对义乌人才需求开展51场培训，共培训9325余人次，完成营业额243.18万元。从2016年至今，研究院共举办培训活动20余次，累计参加1500人次。

三、科技经纪人：推动校企联姻，当好科技成果转化的"红娘"，成为推动产学研合作的中坚力量

自2015年浙江工业大学被浙江省教育厅列入建立科技经纪人制度试点高校以来，学校高度重视科技经纪人队伍的建设。首先，在《浙江工业大学全面深化改革的若干意见》中明确将加强成果转化，打造专兼职相结合的科技经纪人队伍作为学校全面深化改革的重要举措，更是在《浙江工业大学"省重点高校建设计划"建设发展规划（2015~2020）》中明确提出，未来一段时间学校将实施"成果转化提升计划"，逐步形成以技术转移中心为载体的学校成果转移转化体系。到2017年，实施科技经纪人制度，形成一支30人专兼职相结合的科技经纪人队伍；到2020年，形成一支50人左右的科技经纪人队伍。其次，学校多批次选派在学校各地技术转移中心驻点服务教师、科研管理人员等20余人参加省科技厅组织的科技经纪人培训，目前已有26人获得第三方机构颁发的科技经纪人证书。同时，依托现有地方实体研究院、产学研联盟和技术转移中心，在当地专门招聘了15人作为兼职人员补充到学校科技经纪人队伍进行锻炼培养，目前已基本形成了一支懂技术、善沟通、熟悉学校情况的专兼职结合的科技经纪人队伍。最后，在《浙江工业大学技术转移中心工作经费管理办法》中明确提高科技经纪人现有待遇并科学安排、合理配置到技术转移中心运行经费的预算、管理和使用，同时建立激励机制，对实际从事技术转移和成果转化的科技经纪人进行补贴激励，并根据年度工作绩效给予相应奖励。

科技经纪人在产学研合作、科技成果转移转化中的作用不可小觑，他们不仅懂相关学科领域的技术，也善于与教师、企业、政府沟通，更熟悉学校的基本情况，可以说是促成产学研合作、科技成果转化的"润滑剂"，随着科技经纪人队伍的壮大和成熟，更是成为推动产学研合作的中坚力量。浙江工业大学的吴涛老师已经取得了科技经纪人的资质，虽然他以前也常深入企业调研，但现在的身份让他感到了另一种责任，他说："现在以科技经纪人的身份来从事学校和企业的对接工作，我要了解更多、更全面的市场需求和学校的专利、成果、技术等，更要提升市场推广本领，这些都是新的挑战。"正是这样一批又一批科技经纪人的大力推动和对接，一大批影响着行业发展的关键共性技术得以快速地推向市场，计建炳教授领衔的超重力精馏技术已在全国推广应用了600多台/套，取得了显著的经济和社会效益。

四、技术转移中心、高校产业技术联盟：提供点对点服务，全方位助推企业转型升级，继续拓展产学研合作的点线面

技术转移中心和高校产业技术联盟是学校较早开展产学研合作的平台载体，目前浙江工业大学牵头承担了浙江省教育厅产学研联盟中心2个（湖州、义乌），在浙江省内各地先后建立了36个技术转移中心。技术转移中心和高校产业技术联盟是两个直接对接企业和产业的合作平台，其在对接项目、推荐人才、技术布局等方面表现突出，能为企业进行点对点的精准服务，全方位助推企业的转型升级和创新发展，使得产学研合作的点线面更为饱满。

1. 找准企业需求，对接成功一批大项目，助推企业发展。青田县技术转移中心深入生产企业一线挖掘地方转型升级的实际需求，促成了起步（中国）有限公司和我校工业机器人协同创新团队关于《童鞋生产机器换人系统研发》合作项目，合同金额达到700万元；2015年浙江高校产学研联盟湖州中心在湖州地区的横向科技合作和产业化成果转移方面完成项目合同48项，经费总计 2355 万元；2015 年瑞安市技术转移中心瑞安市浙江科尔泵业股份有限公司与我校相关技术团队联合申报获批省科技厅重大专项 1 项，与瑞安市华盛水产有限公司联合申报 1 项。2015 年在各地技术转移中心共签订横向合同 179 项，合同总金额 3316 万元，新签合同的到校经费为 1583 万元。

2. 掌握人才信息，推荐了一批服务地方经济转型升级的创新创业型高层次人才及团队。温州转移中心促成高从堦院士专家工作站落户温州龙湾区浙江竟成环保科技有限公司；青田县技术转移中心在企业建立起步（中国）博士后工作站，仙居技术转移中心促成化工学院李肖华作为台州市 500 精英计划人才项目入驻浙江神州药业有限公司。

3. 熟悉产业前沿技术，推动了学校与地方经济的良性互动交流。2015 年各地技术转移中心组织教授博士团 50 余支，通过技术大市场、专场推介会、技术对接会等形式组织了我校产业技术团队深入当地企业一线"号脉诊断"，提供有针对性的技术支持。例如，柯桥区技术转移中心组织了由 30 余家企业参与的"智能装备与控制"科技专场对接会，对接内容主要包括纺织印染行业生产过程中机器换人、企业数据管理中心、能耗监控平台、清洁生产在线监控系统、节能管理系统、生产过程监控系统等。天台、瑞安等地技术转移中心利用暑期组织了 5 批暑期教授博士团分赴 10 余个市、县，进行"双服务"活动。

4. 利用教育培训机会，扩大学校在地方服务半径内外的影响力和辐射力。各地技术转移中心充分利用学校教育资源的优势，针对各地的人才需求开展工程硕士、MBA 教育、员工培训、技术培训等工作，进一步扩大了学校的影响力和辐射力。如仙居技术转移中心在当地开办了制药工程专业的工程硕士班，为仙居的医药企业培养更高水平的专业技术人员。

五、未来展望：打造浙工大产学研合作 2.0 版，推进科技创新成果迅速形成新的生产力

学校产学研合作的成绩非常喜人，但在取得成绩的背后，学校也深感产学研合作的诸多"瓶颈"问题，例如，教师产学研合作的积极性如何调动？从哪些层面来设计合理的体制机制来让教师安心科研，努力将科研成果与产业紧密结合，避免束之高阁的现象。也正如一些教师感叹："在实验室研发的一些技术、软硬件芯片，在项目验收后几乎是束之高阁，老师们根本不清楚或者说不懂接下来应该做什么，更不用说如何将技术转化为产品，进而推向市场，因此，很多很好的技术就无法被推广，非常可惜。"教师有了将成果产业化的需求，学校有了推动产业化合作的配套机制，企业、政府看到了高校成果产业化的优势，产业化合作的一盘棋才能有的放矢地下好。

要真正做好产业化合作这篇文章来促进科技成果转移转化，这也是实施创新驱动发展战略的重要任务之一，是加强科技与经济紧密结合、发挥科技创新在经济转方式调结构重要作用的关键环节之一。浙江工业大学将在前期工作的基础上，继续做好以下三个方面。

一是继续推进成果转化与技术转移体系建设，打造产学研合作升级版。加强与校内各部门的合作与协同，盘活校内科研资源，强化成果转化及成果向后端延伸，初步构建起从基础研究到技术研发再到成果（产业化）转化的完整科研链条；深化产学研合作载体建设，建立由地方研究院、技术转移中心、产学研联盟中心、科技经纪人为主要依托的立体交叉式产学研合作体系，提升产学研合作的对接度、精准度，打造学校产学研合作2.0版。

二是对接需求、提升能力，推进地方实体研究院内涵建设。以共建协议为纲，规划并有序推进地方研究院各项工作，主动对接地方主导产业，联合企业共同凝练重大项目，做好已建的各类校企联合研发中心、院士工作站以及正在申报的省级重点工业设计研究院、国际科技合作基地的建设工作，不断强化内设研究中心内涵，力求形成自我发展能力，形成各自建设特色，承接一批重大产学研合作项目，转化一批学校的科研成果，解决一批产业急需问题，为学校成果转化体系建设提供有力支撑。

三是点线结合、多措并举，推动产学研合作取得实效。面向工业强市（县）、主导产业与我校学科优势对接度高的地区，力争新建若干个技术转移中心和地方实体研究院；工作思路从以布局为主转变为产学研合作绩效为主，加强对现有科技成果转化载体的考核；同时多举措推动校地产学研合作工作，通过科技成果拍卖、组织专项科技对接活动、与企业共建联合研发中心、教师入企、合作申报科研项目等多种形式，全方位、多层次推动产学研对接，服务范围力争覆盖学校主要学科专业，全力打通高校科技与市场经济结合的通道，尽快形成新的生产力，加快学校科技成果的转移转化。[①]

---

① 资料来源：http：//www.360cxy.cn/content/details_32_3000.html。

发展环境创新案例 25：宁波市知识产权运营公共服务平台项目正式启动[①]

2018 年 10 月 31 日，宁波市知识产权运营公共服务平台项目启动会在市科技信息研究院召开。宁波市知识产权局副局长郑剑、知识产权出版社副社长李程、宁波市科技信息研究院院长张国成等领导参加启动会，知识产权出版社、智慧芽信息科技（苏州）有限公司、浙江易桥软件开发有限公司、宁波赛恩信息工程咨询有限公司等项目合作单位代表参加会议。会议由市科技信息研究院副院长李峰主持。

在会议上，平台承建单位——市科技信息研究院网络中心负责人对项目建设背景及总体情况作重点介绍。作为宁波市知识产权运营服务体系建设的重要载体，平台将依托国家知识产权运营公共服务平台，整合宁波市现有知识产权公共服务平台、国家专利技术（宁波）展示交易中心、天一生水网等资源，打造以产业为导向、数据为基础、精准服务为支撑、公益化与市场化相结合的知识产权运营公共服务平台，实现与国家平台的数据联通和共享。平台将通过设立大数据检索分析、产业分析融合、知识产权交易、知识产权保护和知识产权监测管理等五大功能版块，形成"政产学研金介用"相结合的协同运作机制，着力推动我市 3511 等重点优势产业创新发展，为扎实推进宁波市知识产权运营服务体系建设工作，建好知识产权运用"宁波样本"，服务宁波经济社会高质量发展提供坚实有力的创新平台支撑。

在会议上，平台承建单位与各项目合作单位签订合同，听取各项目合作单位及监理单位关于项目实施及监理方案介绍，并就平台建设目标、进程安排、平台开发内容等进行充分交流研讨。

平台承建单位——市科技信息研究院院长张国成表示，宁波市知识产权运营公共服务平台建设是一项综合性、系统性的大工程，是全市知识产权运营服务体系建设的关键。项目承建方及各合作方要进一步提高对项目重要性的认识，不畏难不畏苦，合力攻坚，以主人翁的意识与责任感来开展好平台建设工作；项目合作各方要始终坚持应用导向，扎实做好平台建设需求应用

[①] 资料来源：宁波市科学技术局、宁波市科技信息研究院宁波市知识产权运营公共服务平台项目正式启动，2018 - 10 - 31。

调研，确保平台功能开发与应用需求高度契合，同时，要加强项目承建单位与各合作单位、监理单位的合作交流，把握时间节点，有序推进项目阶段性建设工作，确保项目整体建设工作保质保量完成。

郑剑在讲话中指出，宁波市知识产权运营公共服务平台建设是构建知识产权运营服务体系、推动知识产权与宁波经济社会融合发展的重要任务。项目承建方及各合作单位要以更高站位来谋划推动工作，强化平台建设的主体责任意识；要找准定位、落地落实，把做成做好放在第一位，确保平台最大限度发挥效用及价值；要加强平台运行维护，持续做好对平台有效运作的数据和技术支持工作，将平台打造成为精品工程，成为宁波知识产权工作的一张"金名片"。

参考文献

[1] 陈劲,赵闯,贾筱,等.重构企业技术创新能力评价体系：从知识管理到价值创造[J].技术经济,2017(9).

[2] 陈劲,吴航,刘文澜.中关村：未来全球第一的创新集群[J].科学学研究,2014(1).

[3] 陈劲,梁靓,吴航.开放式创新背景下产业集聚与创新绩效关系研究——以中国高技术产业为例[J].科学学研究,2013(4).

[4] 陈劲.永续发展——企业技术创新透析[M].北京：科学出版社,2001.

[5] 陈劲.构建"中国制造2025"创新管理战略[J].智慧中国,2015(11).

[6] 黄鲁成.关于区域创新系统研究内容的探讨[J].科学管理,2000(3).

[7] 魏江,李拓宇,赵雨菡.创新驱动发展的总体格局、现实困境与政策走向[J].中国软科学,2015(5).

[8] 魏江,张妍,龚丽敏.基于战略导向的企业产品创新绩效研究——研发网络的视角[J].科学学研究,2014(10).

[9] 魏江,刘洋,应瑛.商业模式内涵与研究框架建构[J].科研管理,2012(5).

[10] 魏江,等.杭州市创新型城市建设对策研究[J].杭州科技,2007(3).

[11] 吴晓波,赵子溢.商业模式创新的前因问题：研究综述与展望[J].外国经济与管理,2017(1).

[12] 吴晓波,胡松翠,章威.创新分类研究综述[J].重庆大学学报(社科版),2007(13).

[13] 池仁勇,虞晓芬,李正卫.中国东西部地区技术创新效率差异及其原因分析 [J].中国软科学,2004 (8).

[14] 池仁勇,唐根年.基于投入与绩效评价的区域技术创新效率研究 [J].科研管理,2004 (4).

[15] 傅家骥.技术创新学 [M].北京:清华大学出版社,1998.

[16] 蔡莉,彭秀青,[美] Satish Nambisan,王玲.创业生态系统研究回顾与展望 [J].吉林大学社会科学学报,2016 (1).

[17] 魏杰.企业必须要解决的三大创新问题 [EB/OL].http://finance.sina.com.cn财经界,2006.02.04.

[18] 魏杰.中国企业制度创新 [M].北京:中国发展出版社,2006.

[19] 成思危.复杂性科学探索 [M].北京:民主与建设出版社,1999.

[20] 许庆瑞.研究、发展与技术创新管理 [M].北京:高等教育出版社,2000.

[21] 吴贵生.技术创新管理 [M].北京:清华大学出版社,2000.

[22] 吴贵生,谢伟."破坏性创新"与组织响应 [J].科学学研究,1997 (4).

[23] 高建,汪剑飞,魏平.企业技术创新绩效指标:现状、问题和新概念模型 [J].科研管理,2004 (25).

[24] 白俊红,江可申,李婧,等.中国区域创新生产率变动的实证分析——基于Malmquist生产率指数 [J].系统工程,2008 (7).

[25] 白俊红,江可申,李婧.应用随机前沿模型评测中国区域研发创新效率 [J].管理世界,2009 (10).

[26] 白俊红,江可申,李婧.中国地区研发创新的技术效率与技术进步 [J].科研管理,2010 (6).

[27] 白俊红,江可申,李婧,等.区域创新效率的环境影响因素分析——基于DEA-Tobit两步法的实证检验 [J].研究与发展管理,2009 (2).

[28] 陈光宇,王惟贤,郑舒扬,等.基于TRUZ和DEA的企业技术创新项目效率指数评价与决策方法 [J].电子科技大学学报:社会科学版,2015 (5).

[29] 吴佳音,朱斌.小微企业要素导向型创新形态的演化机理——福建海源自动化机械股份有限公司案例研究 [J].软科学,2010 (12).

[30] 吴佳音,朱斌.小微企业复杂性创新机理研究 [L].科技进步与

对策，2011（1）．

[31] 陈伟，刘井建．基于 DEA-Malmquist 指数的企业创新效率变动研究——对中国电子行业的 15 家上市企业的实证分析 [J]．科技进步与对策，2008（8）．

[32] 仇菲菲．企业自主创新能力指标体系构建及指数编制 [D]．兰州商学院硕士论文，2008．

[33] 傅允生．资源整合、产业升级与浙江经济增长 [J]．浙江学刊，2014（3）．

[34] 官建成，何颖．基于 DEA 方法的区域创新系统的评价 [J]．科学学研究，2005（23）．

[35] 姜慧，曾群超．区域小微企业创新指数体系构建研究 [J]．科技管理研究，2014（34）．

[36] 金新政，厉岩．优序图和层次分析法在确定权重时的比较研究及应用 [J]．中国卫生统计，2001（18）．

[37] 李婧，白俊红，谭清美．中国区域创新效率的实证分析——基于省际面板数据及 DEA 方法 [J]．系统工程，2008（26）．

[38] 李婧，谭清美，白俊红．中国区域创新生产能空间计量分析——基于静态与动态空间面板模型的实证研究 [J]．管理世界，2010（7）．

[39] 李芹芹，刘志迎．中国各省市技术创新指数研究 [J]．科技进步与对策，2012（19）．

[40] 李芹芹，刘志迎．国内外创新指数研究进展述评 [J]．科技进步与对策，2013（2）．

[41] 刘东方，吕淮北，贺琪，等．从"创新指数榜"看大型航天企业技术创新考核与评价的导向性 [J]．科技管理研究，2016（20）．

[42] 吕一博，苏敬勤．基于创新过程的小微企业创新能力评价研究 [J]．管理学报，2009（3）．

[43] 庞景安，于洁，曹燕．中国企业创新发展指数的研究与应用 [J]．科技管理研究，2011（9）．

[44] 彭子晟．中国小微企业创新环境评价理论与实证研究 [D]．中南大学，2008．

[45] 裴劲松，王刚，汤明．人力资本视角下的小微企业创新策略分析 [J]．科学学与科学技术管理，2007（6）．

[46] 瞿麦生. 论层次分析法的经济逻辑基础——兼论经济思维层次性原则 [J]. 天津商业大学学报, 2008 (4).

[47] 谢延钊, 郝寿义. 科技型小微企业创新指数评价体系研究 [J]. 现代管理科学, 2015 (4).

[48] 唐晓云. 小微企业创新与国家创新体系——基于中国1997－2008年小微企业政策的实证 [J]. 中国科技论坛, 2012 (1).

[49] 王琦瑛. 传统与创新并举缓解小微企业融资难题 [J]. 浙江金融, 2012 (3).

[50] 王为民, 邵云飞, 唐小我. 中国区域技术创新能力的相关因素分析 [J]. 电子科技大学学报: 社会科学版, 2004 (6).

[51] 王霄, 胡军. 社会资本结构与小微企业创新——一项基于结构方程模型的实证研究 [J]. 管理世界, 2005 (7).

[52] 亚历山大·奥斯特瓦德. 商业模式创新新生代 [M]. 北京: 机械工业出版社, 2011.

[53] 姚洋, 章奇. 中国工业企业技术效率分析 [J]. 经济研究, 2001 (10).

[54] 虞晓芬, 李正卫, 池仁勇, 等. 中国区域技术创新效率: 现状与原因 [J]. 科学学研究, 2005 (2).

[55] 张赤东, 罗亚非. 创新型企业技术创新依存度指数及其应用 [J]. 科技进步与对策, 2013 (3).

[56] 张聪群. 基于产业集群的浙江小微企业转型模式研究 [J]. 经济纵横, 2009 (12).

[57] 张凤杰, 陈继祥. 科技型小微企业创新能力评估指标体系研究 [J]. 上海管理科学, 2007 (2).

[58] 张荣. 小微企业创新能力调查 [J]. 经济纵横, 2014 (5).

[59] 赵璐. 中国省市区技术创新指数测度研究 [D]. 合肥工业大学硕士论文, 2011.

[60] 朱斌. 小微企业自主创新道路探索 [M]. 北京: 社会科学文献出版社, 2015.

[61] 朱斌, 陈巧平. 企业主流与新流创新系统研究 [J]. 哈尔滨学院学报, 2015 (5).

[62] 朱斌, 陈艳华, 陈丽霞. 企业主流与新流创新演进机理研究——

中兴通讯和无锡尚德创新演进案例分析［J］.科技进步与对策，2018（1）.

［63］朱斌，史轩亚.团队创造力影响主流与新流创新绩效的机制及路径［J］.技术经济，2017（2）.

［64］朱斌，欧伟强.主流与新流创新演进的四维理论模型构建及其应用研究［J］.中国科技论坛，2017（2）.

［65］朱斌，欧伟强.基于系统动力学的企业主流与新流创新动态演进研究［J］.科技进步与对策，2017（1）.

［66］朱斌，吴赐联.主流创新与新流创新协同性研究——福建海源自动化机械有限公司的创新管理案例［J］.科技进步与对策，2016（12）.

［67］朱斌，吴佳音.自主创新进程探索：主流与新流的动态演进——基于福建省两家制造型企业的案例研究［J］.科学学研究，2011（9）.

［68］朱斌.自主创新进程探索：主流与新流的动态演进——基于福建省2家企业的案例研究［A］.中国科学学与科技政策研究会.第六届中国科技政策与管理学术年会论文集［C］.中国科学学与科技政策研究会，2010-11.

［69］徐则荣.创新理论大师熊彼特经济思想研究［M］.北京：首都经济贸易大学出版社，2006.

［70］林如海，彭维湘.企业创新理论及其对企业创新能力评价意义的研究［J］.科学学与科学技术管理，2009（11）.

［71］王德劲.企业技术创新能力评价研究综述［J］.科技管理研究，2010（7）.

［72］唐清泉，甄丽明.透视技术创新投入的机理与影响因素：一个文献综述［J］.科学学与科学技术管理，2009（11）.

［73］崔维军.欧盟创新指数研究进展［J］.中国科技论坛，2009（11）.

［74］崔维军，李廉水.欧盟创新指数演化分析［J］.科学学与科学技术管理，2009（2）.

［75］崔维军，郑伟.中国与主要创新经济体创新能力的国际比较：基于欧盟创新指数的分析［J］.中国软科学，2012（2）.

［76］周霞，李坤泽，吴虹霞.论中国地区知识竞争力评价指标体系的构建［J］.科技管理研究，2008（11）.

［77］孙红燕."瞪羚企业"快速成长环境影响因素分析——以中关村为

例 [J]. 经济与管理, 2008 (10).

[78] 赵彦云, 甄峰, 吴翌琳. 中国省区市创新能力动态趋势及决定因素 [J]. 经济理论与经济管理, 2008 (4).

[79] 吴林海. 创新型城市评价指标体系研究综述与展望 [J]. 科技管理研究, 2008 (1).

[80] 王兆华, 于江. "中关村指数"评价体系及其对中国科技园区发展的启示 [J]. 科学学与科学技术管理, 2007 (2).

[81] 李政. 中关村的创造指数 [J]. 中关村, 2005 (3).

[82] 孙中震, 田今朝. 中国等 40 个国家（或地区）创新指数的测算、比较和分析 [J]. 中国软科学, 2003 (1).

[83] 王立军. 民营科技企业的创业与创新 [M]. 北京：中国经济出版社, 2004.

[84] 唐炜, 蒋日富, 鹿盟. 企业技术创新能力评价理论研究综述 [J]. 科技进步与对策, 2007 (5).

[85] 刘国新, 李兴文. 国内外关于自主创新的研究综述 [J]. 科技进步与对策, 2007 (2).

[86] 巫强, 刘志彪. 进口国质量管制条件下的出口国企业创新与产业升级 [J]. 管理世界, 2007 (2).

[87] 陈雷震. 论信息化在丝绸企业中的应用 [J]. 丝绸, 2013 (7).

[88] 黄雅梅. 浅谈企业信息化建设中如何实现人性化管理 [J]. 信息系统工程, 2015 (2).

[89] 刘辉. 发电企业移动仓库管理系统的设计与实现 [D]. 北京：电子科技大学硕士论文, 2011.

[90] 柯小英. 企业信息化管理及实施探讨 [J]. 信息与电脑（理论版）, 2013.

[91] 侯董宁, 罗建文, 安韶君. 浅谈企业信息安全建设的落实 [J]. 网络与信息, 2012.

[92] 鲍力巍. 基于信息化的风电设备制造企业供应链管理研究 [D]. 北京：华北电力大学硕士论文, 2011.

[93] 高阳, 常蜀君, 王婷, 等. 贵州省装备制造业创新能力评价指标体系构建及实证研究 [J]. 贵州科学, 2013 (3).

[94] 四川大学经济学院课题组. 企业技术创新理论研究的回顾与展望

[J]. 西南民族大学学报（社会科学版），2002（3）.

[95] 李必强. 20 世纪的企业管理创新 [J]. 武汉理工大学学报，2002（12）.

[96] 陈志祥. 知识经济时代的企业管理革命 [J]. 中国软科学，1998（8）.

[97] 侯先荣，吴奕湖. 企业创新管理理论与实践 [M]. 北京：电子工业出版社，2003.

[98] 王海军，成佳. 沈阳城市创新指数研究 [J]. 辽宁经济，2016（12）.

[99] 胡海鹏，袁永，廖晓东. 基于指标特征的国内外典型创新指数比较研究 [J]. 科技管理研究，2017（20）.

[100] 张丹，凌昳方. 京沪粤三大中心城市知识资本发展态势的时序分析 [J]. 中国科技论坛，2012（2）.

[101] 相丽玲，张延飞. 中国区域知识竞争力的测度与评价 [J]. 情报理论与实践，2011（4）.

[102] 唐一冰，谢富纪. 国家和地区的知识资本及其研究方法 [J]. 哈尔滨商业大学学报（自然科学版），2010（2）.

[103] 郑伟，李廉水. 基于国际比较的创新型国家建设实证研究 [J]. 科学学与科学技术管理，2010（4）.

[104] 柳瑞禹，邱丹. 创新型城市评价指标体系的实证研究——基于相关性分析 [J]. 技术经济，2010（1）.

[105] 喻登科，周荣，刘希宋. 国家知识竞争力格局演变的实证 [J]. 科学学研究，2010（1）.

[106] 曹霞，喻登科，刘希宋. 2000~2006 年国家知识竞争力实证评价研究 [J]. 情报杂志，2009（4）.

[107] 欧阳越秀. 国际金融危机背景下中国国家创新体系建设的多维度思考 [J]. 经济经纬，2009（2）.

[108] 乔婧. 硅谷指数评价指标体系研究 [J]. 管理观察，2015（23）.

[109] 刘东，邹祖烨. 世界知识竞争力评价及其对创新型国家建设的启示 [J]. 科技进步与对策，2007（10）.

[110] 袁继新，王小勇，林志坚，叶璟. 产业链、创新链、资金链"三链融合"的实证研究——以浙江智慧健康产业为例 [J]. 科技管理研究，

2016（14）．

[111] 沙磊．"中关村指数"打造中国"硅谷指数"[J]．经济，2012（11）．

[112] 马文良．推动北京加强全国科技创新中心建设打造中关村升级版——"中关村指数2017"发布 [J]．中关村，2017（10）．

[113] 刘瑞营．"中关村指数"首次发布，全面反映中关村创新发展指标 [J]．中国科技产业，2012（10）．

[114] 勒川．建设具有全球影响力的科技创新中心，打造中关村创新创业升级版——"中关村指数2016"发布 [J]．中关村，2017（10）．

[115] 石庆波，周明，李国东．中关村贵阳科技园创新指数设计——基于硅谷指数和中关村指数的分析 [J]．价值工程，2017（15）．

[116] 杨文利．"中关村指数2012"首次正式发布 [N]．中国高新技术产业导报，2012（9）．

[117] 上海增设"张江园区创新指数"量化城市创新能力 [DB/OL]．中央人民政府门户网站，www.gov.cn，http://www.gov.cn/gzdt/2006-04/08/content_248890.htm．

[118] 张莹，刘会武，郑巧英．国家高新区"三次创业"主题文章之五 基于ISM的张江创新指数指标体系研究 [J]．中国高新区，2015（5）．

[119] 梁展凡，袁泽沛．基于复杂性创新机理的科技创新管理研究 [L]．商业时代，2008（16）．

[120] 张勇，王晓东．面向技术复杂性创新组织——复杂网络组织 [L]．科技进步与对策，2004（8）．

[121] 吴赐联，朱斌．企业主流与新流创新绩效评价体系研究 [J]．科技管理研究，2018（8）．

[122] 吴赐联，朱斌．基于云模型的企业主流与新流创新绩效评价 [J]．科技进步与对策，2018（12）．

[123] 欧伟强，朱斌．四维理论模型下主流与新流创新要素优化配置研究 [J]．科技进步与对策，2018（8）．

[124] 欧伟强．企业主流与新流创新的系统动力学建模与仿真 [J]．科技管理研究，2018（9）．

[125] 任大帅，朱斌，史轩亚．高层管理者风格对企业主流与新流创新影响实证研究 [J]．中国科技论坛，2018（3）．

[126] 任大帅, 朱斌. 主流创新生态系统与新流创新生态系统: 概念界定及竞争与协同机制 [J]. 技术经济, 2018 (2).

[127] 方金城, 朱斌. 标杆学习对企业主流与新流创新的影响 [J]. 中国流通经济, 2016 (1).

[128] 刘海运, 游达明. 主流与新兴客户定位对企业突破性和破坏性创新影响的实证研究 [J]. 系统工程, 2013 (5).

[129] 赵武阳, 陈超. 什么决定了企业的研发投入? [J]. 中国会计评论, 2012 (4).

[130] 桂黄宝. 基于GII的全球主要经济体创新能力国际比较及启示 [J]. 科学学与科学技术管理, 2014 (2).

[131] 何传启, 张凤. 知识创新 [M]. 北京: 经济管理出版社, 2001.

[132] 顾海. 论创新方式与高新技术产业孕育 [J]. 科技导报, 2001 (5).

[133] 甘德安. 知识经济创新论 [M]. 武汉: 华中理工大学出版社, 1998.

[134] 芳芳. 技术创新是一个经济学概念 [J]. 机电新产品导报, 2001 (1, 2).

[135] 王晓. 基于成长理论的科技型小微企业管理商业模式创新研究——以天津市东丽区为例 [D]. 天津科技大学硕士论文, 2015.

[136] 赵登华. 世纪管理回降之一 [N]. 经济日报, 2001, 1 (5).

[137] 苏敬勤, 刘静. 多元化战略影响因素的兰棱镜模型——基于制造业的多案例研究 [J]. 科学学与科学技术管理, 2012 (1).

[138] 王锋. 国有企业管理商业模式创新探析 [J]. 现代商业, 2013 (15).

[139] 高山行, 徐新. 企业自主创新五个视角的研究现状及分析 [J]. 科学学与科学技术管理, 2008 (29).

[140] 徐向艺, 等. 制度创新与企业成长研究 [M]. 北京: 经济科学出版社, 2012 (6).

[141] 邓翔, 胡国松. 制度·经济增长·新经济史——1993年诺贝尔经济学奖获得者道格拉斯·诺思学术观点述评 [J]. 天府新论, 1994 (3).

[142] 李文涛, 苏琳. 制度创新理论研究述评 [J]. 经济纵横, 2001 (11).

［143］方时姣. 企业创新与构建企业创新体系［J］. 财经政法资讯，2002（4）.

［144］邱国栋，马巧慧. 企业制度创新与技术创新的内生耦合——以韩国现代与中国吉利为样本的跨案例研究［J］. 中国软科学，2013（12）.

［145］彭文平，等. 制度变迁过程中的关联效应［J］. 湘潭大学社会科学学报，2000（1）.

［146］张召龙. 企业制度创新问题研究综述［J］. 经济研究导刊，2007（4）.

［147］张衡义. 中国民营企业制度创新研究［M］. 武汉：武汉理工大学，2006.

［148］袁庆明. 新制度经济学［M］. 北京：中国发展出版社，2005.

［149］林毅夫. 强制性制度变迁与诱致性制度变迁［C］. 现代制度经济学. 北京：北京大学出版社，2003.

［150］徐军辉. 从诱致性制度变迁到强制性制度变迁：温州民间金融改革［J］. 贵州社会科学，2013（1）.

［151］楼健人. 杭州创新指数——城市科技创新的风向标［J］. 现代城市，2009（2）.

［152］张宗益，张莹. 创新环境与区域技术创新效率的实证研究［J］. 软科学，2008（12）.

［153］张振刚，张小娟. 企业技术创新要素及其关系研究［J］. 科技进步与对策，2014（2）.

［154］来源：http：//www.stats.gov.cn/tjgz/tzgb/201801/t20180103_1569254.html，国家统计局关于印发《统计上大中小微型企业划分办法（2017）》的通知［DB/OL］. 国家统计局网站，2018-01.

［155］罗公利，边伟军. 企业技术创新的系统评价概念模型研究［J］. 科技管理研究，2010（5）.

［156］倪义，宝叶明. 论技术创新成功的标准［J］. 科协论坛，2008（10）.

［157］赵金铎，王树恩. 技术创新推进区域循环经济发展评价指标体系的构建［J］. 天津大学学报（社会科学版），2010（1）.

［158］杨智勇，覃锋. 企业技术创新能力的评价模型［J］. 统计与决策，2008（7）.

[159] 赵世贤, 张华, 何娜. 基于技术创新能力评价的企业技术联盟合作伙伴的选择 [J]. 西南科技大学学报（哲学社会科学版）, 2010 (1).

[160] 柳飞红, 傅利平. 基于FAHP的企业技术创新能力评价指标权重的确定 [J]. 统计与信息论坛, 2009 (2).

[161] 姜红, 赵树宽, 李金津. 区域产业技术创新能力评价方法及应用研究 [J]. 情报科学, 2009 (10).

[162] 孙玉涛, 杨中楷. 国家创新能力研究的两种范式 [J]. 科学管理研究, 2008 (4).

[163] 杨学芬, 林枫. 商业模式：内涵、构成要素及生成路径分析 [J]. 科教导刊, 2016 (29).

[164] 冯发贵. 中国商业方法专利化的可行性——以美国为例的分析 [J]. 社会科学研究, 2006 (3).

[165] 朱兆珍, 毛宪钧, 张家婷. 商业模式评价指标体系及指数构建——基于财务管理视角 [J]. 东南大学学报（哲学社会科学版）, 2018 (3).

[166] 李端生, 王东升. 基于财务视角的商业模式研究 [J]. 会计研究, 2016 (6).

[167] 成文, 王迎军, 高嘉勇, 等. 商业模式理论演化述评 [J]. 管理学报, 2014 (3).

[168] 孙敏, 王红. 商业模式研究述评：基于顾客价值视角 [J]. 湖北经济学院学报（人文社会科学版）, 2016 (4).

[169] 田庆锋, 张银银, 杨清. 商业模式创新：理论研究进展与实证研究综述 [J]. 管理现代化, 2018 (1).

[170] 国家统计局. 2017年国民经济和社会发展统计公报 [DB/OL] 国家统计局. http://www.stats.gov.cn/tjsj/zxfb/201802/t20180228_1585631.html. 2018.02.28.

[171] 张各兴. 国家制造创新体系建设整合行动方案——基于美国先进制造战略实践 [J]. 新会计, 2016 (10).

[172] 史本业, 李泽润. 基于国际垂直专业化分工的中国制造业产业升级研究 [J]. 商业研究, 2014 (1).

[173] 孙泗泉, 叶琪. 创新驱动制造业转型的作用机理与战略选择 [J]. 产业与科技论坛, 2015 (14).

[174] 林雪萍. 缔造制造业生态——《美国制造创新研究院解读》推荐

阅读 [J]. 中国机械工程, 2018 (6).

[175] 彭刚, 何雅兴, 聂富强. 技术自研、外部引进与工业企业生产创新 [J]. 软科学, 2018 (1).

[176] 文华, 马胜. 小微企业绿色生产创新路径探讨——基于供应链视角 [J]. 中国流通经济, 2013 (5).

[177] 张妍. 生产创新活动中的技术机会 [J]. 开发研究, 2010 (5).

[178] 徐建荣, 王山林. 略论知识经济下的生产创新 [J]. 内蒙古科技与经济, 2007 (11).

[179] 郭新宝. 制造创新方法链中市场创新、技术创新与管理创新三维协同研究 [J]. 科技进步与对策, 2014 (10).

[180] 吴汉荣. 美国先进制造创新政策及其对中国制造业的影响 [J]. 中国高校科技, 2013 (4).

[181] 林雪萍, 贲霖, 王晓明. 美国国家制造创新模式探析 [J]. 中国工业评论, 2017 (10).

[182] 朱宏康, 贾豫冬. 美国制造创新计划研究 [J]. 中国材料进展, 2017 (5).

[183] 刘金山, 曾晓文. 技术创新的多螺旋模式研究——基于美国制造业创新中心的范式解读 [J]. 美国研究, 2018 (2).

[184] 蔡秀玲. "硅谷"与"新竹"区域创新环境形成机制比较与启示 [J]. 亚太经济, 2004 (6).

[185] 章立军. 创新环境、创新能力及全要素生产率——基于省际数据的经验证据 [J]. 南方经济, 2006 (11).

[186] 朱建新, 朱祎宏, 鲁若愚. 创新环境的要素构成及其影响机理 [J]. 中国科技论坛, 2016 (3).

[187] 刘思明. 中国区域创新能力驱动因素实证研究 [D]. 中国人民大学博士论文, 2012.

[188] 党文娟, 张宗益, 康继军. 创新环境对促进中国区域创新能力的影响 [J]. 中国软科学, 2008 (3).

[189] 侯鹏, 刘思明, 建兰宁. 创新环境对中国区域创新能力的影响及地区差异研究 [J]. 经济问题探索, 2014 (11).

[190] 王郁蓉, 师萍. 创新环境研究综述 [J]. 科学管理研究, 2014 (8).

[191] 吴金希. 创新生态体系的内涵、特征及其政策含义 [J]. 科学学研究, 2014 (1).

[192] 李万, 常静, 王敏杰, 朱学彦, 金爱民. 创新3.0与创新生态系统 [J]. 科学学研究, 2014 (12).

[193] 李其玮, 顾新, 赵长轶. 创新生态系统研究综述: 一个层次分析框架 [J]. 科学学研究, 2016 (2).

[194] 朱迪, 埃斯特琳. 美国创新在衰退? [M]. 北京: 机械工业出版社, 2010.

[195] 曾国屏, 苟尤钊, 刘磊. 从"创新系统"到"创新生态系统" [J]. 科学学研究, 2013 (1).

[196] 杜勇宏. 基于三螺旋理论的创新生态系统 [J]. 中国流通经济, 2015 (1).

[197] 伍春来, 赵剑波, 王以华. 产业技术创新生态体系研究评述 [J]. 科学学与科学技术管理, 2013 (7).

[198] 蒋石梅, 吕平, 陈劲. 企业创新生态系统研究综述——基于核心企业的视角 [J]. 技术经济, 2015 (7).

[199] 许婷婷, 吴和成. 基于因子分析的江苏省区域创新环境评价与分析 [J]. 科技进步与对策, 2013 (4).

[200] 曹洪军, 庞敦之. 区域经济发展环境指标体系研究 [J]. 中国海洋大学学报 (社会科学版), 2006 (3).

[201] 崔会东, 田丽娜, 李荣平. 城市创新环境评价研究——以河北省为例 [J]. 技术经济与管理研究, 2013 (4).

[202] 刘畅, 刘增雷, 王晓洧. 2012年中国创新效率指数居全球首位——《2012年全球创新指数》报告概况 [J]. 中国发明与专利, 2012 (12).

[203] 陈搏. 创新参与者视角的创新环境评价研究 [J]. 科研管理, 2015 (1).

[204] 鲁虹, 李颖. 企业技术创新环境测度指标体系的研究 [J]. 现代情报, 2006 (3).

[205] 柳卸林, 等. 2002年中国区域创新能力评价 [J]. 科学学与科学技术管理, 2003 (4).

[206] 王杏芬. R&D、技术创新与区域创新能力评估体系 [J]. 科研管

理，2010（5）.

［207］陶雪飞. 城市科技创新综合能力评价指标体系及实证研究［J］. 经济地理，2016（10）.

［208］蒋玉涛，招富刚. 创新驱动过程视角下的创新型区域评价指标体系研究［J］. 科技管理研究，2009（7）.

［209］［美］奥利佛·威廉姆森，斯科特·马斯滕编，李自杰，蔡铭译. 交易成本经济学经典名篇选读：经典名篇选读［M］. 北京：人民出版社，2008.

［210］约瑟夫·熊彼特. 经济发展［M］. 北京：商务印书馆，1990.

［211］戴维斯，诺斯. 制度变革和美国经济增长［M］. 英国：剑桥大学出版社，1971.

［212］彼得·德鲁克. 知识管理［M］. 北京：中国人民大学出版社，1999.

［213］熊彼特. 经济发展理论［M］. 北京：商务印书馆，1991.

［214］熊彼特. 资本主义、社会主义和民主主义［M］. 北京：商务印书馆，1985.

［215］熊彼特. 经济发展理论［M］. 北京：商务印书馆，1990.

［216］Gayle PG. Market concentration and innovation: New empirical evidence on the Schumpeterian hypothesis［J］. University of Colorado at Boulder: unpublished paper, 2001.

［217］Hashimoto A, Haneda S. Measuring the change in R&D efficiency of the Japanese pharmaceutical industry［J］. Research Policy, 2008, 37 (10): 1829 – 1836.

［218］Sharma S, Thomas V. Inter-country R&D efficiency analysis: An application of data envelopment analysis［J］. Scientometrics, 2008, 76 (3): 483 – 501.

［219］Gopalakrishnan S, Damanpour F. A Review of Innovation Research in Economics, Sociology and Technology Management［J］. Omega., 1997, 25 (1).

［220］Schlegelmilch B, Diamantopoulos A, Kreuz P. Strategic innovation: The construct its dirvers and its strategic outcomes［J］. Journal of Strategic Marketing, 2003 (117).

［221］Fo Ster Rn. Innovation, the attacker's advantage［M］. New York:

Summit, 1986.

[222] Kusunokik. Incapability of technological capability: a case study on product innovation in the Japanese facsimile machine industry [J]. Journal of Product Innovation Management, 1997 (4).

[223] Kleinschm Idtej, Coo Per Rg. The impact of product innovativeness on performance [J]. Journal of Product Innovation Management, 1991 (8).

[224] Song Mx, Mongoya-W Eissmm. Critical development activities forreally new versus incremental products [J]. Journal of Product Innovation Management, 1998 (2).

[225] Johnefa, Snelson Pa. Success factors in product innovation: aselective review of the literature. Journal of Product Innovation Management, 1988 (5).

[226] Rothwellr, Gard Inerp. Reinnovation and robust designs: produce rand user bene fits [J]. Journal of Marketing Management, 1988 (3).

[227] Hendersonrm, Clarkkb. Architectural innovation: the reconfiguration of exiting product technologies and the failure of estab lished finns [J]. Administrative Science Quarterly, 1990.

[228] Josephl. Bow Er, Claytonm. Christensen. Disruptive techno logies: catching the wave [J]. HBR, 1995.

[229] Ricemp, Colarell, Ioconnorg, Petersls, Moronejg. Managing discontinuous innovation [J]. Research Technology Management, 1998 (3).

[230] Grupph. Foundations of economics of innovation: theory, measurement, and practice [M]. Northampton, MA: Edward Elgar Publishing Ltd. 1998.

[231] Freemanc. The economics of industrial innovation [M]. MA: The MIT Press, 1982.

[232] Rosanna Garcia, Roger Calantone. Acritical look at technologica linnovation typology and innovativeness terminology: a literature review [J]. The Journal of Product Innovation Management, 2002 (19).

[233] Bruno AV, Tyebjee TT. The Environment for Entre-preneurship [C] //Kent CA, Sexton DL, Vesper KH, eds. Encyclopedia of Entrepreneurship. Englewood Cliffs, NJ: Prentice-Hall, 1982.

[234] Council on Competitiveness. Innovate America: Thriving in a World of Challenge and Change [R]. National Innovation Initiative Interim Report, 2004. 47.

[235] Akhuranal. Managing complex production processes [J]. Sloan Management Review, 1999 (4).

[236] Browned. Online copy right infring ement presents some special issues [J]. Journal of DuPage County Bar Association, 2008 (21).

后　记

　　创新是企业发展的主旋律，提高企业创新能力与区域创新水平，是研究创新指数的关键所在。本书力图从全新的角度提供企业创新管理的新视野，重点分析了小微企业研究开发创新指数、小微企业生产制造创新指数、小微企业商业模式创新指数、小微企业发展环境创新指数四个分类指数与浙江省小微企业创新综合指数。该指数反映了浙江省小微企业创新能力与区域创新水平的重要工具和载体，力图为企业和政府推进创新驱动发展提供新颖、实用的助力器。

　　参加本书研究与撰写的专家、学者对自己撰写的内容都进行了潜心的研究，但由于小微企业创新发展面临诸多问题，加之时间紧迫，难免存在不足。本书如有不妥之处，敬请各位读者批评指正。

李书进
于杭州湾公寓
2018 年 11 月